The Complete Adult Psychotherapy treatment planner FOURTH EDITION

사회복지실천기술론

성인클라이언트 심리치료계획서

Arthur E. Jongsma, Jr.
L. Mark Peterson

최송식 · 하정미

WILEY
신광문화사

Practice*Planners*®

Arthur E. Jongsma, Jr., Series Editor

The Complete Adult Psychotherapy Treatment Planner, Fourth Edition

Arthur E. Jongsma, Jr.

L. Mark Peterson

Timothy J. Bruce, Contributing Editor

저자서문

나는 우리가 우리의 단점을 인지하고 자신의 장점으로 우리의 단점을 보완해 줄 수 있는 사람들을 찾아보는 편이 더 현명한 일이라는 사실을 알게 되었습니다. 그래서 이 책을 쓰기에 적합한 증거에 기초한 치료분야의 전문적 지식을 가진 사람을 만난 것을 다행스럽게 생각합니다. 그 분은 이 책의 내용이 심리치료연구에서의 가장 최근의 발전과 발맞추어 갈 수 있도록 하는데 지대한 공헌을 하였습니다. 그 분은 진정한 전문가이며, 동시에 뛰어난 유머감각으로 우리의 일을 즐거운 것으로 바꾸어 주었습니다. 이 개정작업을 시작한 이후로 나는 사람들에게 "이 사람은 정말 문학이 뭔지 아는 사람이야!"라고 여러 번 칭찬하였습니다. 심리치료분야에서 오랜 경력을 쌓은 나 같은 사람에게 Boulder Medal 임상과학자와 함께 일하면서 다시 나의 과학적 기초를 되새기는 일은 하나의 즐거움이었습니다. 또한 나는 티모시 브루스 박사에게도 모자를 벗어 경의를 표합니다. 당신은 우리의 책이 증거에 근거한 치료 안내서를 찾고 있는 임상가들을 위한 새로운 수준의 책이 되도록 하였습니다. 당신을 멘토로 둔 당신의 제자들은 행운아들이며, 당신을 공동 편집자로 둔 우리도 또한 행운아들입니다. 감사합니다.

아서 정스마 (*Arthur E. Jongsma*)

저자서문

정스마와 그의 동료인 수 로다, 그리고 와일리 출판사의 직원들과 함께 유명하고 많이 사용되는 이 치료계획서를 함께 집필할 수 있었던 것을 영광으로 생각합니다. 이 계획서는 임상실천가들에게 말로 표현할 수 없을 정도로 가치가 있으며, 학생들을 교육하기 위한 훌륭한 도구로도 널리 알려져 있습니다. 아서 박사가 나에게 이 개정판을 내는데 참여하지 않겠냐고 하였을 때 나는 그를 알지 못했지만, 그가 마음속에 갖고 있었던 치료목표와 개입을 위한 경험적인 연구의 보완 작업은 엄청난 것이었습니다. 아서 박사가 개정 전 판에서 경험적으로 증명된 치료방법을 발견하고 설명하려고 시도하면서 많은 폭넓은 의견을 반영하는 것이 매우 힘든 일이었을 것이라는 것을 잘 압니다. 내가 경험적으로 증명된 치료적 접근법을 사용하도록 훈련받았고 이 책을 쓰는데 참여하였으며 나의 전문적 경험을 전적으로 활용하였지만, 우리는 이 책에 대한 비판의 소리에 귀를 기울일 것입니다. 우리는 우리의 동료들과 그들의 클라이언트들을 위해서, 실천적이고 융통성 있으며 복잡한 치료적 접근법에도 적합한 자료를 제시하기 위해 최선을 다하였습니다.

아서 박사 그리고 수 여사와 함께 일하는 과정을 통해서 그들이 성실한 전문가일 뿐 아니라, 사려깊고 의식있으며 친절한 사람들이라는 사실을 알게 되었습니다. 아서 박사와 수 여사님! 당신들과 함께 일하게 된 것은 정말 즐거운 일이었으며 당신들을 친구라 부를 수 있게 된 것을 영광으로 생각합니다.

티모시 브루스 (*Timothy J. Bruce*)

역자서문

모든 인간은 자신의 행복을 추구하고 자아실현을 도모하며 살아가고 있다. 이러한 노력들은 인간이 태어나면서부터 시작되어 죽을 때까지 계속해서 이루어진다. 그러나 인간이 자신의 욕구를 충족하고 행복에 도달하기 위하여 취하는 방식은 각자가 타고난 생물학적 특성과 더불어 환경의 영향을 받아 다양한 방식으로 나타나지만, 크게 보면 환경에 적극적으로 도전하는 방식과 환경에 순응하는 소극적 방식 두 가지로 나눌 수 있다. 적극적 방식이든 소극적 방식이든 상황이 요구하는 정도나 방향에 의해서 그리고 인간의 내면적 능력 강화에 의해서 조화를 이룰 수도 있고 실패할 수도 있다.

이와 같이 사회사업전문직은 전문직의 출발초기부터 현재까지 정신의학이나 인접학문의 영향을 받으면서 내적환경이나 외부환경과의 부조화를 이루면서 발생하는 다양한 사회적응 내지 부적응 문제를 이해하고 원조하여 전문성의 확립은 물론, 그것을 더욱 심화시키고 있다.

1980년대 이후 사회복지학문의 특성은 전통적 사회사업방법론으로 간주되던 개별사회사업, 집단사회사업, 그리고 지역사회조직론을 통합하여 통합방법론이나 일반주의 사회복지실천이란 방법으로 그 적용을 시도해오고 있으며, 더욱이 최근에는 사회사업실천론과 사회사업실천기술론으로 나누어 가르치는 경향이고 이런 경향은 한국에서도 한국사회복지사협회와 한국사회복지교육협의회에 의해 받아들여지고 있다.

세계적으로는 인간의 정신건강에 대한 이해와 실천이 사회사업실천의 기본바탕이 되고 있고, 정신보건문제를 이해하는 것이 사회복지실천 전체의 기반이 되고 있음에도 불구하고, 한국에서는 현실적으로 정신보건사회복지를 이해하거나 실천하는 경우에만 한정되는 것으로 좁게 이해하고 있는 경향이 많다. 그래서 역자는 현장에서 실천을 할 때도, 학교에 와서 학생들을 가르칠 때에도, 이러한 경향성에 매우 불만을 가지고 정신보건에 대한 이해를 사회복지실천의 전반적 분야에 대한 기초로 삼아야 한다고 역설하였으며, 또한 그렇게 가르치기 위해 노력해 왔다. 이런 시기에 역자는 *Arthur E. Jongsma, Jr.*와 *L. Mark Peterson*이 공동으로 펴낸 책－The Complete Adult Psychotherapy Treatment Planner (second edition)－을 접하고 학생들을 가르치는데 활용하여 보니, 정신건강문제에 대한 개입목표를 설정하고 개입계획을 수립하는데 대단히 유용함을 발견하였다.

이 책을 역자가 접하게 된 것은 1999년으로 기억되는데, 그 때는 The Complete Adult Psychotherapy Treatment Planner (second edition)이 나왔던 시기이다. 역자가 경성대학교 사회복지학과에 재직하고 있을 당시 동료교수이던 손광훈 교수로부터 이 책을 소개받고 일반대학원과 사회복지대학원에서 수업을 하면서 이 책의 내용을 많이 참고하여 가르쳤던 경험이 있다. 그 당시에도 이 책을 번역하여 대학원에서 공부를 하거나 정신보건사회복지사로 현장에서 근무하고 있는 사람들에게 소개하면 참 유용하겠다는 생각을 하였으나 바쁜 일정으로 인해 감히 번역에 착수하지 못하였다.

그러다가 이번에 여러 가지 측면 – 행동주의에 기초한 문제기술, 자신의 치료계획옵션을 포함한 1,000여 개 이상의 목표 및 개입계획, 치료계획을 짜는데 있어 필요한 단계적 안내, 증거중심의 실천개입 – 에서 2판과 3판보다 훨씬 내용이 개선된 *Arthur E. Jongsma, Jr. and L. Mark Peterson*의 2006년 The Complete Adult Psychotherapy Treatment Planner (fourth edition)를 접하고 신광문화사 김영호 팀장의 권유로 번역에 착수하였다. 그런 의미에서 이 역서의 이름을 사회복지실천기술론이라고 이름 짓는 것은 다소 과한 점이 있지만, 역자들의 소망인 사회복지실천을 보다 잘하기 위해서는 정신보건에 대한 이해가 그 기본 전제이어야 한다는 의미를 담아 감히 사회복지실천기술론이라고 붙여 보았다.

이 역서는 가장 기본적으로는 사회복지학을 공부하고 실천하게 될 사회복지사와 정신보건사회복지사들을 교육하고 양성하는데 활용할 수 있는 유용한 책이라고 생각한다. 나아가 의학, 정신의학, 심리학, 교육학, 교정학, 사회학, 문헌정보학, 커뮤니케이션학, 법학 등의 다양한 학문분야와 원조전문직에서 활용할 수 있는 실천적 내용을 담고 있는 책으로서 이 분야에서 활동하고 있는 다양한 전문가들에게도 크게 도움이 될 것이라 판단하고 감히 일독을 권한다.

끝으로 이 역서가 나오기까지 좋은 책을 확보하여 번역이 가능하도록 많은 지원을 해주신 신광문화사 관계자들의 노고에 감사드린다.

최송식 · 하정미

차례

1) EBT 이 표시는 목표와 개입방법의 효과가 경험적으로 증명된 경우에 붙여진다.

s·u·m·m·a·r·y

개요

1. 치료계획서에 대해서

임상가들에게 보다 빠른 효과와 질 높은 치료계획을 세울 것을 요구하는 목소리가 높아지고 있다. 이 치료계획서는 이러한 요구를 만족시키기 위해 빠르고 쉽게 개발할 수 있는 공식적 치료계획을 세우는데 필요한 모든 자료를 제공한다.

이 치료계획서는

- 시간이 많이 걸리는 서류업무를 도와 시간을 절약하게 해 준다.
- 맞춤식 치료계획을 세울 수 있게 해 준다.
- 각 관련 문제의 행동적 정의와 장기목표, 단기목표 그리고 임상적으로 증명된 치료 방법들을 포함하는 천 개가 넘는 명확한 문장으로 된 내용을 제공한다.
- 행동적인 문제나 DSM-IV 진단에 따른 치료계획을 구성하도록 하는, 사용하기에 편리한 형태의 참고자료가 된다.

이 책의 목표는 치료자들이 치료계획과정을 간단명료하고 더 빠르게 진행할 수 있도록 도와 서류작업에 시간을 덜 소비하고 클라이언트와 함께하는 시간을 늘릴 수 있도록 하는 것이다.

2. 이 책의 사용법

이 책은 다음 여섯 단계의 과정을 통해서 치료계획을 세우도록 구성되어 있다.

1) 문제의 선택

사정과정에서 클라이언트가 다양한 문제를 이야기하더라도 임상가는 치료과정의 초점이 될 가장 중요한 문제를 결정해야만 한다. 일반적으로 1차적 문제가 표면에 드러나고 2차적인 문제들도 제시될 것이다. 몇몇 다른 문제들은 당장 치료가 필요할 만큼 급한 것이 아니라고 여겨질 수도 있다. 효과적인 치료계획은 소수의 선택된 문제만을 다룰 수 있으며, 그렇지 않으면 치료의 방향을 잃게 될 것이다. 클라이언트의 제시문제를 가장 정확하게 대표하는 문제를 이 책에서 선택한다.

2) 문제의 정의

각 클라이언트는 자신의 삶에서 문제가 어떻게 행동적으로 드러나는지 자기 나름의 방식으로 표현한다. 따라서 치료를 위해서 선택된 각 문제는 특정한 클라이언트에게 어떻게 드러나는지 구체적으로 정의될 필요가 있다. 이러한 증상의 양상은 DSM-IV나 국제질병분류에 의거한 진단기준과 코드에 적용될 것이다.

이 계획서는 각 내용의 마지막 부분에 아래와 같이 밑줄만 그어진 부분이 있어서 이곳에 자신의 아이디어를 적어 넣을 수 있게 되어 있으므로 이 책에 적힌 구체적인 행동적 정의를 선택해서 사용하거나 당신이 이것을 모델로 자신만의 개별적인 정의를 내릴 수 있도록 해 준다.

___. ____

____

3) 목표 개발

다음 단계는 표적문제의 해결을 위한 큰 범위의 목표를 정하는 것이다. 이것은 측정이 가능하도록 세밀하게 고안되기보다는 치료과정에서 바람직한 긍정적인 결과를 드러내는 전체적이고 장기적인 것이 될 것이다. 이 계획서는 각 문제에 대한 몇 개의 가능한 목표를 제공한다. 그러나 치료계획에서 그 모두가 필요한 것은 아니다.

4) 세부목표의 구성

장기목표와 달리 세부목표는 행동적으로 측정 가능한 방식으로 표현되어서 클라이언트가 세부목표를 성취하였다는 것을 기관이나 보건기관, 관리기관들이 명확히 평가할 수 있어야 한다. 이 계획서에서 제시된 세부목표들은 이러한 책임성에 대한 요구를 충족할 수 있도록 고안되었다. 같은 제시문제에 대한 다양하고 가능한 치료계획을 구성할 수 있도록 대안들을 제시하였다.

5) 개입방법의 결정

개입은 클라이언트가 세부목표를 달성하는 것을 돕기 위해 만들어진 행동을 말한다. 각 세부목표에 대하여 최소한 한 가지 이상의 개입방법이 있어야 할 것이다. 세부목표 끝부분의 괄호 속 번호는 각 세부목표를 달성하기 위한 해당 개입방법들의 번호를 표시한 것이다. 만일 클라이언트가 처음에 개입한 후에 그 세부목표를 달성하지 못한다면 새로운 개입이 계획에 더해져야 할 것이다. 개입방법은 클라이언트의 욕구와 치료자의 충분한 치료능력에 기초해서 선택되어야 한다. 이 계획서는 다양한 접근법의 개입방법을 아우르고 있으며, 치료자가 자신의 훈련과 경험을 반영하는 다른 여러 가지 개입방법들을 이 책의 밑줄로 표시된 공란에 적어 넣어서 사용할 것을 권장한다.

6) 진단하기

적절한 진단의 결정은 클라이언트의 완전한 임상적 표현에 대한 평가를 기반으로 한다. 임상가는 DSM-IV에서 설명된 정서질병의 진단기준으로 클라이언트가 제시한 행동적, 인지적, 감정적, 인간관계적 증상을 비교하여야 한다. 이러한 방식으로 클라이언트를 진단하는 것에 대한 논란에도 불구하고, 정신보건 분야에서 진단은 하나의 현실이며 의료급여의 지불을 위해서는 필수적인 것이다. 가장 신뢰할 만하고 타당한 진단을 위해서는 임상가의 충분한 DSM-IV 기준에 대한 지식과 클라이언트의 사정자료에 대한 완전한 이해가 필수적이다.

축하합니다!

이 여섯 단계를 거친 후에는 클라이언트에게 즉시 적용하고 제시할 수 있는 포괄적이고 개별화된 치료계획을 세우게 될 것이다. 이 개요의 마지막 부분에 경계선 성격장애에 대한 치료계획의 예가 제시되어 있다.

3. 증거에 기반을 둔 치료를 치료계획에 통합하기 (Evidence-Based Treatment ; EBT)

증거에 기반을 둔 치료(조사연구를 통해서 효과가 과학적으로 증명된 치료)는 미국에서 보험회사들이 기관에 그 사용을 권고하면서부터 급속도로 중요한 핵심 사안이 되었다. 실제로 경험적으로 증명된 치료는 의료 보험회사에서와 마찬가지로 치료 비용을 환급받기 위한 조건이 되면서 상당수의 미국의 지역 또는 중앙정부기관들의 고려사항이 되었다.

이 책의 4판에서는 경험적 연구를 통해서 효과가 증명된 치료들로 구성된 단기 세부목표와 치료적 개입 부분에서 특정한 기호로 표시하여 경험적인 정보를 제공하고자 노력하였다. 세부목표와 개입부문에서 이러한 증거에 기반을 둔 치료를 아래의 기호로 표시한 것에 유의하기를 바란다.

EBT

많은 경우에 EBT는 클라이언트의 현재의 고통과 장애와 관련된 현재의 문제나 증상을 개선하는데 초점을 둔 단기, 문제 지향적 치료법들이다. 이러한 형태의 세부목표와 치료적 개입은 이 책의 서로 다른 문제를 다루는 여러 장에서 여러 번 등장하기도 하며, 그 구체적인 적용에서 융통성 있게 적용되어 사용될 수 있을 것이다. 또한 이 책은 목록에 없는 세부목표와 치료적 개입방법을 각 장에 첨가하여 사용할 수 있도록 구성되어 있다.

4. EBT 선정의 필수적 그리고 선호기준에 대한 요약

1) 필수기준

- 충분한 경험적 연구디자인으로 최소한 한 가지 이상의 무작위 통제 실험을 통해서 효과가 입증된 것
- 잘 디자인되었고 여러 번의 임상적 검증을 통하여 효과가 입증된 것

2) 선호기준

- 효과가 하나 이상의 연구에 의해서 드러난 경우
- 효과가 독립 조사연구그룹에 의해서 드러난 경우
- 치료가 효과적인 클라이언트의 특성이 구체적으로 나타난 경우
- 치료의 분명한 묘사적 설명이 제공된 경우

5. 클라이언트에게 적합하도록 치료계획을 적용하기

효과적인 치료계획에서 중요한 것은 각 계획이 개별 클라이언트의 문제와 욕구에 적합도록 적용되어야 한다는 것이다. 치료계획은 클라이언트의 문제가 비슷하다고 해서 기성복처럼 똑같은 것이 재생산되어서는 안 될 것이다. 개별적인 장점과 단점, 특별한 스트레스, 사회관계망, 가족 상황, 그리고 증상의 양상과 같은 것들이 치료전략을 수립할 때 고려되어야만 한다. 우리는 자신의 임상경험을 통해서 습득된 다양한 치료방법을 엮어보았다. 이 책의 각각의 문장들로 이루어진 정의, 장기목표, 세부목표 그리고 치료적 개입 등은 수천가지의 순열로 조합되어 하나의 세부적인 치료계획으로 개발될 수 있을 것이다. 개인적인 판단에 따라 임상가들은 자신이 치료하고 있는 개인에게 적합한 내용을 쉽게 선택할 수 있을 것이다. 또한 독자들이 밑줄로 된 빈 부분에 자기 자신만의 정의, 목표, 세부목표, 개입부분을 실례로 첨가하여 사용하기를 권고한다. 우리는 이 책이 궁극적으로 클라이언트와 임상가들과 정신건강 공동체에게 이익을 가져다주는, 효과적이고 창조적인 치료계획을 세우는데 도움이 되기를 바란다.

e·x·a·m·p·l·e

치료계획의 예

1. 경계선 성격장애

1) 정의

- 사소한 스트레스가 대부분 몇 시간에서 며칠까지 지속되어 분노, 불안 또는 우울과 같은 극심한 감정반응으로 이어짐.
- 지나치게 가깝거나 혼란스러운 대인관계의 양상
- 반복적인 자살시도, 위협 또는 자해적인 행동
- 만성적인 공허함과 따분함
- 강하고 부적절한 분노의 빈번한 폭발
- 쉽게 부당한 대접을 받고 있다고 생각하며, 타인들은 믿을 수 없다고 생각함.
- 대부분의 문제를 배경이나 복잡한 상황을 참작하지 않고 단순히 옳고, 그르다거나 하는 흑백 논리로 해석함.

2) 목표

- 감정변화를 다루는 대처기술을 개발하고 실제로 적용한다.
- 이분법적인 생각을 변화시키고 복잡한 문제를 감당하는 능력을 갖춘다.
- 대인관계 기술을 습득하고 실천한다.
- 약물남용, 부주의한 운전, 성적인 문란, 과식, 자살행동과 같은 자해적 행동을 멈춘다.

세부목표	개입
1. 치료를 필요로 하게 된 문제의 과거력에 대해 마음을 열고 이야기한다.	1-1. 클라이언트의 고통스러운 경험과 장애, 확인된 문제행동(예 ; 자살적 행동, 분노의 폭발, 과도한 애착), 감정(예 ; 변덕스러운 감정, 과도한 감정, 고통스러운 공허함), 인지(예 ; 이분법적인 사고, 과일반화, 파국화와 같은 편견) 등을 사정한다. 1-2. 클라이언트의 학대나 방임의 이력을 탐구한다. 특히 어린 시절의 경험을 알아본다.
2. 치료의 과정과 치료목표가 무엇인지에 대해 정확하고 합리적으로 이해하고 있다는 것을 말로 표현한다.	2-1. 클라이언트에게 변증법적 행동치료(dialectical behavior therapy ; DBT)에 대해서 설명하고, 그것의 다양한 측면들(예 ; 지지, 협력, 도전, 문제해결, 기술개발)을 강조하며, 또한 경계선 성격장애에 대한 구조적 사회적 영향력을 강조하면서 그것에 대한 변증법적이고 사회생물학적인 견해에 대해서 논한다(Linehan의 Cognitive-Behavioral Treatment of Borderline Personality 참고).
3. 모든 자해 경력과 자살충동과 행동을 말로 표현한다.	3-1. 클라이언트의 자해행동의 상태와 과거력을 탐구한다. 3-2. 클라이언트의 자살 제스처의 촉진요소, 빈도, 심각성, 부차적 이득, 발생 등에 대해서 사정한다. 3-3. 클라이언트가 자신에게 해를 끼칠

것으로 판단되는 경우에는 입원시킨다.

4. 치료에 방해가 되는 행동을 줄인다.

4-1. 약속을 어기거나 치료에 순응하지 않거나 치료를 그만두어 버리는 것과 같이, 치료의 지속에 방해가 되는 클라이언트의 행동을 지속적으로 모니터하고 직면하고 해결한다.

5. 적절한 삶의 질을 유지하는데 방해가 되는 부적응적인 행동이나 사고, 감정의 빈도를 줄인다.

5-1. 클라이언트가 부적절한 행동(예 ; 분노의 폭발, 과음, 학대관계, 위험한 성관계, 과소비), 생각(예 ; 흑백논리, 파국화, 개인화), 그리고 감정(예 ; 분노, 절망, 방임 ; Linehan의 Cognitive-Behavioral Treatment of Borderline Personality 참고)을 줄이고 안정시킬 수 있도록 타당성 검토, 변증법적 전략(예 ; 은유, 악마의 대변자) 그리고 문제해결전략(예 ; 행동과 해결 분석, 인지재구조화, 기술 훈련, 노출치료) 등을 사용한다.

6. 개별적이거나 되도록 그룹단위의 대인관계기술 개발 훈련에 참여한다.

6-1. 클라이언트가 확인한 문제 행동의 양상에 맞는 그룹 또는 개별 기술훈련(예 ; 학대관계에 대한 자기주장훈련, 재정이나 성 또는 다른 충동적인 행동을 확인하고 조절하기 위한 인지치료전략)을 한다.

7. 한쪽으로 치우치고 두려움에 가득 찬 자기언어(self-talk)를 확인하고, 어려운 문제에 도전하고 현실에

7-1. 외상과 다른 두려움과 관련된 클라이언트의 스키마와 자기언어를 탐구하고 편견을 확인하여 도전하며,

기반을 두며 긍정적인 자기언어로 대체한다.

클라이언트가 부정적인 생각을 바로잡고 확신을 갖도록 돕는다.

7-2. 클라이언트에게 두려움에 기초한 자기언어를 확인하고 현실에 기초한 대안을 찾도록 과제를 부여하고, 적절한 피드백을 제공하면서 재검토하고 성공을 강화한다(Jongsma의 Adult Psychotherapy Homework Planner 제2판의 Journal and Replace Self-Defeating Thoughts 부분을 참고하거나 Beck, Rush, Shaw 그리고 Emery의 Cognitive Therapy of Depression에서 Daily Record of Dysfunctional Thoughts 부분을 참고).

7-3. 클라이언트의 자기 확신을 강화하고 적응적 행동을 증진하는 긍정적이고 현실에 기초한 인지 메시지를 강화한다.

진단명 : 301.83 경계선 성격장애

The Complete Adult Psychotherapy Treatment Planner

1 분노조절(Anger Management)

행동적 정의(Behavioral Definitions)

1. 스트레스 요인이 있을 때 다른 사람을 공격하거나 물건을 파괴하는 것과 같이 도를 넘는 폭발적이고 공격적인 행동을 표출한 과거력
2. 대수롭지 않은 일에 대한 과도한 적대감
3. 타인에 대한 성급하고 신랄하며 심판적인 언어의 사용
4. 근육의 긴장(예 ; 주먹을 쥠, 이를 악묾), 노려봄, 눈 맞춤을 피함과 같은 분노를 드러내는 비언어적 표현
5. 분노로 인한 수동 – 공격적인 행동을 보임(예 ; 사회적 위축, 지시나 규칙을 잘 지키지 못함, 등 뒤에서 권위자에 대해서 불평함, 기대된 행동규범을 지키지 않음)
6. 지속적으로 권위자에 대해 도전적이거나 무례한 태도를 보임
7. 친밀한 사람에 대한 학대적 언어의 사용

___. ______________________________

____

___. ______________________________

____

___. ______________________________

____

장기목표(Long-term Goals)

1. 전반적인 분노의 강도와 빈도를 줄이고 분노가 발생할 때마다 그것을 인식하고 적절히 표현하는 능력을 증진한다.
2. 공격적 분노의 원인과 대안을 찾으면서 자신의 분노한 행동을 인지하는 법을 개발한다.
3. 조절과 통제력을 개발하면서 자신의 분노한 감정을 인식하고 받아들인다.
4. 일상생활 기능을 증진하는 건설적인 방식으로 분노를 다루는 능력을 익힌다.
5. 다른 사람들과 그들의 감정을 존중한다.

___: ______________________________

____

___: ______________________________

____

___: ______________________________

____

단기 세부목표 (Short-term Objectives)

1. 화가 났을 때의 상황, 생각, 분노를 촉진한 감정, 분노의 언어적, 비언어적 표현 그리고 그러한 행동의 대상을 확인한다. (1)

EBT[2] 2. 분노조절을 어렵게 하는 신체적 원인이 있는지 사정하기 위해서 의료적 평가를 받는다. (2)

치료적 개입 (Therapeutic Interventions)

1. 클라이언트의 분노를 일으킨 다양한 자극요인(예 ; 상황, 사람, 사고)과 생각, 감정 그리고 행동의 특징을 철저히 사정한다.
2. 분노조절 문제를 악화시키는 신체적 요소(예 ; 뇌 조직 손상, 암, 테스토스테론 수치의 증가)가 있는지 확인할 수 있도록 의사에게 클라이언트의 건

2) EBT 표시는 해당 세부목표와 치료적 개입이 경험적 연구를 통해서 효과가 증명된 경우를 나타낸다.

강검진을 의뢰한다.

3. 분노조절을 돕기 위해 약물로 치료가 가능한지 의사의 평가를 받은 후 처방이 있는 경우에는 약물을 지속적으로 복용한다. (3, 4)

3. 분노조절을 돕기 위해서 약물의 필요성을 사정하고 필요한 경우에 클라이언트를 진단과 약물처방을 위해서 의사에게 의뢰한다.

4. 클라이언트가 약물을 잘 복용하는지, 효과나 부작용이 있는지 모니터하고 의사에게 피드백을 제공한다.

4. 분노를 일으키는 사람, 상황, 촉발요소에 관하여 일지를 쓰고 사고, 감정, 행동을 기록한다. (5, 6)

5. 클라이언트가 분노, 짜증 또는 실망을 느끼는 사람, 상황, 촉발요소에 관하여 일지를 쓰도록 과제를 부여하고 (Jongsma의 Adult Psychotherapy Homework Planner의 "분노 일지"를 참고) 클라이언트가 자신의 분노를 발생시키는 원인을 이해하도록 정기적으로 일지를 보면서 상담한다.

6. 클라이언트가 분노 촉발요소목록을 만들도록 돕고, 자신의 분노의 원인과 내용을 이해하도록 돕기 위하여 그 목록을 가지고 상담한다.

5. 분노의 표출 방식, 원인 그리고 그 결과에 대한 인식을 증진한다. (7, 8, 9, 10)

7. 클라이언트 촉발요소와 분노폭발의 빈도를 검토하여 현실을 인식하도록 돕는다.

8. 클라이언트가 자기 인생에서 핵심적인 인물들(예 ; 아버지, 어머니, 선생님)의 분노표현 방식을 알아보고, 이러한 경험이 어떻게 긍정적으로 또는 부정적으로 자신의 분노조절에 영향을 주었는지 확인하도록 돕는다.

9. 클라이언트에게 자신의 인생에 분노가 끼친 부정적인 영향(예 ; 타인이나 자신에게 상해를 입힘, 법적 갈등, 자신과 타인의 존경을 잃음, 재산의 파괴)의 목록을 만들도록 요구하고 그 목록을 가지고 상담한다. EBT
10. 클라이언트로 하여금 분노가 자신의 신체적 건강에 부정적인 영향을 주고 있다는 것을 인식하도록 돕는다(예 ; 질병에 대한 저항력의 저하, 상처, 두통). EBT

EBT 6. 분노에 대해서 생각하고 조절하는 대안적 방법을 배우는 데에 동의한다. (11, 12)

11. 분노가 조절 가능하며 예측할 수 있는 단계들(예 ; 충족되지 못한 기대가 감정의 고조와 분노로 이어지고 이것이 또 화난 행동의 표출로 이어짐)을 거치는 서로 다른 여러 요소들로 구성된 것으로 재인식하도록 돕는다. EBT
12. 클라이언트가 분노를 조절하는 경우의 긍정적인 결과(예 ; 타인과 자기 스스로의 존경, 다른 사람들의 협조, 건강증진)를 확인하도록 돕고, 분노를 이해하고 조절하는 새로운 방법을 배우는 데에 동의하도록 요청한다. EBT

EBT 7. 좌절감을 조절하기 위한 심리안정 전략을 배우고 적용한다. (13, 14)

13. 분노가 발생할 때 적절히 대응하기 위한 맞춤식 전략의 일부로 심리안정기술(예 ; 근육이완, 호흡조절, 심리안정 심상)을 가르친다. EBT

14. 일상생활에서 분노를 촉발하는 상황에 직면했을 때 심리안정기술을 적용하도록 클라이언트에게 과제를 부여하고 그 결과를 상담하여 성공한 것을 칭찬하며 실패한 것을 재조정한다.

8. 분노를 일으키는 자기언어를 확인하고 반박하여 분노 반응을 덜 일으키는 자기언어로 대체한다. (15, 16)

15. 분노와 표출행동에 관련된 클라이언트의 자기언어(예 ; 꼭 이러해야만 한다는 식이거나 그렇게 하지 않으면 문제가 생길 것이라는 식의 자기언어)를 탐구하고, 한쪽으로 치우친 생각을 바로잡을 수 있게 자신의 생각을 평가하여 보다 융통성 있게 좌절감을 누그러뜨리도록 클라이언트를 도우면서 편견을 확인하고 반박한다.

16. 클라이언트가 분노를 일으키는 자기언어를 확인하고 분노반응을 줄이는 대안들을 고안하도록 연습과제를 내주어 함께 과제를 검토하고 성공한 것을 강화하며 개선을 위한 피드백을 제공한다.

9. 분노를 촉발하는 원치 않은 생각이 머릿속에 침범하지 않도록 사고중지기술을 배우고 적용한다. (17)

17. 상담회기 사이의 일상생활에서 "사고중지"기술을 사용하도록 클라이언트에게 과제를 부여하고(Jongsma의 Adult Psychotherapy Homework Planner 2판에서 Making Use of the Thought Stopping Technique" 부분을 참고) 재검토 한 후 성공을 강화하여 개선을 위한 피드백을 제

공한다. EBT

EBT 10. 조절되고 단호한 방식으로 분노의 감정을 이야기한다. (18, 19)

18. 지시, 모델링, 역할극을 사용하여 클라이언트에게 자기주장적 의사소통 기술을 가르친다. 필요한 경우에는 클라이언트를 자기주장훈련 클래스나 그룹에 의뢰한다. EBT

19. 클라이언트가 자기주장, 문제해결, 갈등해결기술을 실제에 적용하는 것을 돕기 위해서 클라이언트의 소중한 사람들과 함께 회기를 실시한다. EBT

EBT 11. 대인관계 문제를 다루기 위한 문제해결과 갈등해결기술을 배우고 적용한다. (19, 20)

20. 클라이언트에게 갈등해결기술을 가르치고(예 ; 공감, 적극적 경청, "나 메시지", 존중적 의사소통, 비공격적인 자기주장, 타협) 현재의 몇 가지 갈등을 해결하도록 모델링, 역할극, 행동연습 등을 상담 중에 실시한다. EBT

EBT 12. 치료자와 함께 상담회기 중에 새로운 분노조절기술을 실제로 사용해보고 연습과제를 수행한다. (21, 22, 23)

21. 클라이언트가 자신의 욕구에 맞게 신체적, 인지적, 의사소통, 문제해결, 갈등해결기술들을 적절히 사용할 수 있는 맞춤식 분노조절 전략을 개발하도록 돕는다. EBT

22. 분노를 조절하기 위해 클라이언트가 새로 익힌 기술을 적용할 수 있도록 점진적 도전 상황을 선별한다. EBT

23. 클라이언트가 자신의 분노조절기술들을 절충적으로 사용할 수 있도록 이완, 심상, 행동예행연습, 모델링,

역할극, 실제상황노출, 행동실험 등을 적용한다. EBT

EBT 13. 새로운 분노조절기술의 사용을 증가시키면서 분노폭발의 횟수, 강도, 지속시간을 줄인다. (24)

24. 새로운 분노조절기술(Jongsma의 Adult Psychotherapy Homework Planner, 2판에서 Alternatives to Destructive Anger부분을 참조)의 사용을 통해서 분노의 빈도, 강도, 지속시간을 줄이는 목표를 달성하도록 클라이언트의 분노폭발 보고서를 모니터 한 후 잘 진행되는 지를 검토하고 성공을 강화하여 개선을 위한 피드백을 제공한다. EBT

EBT 14. 분노조절 기술의 적용을 도울 수 있는 사회적 지지원을 확인한다. (25)

25. 클라이언트가 자신의 분노조절 목표를 달성하기 위해서 클라이언트의 변화를 지지해 줄 믿을 만한 사람과 의논하도록 격려한다. EBT

EBT 15. 외상과 관련된 미래의 가능한 증상을 조절하기 위해서 재발방지 전략을 적용한다. (26, 27, 28, 29, 30)

26. 한 번의 실수, 가역적 분노폭발, 그리고 이전의 분노패턴으로 돌아가려는 습관의 선택으로 인해 발생한 분노의 재발을 서로 비교하면서 한 번 실수한 것과 같은 실수가 반복되는 것의 차이에 대해 이야기를 나눈다. EBT

27. 분노가 다시 일어날 수 있는 미래의 상황이나 환경을 확인하고 클라이언트와 그 대처방법을 연습한다. EBT

28. 클라이언트가 좌절감을 조절할 수 있도록 치료 중에 배운 새로운 분노조절 전략들(예 ; 안정기법, 적응적 자기언어, 자기주장, 갈등 해결)을 일상

적으로 사용할 수 있게 지도한다.

29. 클라이언트가 나중에 사용할 수 있도록 "대처카드" 또는 새로운 분노조절기술과 중요한 정보들(예 ; 안정기법, 다른 사람의 기대에 융통성 있게 대처하기, 다른 사람의 생각을 존중하기)을 기억해낼 수 있는 방법을 개발한다.

30. 치료를 통해서 변화된 행동이 유지되도록 클라이언트를 돕는 "유지"상담 회기를 계획한다.

16. 치료의 보조적 방법으로 분노와 분노조절에 대한 이해를 돕는 책이나 치료 매뉴얼을 읽는다. (31)

31. 분노와 조절에 관한 책을 읽도록 클라이언트에게 과제를 부여한다.

17. 분노를 마음에 품고 있는 것과 용서하는 것의 장 · 단점을 살펴보고 치료자와 이야기한다. (32, 33)

32. 자신의 분노를 던져버리는 하나의 과정으로 나에게 고통을 준 사람을 용서하는 것에 대해서 클라이언트와 논의한다.

33. 분노와 용서에 관한 책을 읽도록 클라이언트에게 과제를 부여한다.

18. 과거나 현재 나에게 고통을 준 사람에게 편지를 쓰고 치료자와 그 편지를 가지고 상담을 진행한다. (34)

34. 분노를 던져버리기 위한 한 단계로서 분노의 대상에게 용서의 편지를 쓰도록 클라이언트에게 요구하고, 상담 회기 중에 그 편지를 가지고 상담을 진행한다.

___: ______________________ ___: ______________________

___: ______________________ ___: ______________________

___: ______________________ ___: ______________________

가능한 진단명과 코드(Diagnostic Suggestions)

축 1:

312.34	간헐성 폭발장애
296.xx	1형 양극성 장애
296.89	2형 양극성 장애
312.8	행동장애
310.1	축 3의 질병으로 인한 성격의 변화
309.81	외상 후 스트레스 장애
V61.12	성인기의 신체적 학대(파트너에 의한)
V61.83	성인기의 신체적 학대(파트너 이외의 사람에 의한)
______	______________________
______	______________________

축 2:

301.83	경계선 성격장애
301.7	반사회적 성격장애
301.0	편집성 성격장애
301.81	자기애적 성격장애
301.9	미분류 성격장애
______	______________________
______	______________________

2 반사회적 행동(Antisocial Behavior)

행동적 정의

1. 청소년기의 규칙위반, 거짓말, 훔치기, 물리적 공격, 타인과 타인의 물건을 존중하지 않음, 또는 권위자에 대한 직면적 행동을 초래하는 약물남용의 과거력
2. 체포경력의 유무와 상관없이 반복적인 반사회적 행동(예 ; 재산파괴, 훔치기, 불법적 일에 연루됨)으로 나타나는 법규범에 대한 존중과 사회규범에 대한 순응에의 실패
3. 권위자에 대한 직면적, 공격적, 논쟁적 상호작용의 패턴
4. 다른 사람에게 고통을 초래한 것에 대한 후회가 거의 없거나 전혀 없음.
5. 자신의 일에 대한 책임을 지속적으로 다른 사람에게 돌리는 태도
6. 다른 사람에게 계속 거짓말을 하거나 조종하는 태도를 통해서 나타나는 진실을 전혀 고려하지 않는 태도
7. 빈번한 언어적, 신체적 싸움의 유발
8. 자신과 타인을 고려하지 않는 부주의한 행동패턴과 흥분, 재미, 그리고 위험한 방식의 삶을 즐기고자 하는 과도한 욕구를 보임.
9. 문란한 이성 관계 ; 일 년이라도 온전히 한 사람과 이성 관계를 유지하지 못하며 자녀에 대한 책임을 지지 않음.
10. 잦은 이사, 아무런 목적 없는 여행, 다른 직업을 구하지 않고 무조건 일을 그만두는 등의 충동적인 행동패턴
11. 고용상태를 지속적으로 유지할 수 없는 행동패턴
12. 자녀에게 지속적 관심을 보이고 책임을 감당하는 부모의 기능을 하는 데에 실패함.

___: ____
____

___: ____
____

___: ____
____

장기목표

1. 자신의 행동에 대한 책임을 인정하고 적절한 사회적 규범의 한계 내에서 행동한다.
2. 사회규범과 타인의 권리, 그리고 정직을 존중하며 행동으로 나타낸다.
3. 세상의 모든 사람과 관계하는 방법을 개선한다. 특히 권위자와의 관계를 개선하고 보다 현실적이고 덜 일탈적이며 사회적으로 보다 민감하게 행동한다.
4. 일반적 사회규범과 행동의 경계를 이해하고 그것에 순응할 필요를 인정한다.
5. 지속적으로 고용상태를 유지하고 자녀에 대한 재정적 · 정서적 책임을 감당한다.

___: ____
____

___: ____
____

___: ____
____

단기 세부목표

1. 법을 위반하고 타인의 권리와 감정을 손상한 불법적이거나 비윤리적인 자신의 행동을 인정한다. (1, 2)

치료적 개입

1. 클라이언트의 불법적이거나 비윤리적인 행동패턴을 탐구하고 클라이언트의 최소화, 부정, 책임의 투사와 같은 생각을 직면한다.

	2. 자신의 반사회적 행동이 자기 자신과 타인에게 미친 결과를 검토한다.
2. 법과 사회규칙을 지키는 삶이 자신과 타인에게 주는 이점을 이해하고 이야기한다. (3, 4)	3. 클라이언트에게 모든 인간관계의 기본은 신뢰이며, 신뢰는 타인을 존중과 친절로 대해야 하는 것임을 가르친다. 4. 클라이언트에게 전체 사회가 무정부 상태에 빠지는 것을 막기 위해서 신뢰를 바탕으로 하는 법질서가 필요하다는 것을 가르친다.
3. 사회의 법과 규칙을 지키며 살아가도록 결심한다. (5, 6)	5. 클라이언트가 사회적이며 법을 잘 지키는 방식으로 살아갈 것을 결심하도록 설득한다. 6. 만일 클라이언트가 계속 법을 무시한다면 부정적인 결과가 초래될 것이라는 현실을 강조한다.
4. 무례, 배신, 공격성, 부정직 때문에 깨어진 인간관계의 목록을 작성한다. (7, 8)	7. 클라이언트의 반사회적 태도와 행동(예 ; 배신, 부정직, 공격) 때문에 상실한 인간관계를 살펴본다. 8. 클라이언트가 다른 사람의 욕구와 감정에 둔하다는 점을 직면한다.
5. 모든 인간관계에서 사실상 자기중심적인 행동패턴을 인식한다. (8, 9)	8. 클라이언트가 다른 사람의 욕구와 감정에 둔하다는 점을 직면한다. 9. 클라이언트의 반사회적 행동 속에 반영된 자기에게 초점이 맞추어져서, 내가 먼저이고 자기밖에 모르는 태도를 지적한다.
6. 정직하고 신뢰받을 수 있는 사람이 되기로 결심한다. (10, 11, 12)	10. 클라이언트에게 사회적 승인과 신뢰, 존경의 증진이 자신에게 이득이 된다는 모든 인간관계속에서의 정직과

신뢰성의 자기가치에 대해 가르친다.

11. 정직과 신뢰로 다른 사람들을 대하면 사람들이 거짓말과 깨어진 약속으로 인해서 실망하거나 상처받지 않는다는 긍정적인 효과를 클라이언트에게 가르친다.
12. 정직하고 신뢰성 있게 행동할 것을 결심하도록 클라이언트에게 요청한다.

7. 타인의 욕구에 공감하고 민감하게 되는 것이 자신과 타인 모두에게 이득이 된다는 사실에 대한 이해를 말로 표현한다. (3, 13, 14)

3. 클라이언트에게 모든 인간관계의 기본은 신뢰이며, 신뢰는 타인을 존중과 친절로 대해야 하는 것임을 가르친다.
13. 타인에 대한 클라이언트의 행동의 결과를 다시 살펴보면서 타인에 대한 공감이 부족한 자신의 모습을 깨닫도록 돕는다. 역할연습기술을 사용한다.
14. 클라이언트가 무례했거나 타인과 타인의 경계를 존중하지 않았다는 사실을 직면한다.

8. 타인에게 실천할 친절하고 사려 깊은 행동 세 가지 목록을 작성한다. (15)

15. 타인에게 친절한 행동을 실천하기 위한 세 가지 행동목록을 클라이언트가 작성하도록 돕는다.

9. 타인에게 준 상처에 대한 보상을 하거나 치료해주기 위한 실천단계를 정한다. (16, 17, 18)

16. 클라이언트의 반사회적 행동으로 인해서 상처를 받은 사람들을 확인하도록 돕는다.
17. 클라이언트에게 자기 행동에 책임을 지며 타인의 감정에 대한 민감성을 개발하는 의미로 자신이 입힌 상처에 대해서 사과하는 것의 가치를 가르친다.

18. 클라이언트의 행동 때문에 고통 받은 사람들에게 사과하고 보상하는 구체적 행동단계를 결정하도록 격려한다.

10. 고용과 관련된 규칙과 의무를 이해하고, 말로 그것을 표현한다. (19)

19. 직장에서 클라이언트의 행동에 관련한 규칙과 기대에 대해서 살펴본다.

11. 신뢰받을 수 있도록 일하고, 직장 상사와 동료를 존중한다. (20, 21)

20. 클라이언트의 출근을 모니터하고 권위자를 존경할 뿐 아니라 신뢰를 얻도록 강화한다.

21. 클라이언트에게 권위자와의 갈등을 줄이기 위한 행동과 태도의 목록을 만들도록 요구하고 그 목록으로 상담을 진행한다.

12. 무시해왔던 부모의 책임에 대해서 이야기한다. (22, 23)

22. 자녀에 대한 책임회피에 대해 직면한다.

23. 클라이언트가 부모로서 책임감 있고 자녀를 잘 양육하며 지속적인 신뢰를 얻기 위해서 필요한 행동목록을 작성하도록 돕는다.

13. 부모의 책임을 완수하기 위한 계획을 세우고 이야기한다. (24)

24. 클라이언트와 함께 책임감 있는 부모다운 행동을 실천하기 위한 계획을 수립한다.

14. 자기 행동의 책임을 말로 인정하는 횟수를 늘린다. (25, 26, 27)

25. 클라이언트가 자기 행동, 생각 또는 감정에 대한 책임을 회피하거나 타인을 비난할 때 그것에 대해서 직면한다.

26. 클라이언트가 자신의 행동에 대해서 남을 비난하는 이유를 탐구한다(예 ; 학대적인 체벌의 과거력, 부모의 모

델링, 거절에 대한 두려움, 수치심, 낮은 자존감, 결과의 직면을 회피함).

27. 클라이언트가 자신의 행동에 책임을 질 때 긍정적 피드백을 말로 제공한다.

15. 어린 시절의 고통스러운 경험이 어떻게 자기중심적이고 방어적인 태도와 타인에 대한 공격적 태도로 모방되었는지 이해하고 말로 표현한다. (28, 29)

28. 클라이언트의 어린 시절의 학대, 방임, 유기 등의 경험을 탐구하고 클라이언트의 행동에서 어떻게 학대나 방임의 악순환이 반복적으로 발생하는지 설명한다.

29. 클라이언트의 인간관계에 대한 감정적 분리와 자기중심적인 행동이 고통으로부터 자신을 방어하기 위한 역기능적인 시도와 관련되어 있다는 사실을 지적한다.

16. 어린 시절 자신을 학대했던 사람을 용서하고 싶은 소망을 이야기한다. (30)

30. 상처와 분노를 마음에 품고 있는 것보다는 가해자를 용서하는 것이 더 가치 있다는 사실과 그 상처가 반사회적 행동의 변명으로 사용된다는 사실을 클라이언트에게 가르친다.

17. 자신의 개인적인 감정을 개방하면서 의미 있는 사람을 신뢰하는 것을 실천한다. (31, 32, 33)

31. 클라이언트가 다른 사람을 신뢰하는 것을 두려워하고 있는지를 탐구한다.

32. 클라이언트가 누군가를 신뢰하기 시작했다는 증거로서, 클라이언트에게 의미 있는 사람에게 내놓고 이야기할 수 있는 개인적인 생각과 감정을 확인한다.

33. 누군가에게 자기를 개방함으로서 자신을 약하게 보이게 할 수 있는 경험

에 대해서 상담한다.

___: ______________________ ___: ______________________

______________________ ______________________

___: ______________________ ___: ______________________

______________________ ______________________

___: ______________________ ___: ______________________

______________________ ______________________

가능한 진단명과 코드

축 1: 303.90 알코올 의존
304.20 코카인 의존
304.80 복합물질 의존
309.3 행동장애를 동반한 적응장애
312.8 행동장애
312.34 간헐적 폭발적 행동장애
_______ ______________________
_______ ______________________

축 2: 301.7 반사회적 성격장애
301.81 자기애적 성격장애
799.9 진단 유예
V71.09 진단 없음
_______ ______________________
_______ ______________________

③ 불안(Anxiety)

행동적 정의

1. 최소한 6개월 동안 여러 가지 걱정이 없는 날보다 있는 날이 더 많으며, 통제하기 어려운 과도하고 비현실적인 걱정
2. 운동신경계 긴장(예 ; 안절부절못함, 피곤함, 떨림, 근육긴장)
3. 자율신경계 과잉작용(예 ; 가슴이 두근거림, 숨이 참, 입이 마름, 침을 삼키기 어려움, 구역질, 설사)
4. 과잉경계(예 ; 지속적으로 벼랑 끝에 서있는 것 같은 느낌, 집중력 장애의 경험, 잠들거나 수면상태를 지속하기 어려움, 전반적으로 짜증스러운 상태를 보임)

___. ______________________________

____

___. ______________________________

____

___. ______________________________

____

장기목표

1. 전반적인 불안의 빈도, 강도, 지속기간을 줄여서 일상생활 기능을 회복한다.
2. 일상적인 기능을 증진함과 동시에 불안감을 안정시킨다.
3. 불안의 원인이 되는 핵심 갈등을 해결한다.
4. 다양한 모든 종류의 생활 속의 불안을 효과적으로 다루는 능력을 증진한다.

___: ____
____

___: ____
____

___: ____
____

단기 세부목표

1. 걱정과 불안증상의 현재와 과거의 경험을 설명하고, 그것이 일상생활 기능에 미친 영향을 살펴 그 해결을 시도한다. (1)

2. 걱정과 불안증상을 사정하기 위해서 고안된 심리검사를 받는다. (2)

EBT 3. 약물복용을 위해서 의사에게 검진을 받는다. (3, 4)

EBT 4. 불안과 그 치료의 인지적, 신체적, 행동적 요소들에 대한 이해를 말로 표현한다.

치료적 개입

1. 클라이언트의 걱정의 초점과 과잉성, 통제 불능정도, 불안증상의 양상, 빈도, 강도 그리고 지속기간을 사정한다(Di-Nardo Brown, Barlow가 저술한 The Anxiety Disorders Interview Schedule for the DSM-IV를 참고).

2. 클라이언트의 걱정과 불안증상의 상태와 정도를 사정하기 위해서 자가측정을 실시한다(Meyer, Miller, Metger, Borkovec의 The Penn State Worry Questionnaire를 참고).

3. 약물복용을 위해서 의사에게 클라이언트를 의뢰한다. EBT

4. 클라이언트가 약을 잘 복용하는지, 부작용은 없는지, 효과가 있는지 모니터하고 의사와 정기적으로 논의한다. EBT

5. 일반적으로 불안이 비현실적인 위협에 대해서 어떻게 문제를 유지하도록 하는지에 대해 논의한다. 불안은 과도

(5, 6, 7)

5. 전체적 불안과 불안증상을 조절하기 위한 안정기술을 교육받고 실천한다. (8, 9, 10, 11)

한 걱정, 신체적인 긴장, 과잉각성상태 유발로 인해 위협적으로 느끼는 것을 회피하게 하는 역할을 한다.

6. 치료를 통해 걱정과 불안 그리고 회피를 다루어서 어떻게 클라이언트가 걱정을 효과적으로 덜고 과잉각성과 불필요한 회피를 줄일 수 있는지에 대해서 논의한다.
7. 클라이언트가 걱정과 일반화된 불안에 대한 책의 심리 교육적 부분이나 치료 매뉴얼을 읽도록 과제를 부여한다.
8. 이완기술(예 ; 점진적 근육이완, 심상훈련, 횡격막 호흡 조절법), 이완과 긴장의 구별법을 클라이언트에게 가르치고 일상생활에서 어떻게 이 기술을 적용할 수 있는지 가르친다(예 ; Bernstein과 Borkovec의 Progressive Relaxation Training과 Rygh와 Sanderson의 Treating GAD을 참고).
9. 클라이언트에게 매일 이완연습을 실천하도록 각 회기마다 과제를 부여하고 또한 개선하도록 피드백을 제공하면서 검토하여 성공을 강화한다.
10. 클라이언트에게 점진적 근육이완법과 다른 안정전략에 대한 책이나 치료 매뉴얼을 읽도록 과제를 부여한다.

11. 클라이언트가 이완기술을 익히는데 도움이 되도록 바이오피드백[3] 기술을 사용한다.

6. 인지적 왜곡이 과도한 비합리적 걱정과 지속적 불안증상을 일으킨다는 것을 이해하고 말로 표현한다. (12, 13, 14)

12. 일반적으로 위협의 가능성을 과대평가하거나 현실적인 요구를 다루는 클라이언트의 능력을 과소평가하여 발생하는 비현실적 걱정이 드러날 수 있는 예를 들어 논의한다.

13. 클라이언트에게 부정적인 일이 일어날 가능성, 그 일이 발생했을 때의 결과, 그 결과를 통제할 수 있는 클라이언트 자신의 능력을 평가한다. 가능한 최악의 경우와 그것을 수용할 수 있는 자신의 능력을 평가함으로써 두려움을 분석하도록 돕는다(Jongsma의 Adult Psychotherapy Homework Planner에서 Analyze the Probability of a Feared Event 부분과 Beck과 Emery의 Anxiety Disorders and Phobias를 참고).

14. 클라이언트의 걱정은 두려워하는 문제를 회피하는 한 가지 형태이며 이것은 만성긴장을 일으킨다는 사실을 통찰할 수 있도록 돕는다.

7. 왜곡되고 두려움에 가득 찬 자기언어를 확인하고 도전적, 긍

15. 클라이언트의 두려움에 기인한 반응을 일으키는 스키마와 자기언어를

3) 바이오피드백이란 자신의 생체신호(bio-)를 스스로에게 알려줌(feedback)으로써 자신의 생리상태를 조절하고 이완효과를 얻는 것을 의미한다.

정적, 현실적, 권한부여적인 자기언어로 대체한다. (15, 16, 17)

탐구하고 왜곡에 대해서 반박한다. 그리고 그 왜곡된 메시지를, 비합리적인 두려움을 줄이기 위해 자기 확신을 증진시키는 현실에 기초한 대안들과 긍정적인 자기언어로 대체하도록 돕는다. EBT

16. 클라이언트가 두려움에 가득 찬 자기언어를 확인한 후 현실에 기초한 대안을 찾아내도록 과제를 부여하고 개선을 위한 피드백을 제공하면서 검토하여 성공을 강화한다. EBT
17. 이미 다루었으나 지속되는 걱정을 줄이기 위해서 사고중지기술을 클라이언트에게 가르치고(Jongsma의 Adult Psychotherapy Homework Planner 2판에서 Making Use of the Thought -Stopping Technique부분을 참고), 회기가 끝난 후 일상생활에서 그 기술을 사용하도록 모니터하고 격려한다. EBT

EBT 8. 걱정으로 인해 두려워하는 부정적인 결과에 대해서 점진적, 반복적으로 상상해보고 현실에 기초한 대안을 개발한다. (18, 19, 20, 21)

18. 클라이언트가 꺼내 놓을 수 있게 두세 가지 범위의 걱정들로 생각을 정리하도록 돕는다(예 ; 타인이 해를 입을 것에 대한 걱정, 경제적 어려움, 인간관계의 문제). EBT
19. 클라이언트가 먼저 드러내었을 때 결과가 좋을 가능성이 높아 보이는 걱정거리를 선택하고, 발생할 수 있는 부정적인 영향에 대처할 계획을 세워

그 절차를 마음속으로 연습하도록 한다. EBT

20. 클라이언트에게 걱정하는 최악의 경우를 상상해 본 뒤 그것에 관한 불안이 줄어들 때(30분)까지 그 생각을 계속할 것을 요청하고, 그 최악의 경우에 대한 현실적인 대안을 세워 그것을 가지고 상담한다(Craske, Barlow, O'Leary의 Therapist Guide에서 Mastery of Your Anxiety and Worry부분을 참고). EBT

21. 클라이언트에게 걱정하는 것을 다른 사람에게 이야기하고 그 반응을 보고하도록 과제를 부여하여(Brown, O'Leary, Barlow의 Generalized Anxiety Disorder 또는 Zinbarg, Craske, Barlow, O'Leary의 Client Guide에서 Mastery of Your Anxiety and Worry부분을 참고) 검토한 후, 성공한 것을 강화하여 개선을 위한 피드백을 제공한다. EBT

EBT 9. 걱정하는 바를 현실적으로 다루도록 문제해결 전략을 배우고 적용한다. (22, 23)

22. 문제를 구체적으로 정의하고 그 문제를 다룰 대안을 세워서 그 대안을 평가하고 난 후, 계획을 세우고 재평가하는 문제해결전략을 가르쳐 그 계획을 다듬는다. EBT

23. 클라이언트가 현재의 문제를 문제해결기법(Brown, O'Leary, Barlow의 Generalized Anxiety Disorder 또

는 Zinbarg, Craske, Barlow, O'Leary의 Client Guide에서 Mastery of Your Anxiety and Worry부분을 참고)으로 해결하도록 과제를 부여하고 검토하며, 성공한 것을 강화해서 개선을 위한 피드백을 제공한다. EBT

EBT 10. 미래에 발생 가능한 불안증상을 다루기 위한 재발방지전략을 배우고 적용한다. (24, 25, 26, 27)

24. 어쩌다 한 번 생긴 실수와 반복해서 발생하는 걱정, 불안증상 또는 회피하고 싶은 충동, 회피적 행동양상과 두려움이 지속되게 하는 결정으로 인한 불안의 재발을 클라이언트가 구별할 수 있도록 설명한다. EBT
25. 클라이언트가 불안이 재발할 수 있는 미래의 상황이나 환경을 확인하고 잘 다룰 수 있도록 예행연습을 한다. EBT
26. 클라이언트의 삶을 가능한 정상이 되게 하면서 걱정이 생길 때마다 적절히 다룰 수 있도록 이완, 인지 재구조화, 노출, 문제해결기술 등을 반복적으로 사용할 수 있게 가르친다. EBT
27. 클라이언트가 나중에 사용할 수 있도록 대처전략과 다른 유용한 정보들을 적은 "대처카드"(예 ; "숨을 깊이 쉬고 긴장을 풀라", "비현실적인 걱정을 반박하라", "문제해결기술을 사용하라")를 만든다. 자신의 행동에 책

임을 질 때 말로서 긍정적 피드백을 제공한다. (EBT)

11. 불안 반응을 줄이기 위해서 역설적 개입 기술을 적용한다. (28)

28. 클라이언트가 자신의 문제(예 ; 불안해하기)를 유지하도록 장려하고 구체적인 방식과 정해진 시간 동안 매일 특정한 간격(클라이언트가 분명히 다른 것을 하기 원할 것이라고 생각되는 시간에)으로 불안해 할 스케줄을 작성하는 역설적 개입방식(Haley의 Ordeal Therapy참고)을 개발한다.

12. 불안에 대한 비용편익분석을 완수한다. (29)

29. 클라이언트에게 부정적 생각, 두려움, 불안 등의 장·단점 목록을 작성하도록 하는 걱정에 대한 비용과 편익평가(예 ; Burns의 Ten Days to Self-Esteem에서 비용편익 분석연습을 참고)를 실시하도록 요구하고 그것을 가지고 상담을 진행한다.

13. 현재 클라이언트가 경험하는 불안을 일으키는 현재와 과거의 삶의 주요한 갈등이 무엇인지 확인한다. (30, 31, 32)

30. 클라이언트가 해결되지 않은 핵심 갈등을 인식하고 그 해결을 위해서 노력하기 시작하도록 돕는다.

31. 클라이언트의 과거 정서적인 상처의 역할과 현재의 불안과의 관련성에 대한 통찰력을 강화한다.

32. 클라이언트가 걱정을 지속적으로 일으키는 과거와 현재의 핵심 갈등의 목록을 개발하도록 요청하고 그것을 가지고 상담을 진행한다.

14. 직업, 가정, 사회활동에의 참여를 유지한다. (33)

33. 패닉증상에 집중하여 상황을 회피하거나 도망치려 하기보다는 직업, 가

15. 증상이 나아지는지 확인하고 성과를 강화하며, 문제해결의 장애물을 확인하는 사후회기에 참여한다. (34)

__. ______________________

____

__. ______________________

____

__. ______________________

____

정, 사회활동을 잘 할 수 있도록 클라이언트를 지원한다.

34. 치료가 끝난 후 1~3개월 동안 클라이언트와 "원조회기"를 계획한다.

__. ______________________

____

__. ______________________

____

__. ______________________

____

가능한 진단명과 코드

축 1: 300.02 범불안 장애

300.00 미분류 불안 장애

309.24 불안을 동반하는 적응장애

______ ______________________

______ ______________________

4 주의력 결핍장애(ADD) – 성인 (Attention Deficit Disorder)

행동적 정의

1. 주의력 결핍장애(ADD)로 진단을 받았거나, 학교에서의 행동적 문제, 충동성, 성질냄, 집중력 장애 등의 증상으로 이후에 알게 된 아동기 병력
2. 자신의 삶에 중요한 일에도 많은 흥미를 보이지 않고, 관심을 집중하지 못함.
3. 하고 있던 일에서 쉽게 딴 곳으로 관심을 돌림.
4. 침착하지 못하고 조바심을 내며 한 곳에 오래 앉아있지 못함.
5. 충동적이며 생각하기보다는 행동이 앞서는 것이 쉽게 관찰됨.
6. 기분이 자주 바뀌고 짧은 시간동안 감정의 굴곡이 심함.
7. 삶의 대부분의 영역에서 무질서함을 보임.
8. 많은 일을 시작하지만 완수하는 일은 거의 없음.
9. "쉽게 끓어오르고 쉽게 식어버리는" 태도
10. 스트레스를 잘 감당하지 못하여 쉽게 좌절 또는 혼란을 겪거나 화를 냄.
11. 만성적 낮은 자존감
12. 쉽게 중독에 빠지는 경향을 보임.

___. ______________________________

____

___. ______________________________

____

___. ______________________________

____

장기목표

1. 집중력을 증진하고 흥미가 떨어지는 활동에 초점을 두면서 충동적 행동을 줄인다.
2. 일상생활에서 ADD로 인한 행동장애를 최소화한다.
3. ADD가 만성적 문제이며 지속적인 약물치료가 필요하다는 사실을 받아들인다.
4. 보다 더 오랜 시간동안 지속해서 주의를 기울이고 집중한다.
5. 개인적 생활의 균형과 질서와 친밀감을 만족스러운 수준으로 달성한다.

___. ____
____

___. ____
____

___. ____
____

단기 세부목표

1. 심리검사에 협조하고 완성한다. (1)
2. 정신과 검진에 협조하고 검진을 잘 마친다. (2)
3. 심리검사와 정신과 검진을 통한 조언을 잘 따른다. (3, 4)

치료적 개입

1. 클라이언트가 주의력 결핍장애(ADD)로 진단되는지 심리검사를 받도록 하고, 검사결과를 가지고 피드백을 제공한다.
2. 클라이언트가 약물복용이 필요한지 사정하기 위해서 정신과 검진을 받도록 돕는다.
3. 클라이언트와 함께 심리검사와 정신과 검진의 결과를 가지고 상담을 진행하고 클라이언트의 질문에 대답한다.
4. 심리검사와 정신과 검진의 결과를 이

	야기하기 위해서 클라이언트와 가까운 사람들이 함께 회기를 진행하고 모든 질문에 대답하며 클라이언트를 도와줄 것을 요청한다.
4. 처방된 약물을 규칙적이고 지속적으로 복용한다. (5, 6)	5. 클라이언트가 처방된 약을 잘 복용하고 있는지, 효과가 있는지 모니터하고 평가한다. 6. 약물의 효과에 관해서 정기적으로 클라이언트의 담당의사와 상담한다.
5. 장기적으로 처방된 약을 복용하는 것의 구체적 이점에 대해서 확인한다. (7, 8, 9)	7. 클라이언트에게 조금 증상이 좋아진 후에도 약을 계속 복용하는 것의 "장·단점"표를 만들도록 요청하고, 그 표를 가지고 상담을 진행한다. 8. 클라이언트가 약물복용을 지속하도록 따뜻하게 격려하고 지원하며, 약을 그만두려는 생각을 하고 있을 때는 그 생각에 대해서 단호하게 직면한다. 9. 클라이언트에게 약물복용을 시작한 이후에 발생하는 긍정적인 효과의 목록을 작성하도록 과제를 부여한다.
6. 스스로의 상태에 대한 지식을 얻기 위해서 ADD에 관한 정보가 담긴 책을 읽는다. (10)	10. 클라이언트에게 ADD에 대한 책을 읽도록 요구하고 난 후 그 책을 가지고 상담을 진행한다.
7. 가장 많은 어려움을 초래하는 구체적인 ADD행동이 무엇인지 확인한다. (11, 12, 13)	11. 클라이언트가 자신을 가장 힘들게 하는 구체적인 행동을 확인할 수 있도록 돕는다. 12. 클라이언트가 가장 많이 문제가 되는 행동을 확인하도록 도우면서, 클라이언트와 함께 심리검사나 정신과 진단

결과를 다시 검토한다.

13. 클라이언트가 가족이나 가까운 친구에게 자신의 일상생활에 가장 문제가 되는 것으로 보이는 세 가지 행동(예 ; 변덕스러운 기분, 성질부림, 쉽게 스트레스 받음, 짧은 주의집중, 시작한 일을 마무리 하지 못함)을 순서대로 이야기해 줄 것을 요청하도록 한다.

8. ADD문제행동의 부정적 결과를 목록으로 작성한다. (14)

14. 클라이언트가 경험했거나 문제 행동이 지속되는 경우에 발생할 수 있는 부정적인 결과의 목록을 만들도록 과제를 부여하고, 그 목록을 가지고 상담을 진행한다.

9. 일상생활 기능에 문제를 일으키는 구체적인 ADD행동에 대한 문제해결기술을 적용한다. (15, 16)

15. 클라이언트에게 자신의 ADD행동에 적용할 수 있는 문제해결기술(예 ; 문제를 확인하기, 가능한 모든 대안을 창조적으로 생각해내기, 각 대안을 평가하기, 최선의 대안을 선택하기, 일련의 행동을 적용하기, 결과를 평가하기)을 가르친다.

16. 클라이언트가 확인된 문제행동(예 ; 충동조절, 분노의 폭발, 잦은 기분의 변화, 과업의 지속, 주의력 문제)에 구체적으로 적용할 수 있도록 문제해결 과제를 부여하고, 그 결과를 가지고 상담을 진행하며 적절한 피드백을 제공한다.

10. 충동적 행동을 제어하기 위한 인

17. “멈추고, 듣고, 생각하고, 행동하라”

지전략을 사용한다. (17)

11. 자기 파괴적이지 않은 충동에 빠져 행동하는 경우에 구체적인 시간제한을 둔다. (18)

12. 어떤 상황에서 스스로 빠져나와서 취할 수 있는 행동과 그 결과에 대해서 생각해 볼 수 있도록 "타임아웃"을 사용한다. (19)

13. 긴장과 안절부절 못하는 상태를 안정시키기 위한 이완기법을 사용한다. (20)

14. 충동성, 주의력 부족, 쉽게 잊어버림 등의 증상이 긍정적인 대안으로 대체되는 경우에 스스로를 보상한다. (21, 22)

라고 하는 자기 조절 전략과 "문제해결 자기언어"를 클라이언트에게 가르친다. 클라이언트의 기술을 증진하기 위해서 이러한 기술을 사용하는 역할극을 한다.

18. 자기 파괴적이지 않은 반복되는 행동(예 ; 음악에 빠짐, 아이스크림을 게걸스럽게 먹음)을 하려고 하는 경우에 일주일 단위로 그 행동을 할 수 있는 시간을 정한다.

19. 클라이언트가 그 상황에서 벗어나서 취할 행동과 그 결과에 대해서 조용히 생각할 수 있도록 하는 "타임아웃"방법을 사용하도록 훈련한다.

20. 클라이언트에게 다양한 이완기술(예 ; 깊이 숨쉬기, 명상, 심상기법)을 가르치고, 매일 혹은 스트레스가 증가할 때 사용하도록 독려한다.

21. 클라이언트가 충동성, 화내기, 주의력 부족 등과 같은 증상을 줄일 수 있도록 강화하고 격려하기 위해서 자가보상체계를 고안하여 적용한다.

22. 주의력 부족과 잘 잊어버리는 것 때문에 발생하는 문제를 줄이기 위한 구조적인 방법(예 ; 목록작성, 메모, 파일, 습관들이기)을 클라이언트에게 가르치고, 클라이언트가 잘 기억해서 시행했을 때 스스로에게 보상하도록 격려한다.

15. 충동을 통제하고 산만함을 줄이기 위해서 뇌파 생체피드백의 사용에 협조한다. (23, 24)

23. 주의력 강화, 충동조절, 기분안정을 위해서 뇌파 생체피드백을 의뢰하거나 시행한다.

24. 일상적 상황에서 이완 생체피드백 훈련 기술과 인지적 초점기술을 적용할 수 있도록 격려한다.

16. 자신과 자신의 삶에 대한 부정적인 말과 느낌이 줄어들었다는 사실을 보고한다. (25)

25. 인간관계, 그리고 클라이언트와 가까운 사람들의 긍정적인 면들을 확인하고 확신하는 연합 상담을 실시한다.

17. 건강을 증진하고 타인을 돕는 삶의 방식으로 행동한다. (26, 27)

26. 클라이언트가 건강한 중독에 빠지도록 지도한다(예 ; 운동, 자원봉사, 지역사회서비스).

27. 클라이언트가 의사의 개별적인 치료를 마친 후에, 유산소 호흡운동을 규칙적으로 할 수 있도록 돕기 위해 트레이너에게 클라이언트를 의뢰한다.

18. ADD 지지그룹에 참가한다. (28)

28. 클라이언트가 ADD를 더 잘 이해하고 자존감을 높이며 다른 사람들에게 피드백을 받도록 ADD 성인들을 위한 특별한 그룹치료에 클라이언트를 의뢰한다.

19. 구조화와 과업에 초점을 두는 법을 가르치는 치료자에게 훈련받은 "코치"를 선정하여 활용한다. (29, 30)

29. 클라이언트가 과업을 구조화하고 지속하도록 도우며 격려하고 지지할 코치를 친구나 동료들 중에서 선택하도록 한다(Hallowell과 Ratey의 Dirven to Kistraction참고).

30. Hallowell과 Ratey의 Dirven to Kistraction에서 설명된 HOPE기술 [Help(돕고), Obligations(책임지고),

Plans(계획하고), Encouragement(격려하라)]을 코치에게 가르친다.

20. 자기방어 없는 경청기술을 향상을 보고한다. (31)

31. 클라이언트가 자신의 행동에 대한 타인들의 피드백을 어떻게 경청하고 수용하는지 가르치기 위해서 역할극과 모델링을 사용한다.

21. 가까운 사람들이 문제를 더 잘 이해할 수 있도록 ADD 지지그룹에 참가하도록 한다. (32)

32. 클라이언트와 그의 가까운 사람들에게 ADD에 대해서 가르치고 지지그룹에 참여하도록 격려한다.

22. 자신과 가까운 사람들 사이에 의사소통이 잘 이루어지고 서로를 더 잘 이해하게 되고 신뢰가 형성되었다고 보고한다. (33, 34, 35, 36)

33. 클라이언트와 그의 가까운 사람들에게 그들의 관계와 서로에게 기대하는 것의 목록을 작성하도록 요구한다. 그 목록을 가지고 그러한 기대가 어떻게 충족되고 현실화될 수 있을지를 알아보는 연합상담을 진행한다.

34. 클라이언트와 그의 가까운 사람이 서로의 의사소통에 대한 방해물들을 제거하고 새로운 의사소통 기술을 개발하도록 돕는다.

35. 클라이언트와 그의 가까운 사람을 의사소통기술과 갈등해결기술을 개선하도록 돕는 부부관계 또는 인간관계 세미나에 의뢰한다.

36. 클라이언트와 그의 가까운 사람이 함께 대화하고 감정을 표현하며 즐거운 시간을 가지고 문제를 꺼내서 상의하는 시간을 매일 가질 수 있게 구체적인 스케줄을 짜도록 과제를 부여한다. 이 과제를 수행한 후 매일 그것

을 실천하도록 과제를 부여한다.

23. 파트너에 대한 분노지수가 높아질 때를 알아차릴 수 있도록, 경고시스템으로 사용될 사인을 개발한다. (37)

__. ____________________

__. ____________________

__. ____________________

37. 갈등과 분노가 상승할 때 피드백의 수단이 될 수 있는 사인을 개발하도록 클라이언트와 파트너를 돕는다.

__. ____________________

__. ____________________

__. ____________________

가능한 진단명과 코드

축 1:	314.00	주의력 결핍 과잉행동 장애, 부주의 우세형
	314.01	주의력 결핍 과잉행동 장애, 과잉행동적 충동성 우세형
	314.9	미분류 주의력 결핍 과잉행동 장애
	296.xx	제1 양극성 장애
	301.13	순환성 장애
	296.90	미분류 기분 장애
	312.30	미분류 충동조절장애
	303.90	알코올 의존
	305.00	알코올 남용
	304.30	마리화나 의존
	305.20	마리화나 남용
	____	____________________
	____	____________________

⑤ 경계선 성격장애(Borderline Personality)

행동적 정의

1. 사소한 스트레스가 최소 몇 시간에서부터 며칠까지 일반적으로 지속되는 극한 감정반응(분노, 불안, 우울)으로 발전
2. 강렬하고 혼란스러운 대인관계의 양상
3. 눈에 띄는 자아정체감의 혼란
4. 잠재적으로 자해적인 충동적 행동
5. 반복적인 자살 제스처, 위협, 또는 자해 행동
6. 만성적 공허함과 권태감
7. 빈번하게 발생하는 강렬하고 부적절한 분노의 폭발
8. 쉽게 불공평한 대접을 받았다고 느끼며, 다른 사람들을 믿을 수 없다고 믿음.
9. 대부분의 문제를 그 배경이나 복잡한 상황을 고려하지 않고 단순하게 해석해버림(예 ; 옳다/그르다, 흑/백, 신뢰할 가치가 있는/사기성의).
10. 인간관계에서 버림을 당할지도 모른다고 여겨지는 어떠한 조짐에도 매우 불안해함.

___: ______________________________

____

___: ______________________________

____

___: ______________________________

____

장기목표

1. 기분의 변화에 대처하기 위한 대처기술을 개발하고 사용한다.
2. 충동적인 행동을 조절할 수 있는 능력을 개발한다.
3. 사람이나 문제에 대한 모호함과 복잡함을, 참을 수 있도록 이분법적인 사고를 합리적인 것으로 대체한다.
4. 분노조절 기술을 개발하고 사용한다.
5. 대인관계 기술을 배우고 실천한다.
6. 자해적 행동을 그만둔다(물질남용, 부주의한 운전, 성적인 문란, 폭음, 또는 자살행동).

___. ____

____

___. ____

____

___. ____

____

단기 세부목표

1. 치료를 요하게 된 문제의 과거력을 개방적인 태도로 이야기한다. (1, 2, 3)

치료적 개입

1. 클라이언트의 고통과 장애가 무엇인지 사정하고 치료의 초점이 될 행동(예 ; 자살에 준하는 행동, 분노의 폭발, 과도한 애착), 감정(예 ; 심한 기분변화, 과도한 감정반응, 공허함), 인지(예 ; 이분법적 사고, 과일반화, 재난화와 같은 편견)를 확인한다.
2. 클라이언트의 어린 시절의 학대나 방임의 과거력을 탐구한다.
3. 클라이언트가 겪는 고통과 문제들은 클라이언트의 특별한 상황, 생각, 감

정을 감안하면 이해할 만한 것으로 타당화해서 이야기한다.

2. 치료의 과정과 목표에 대해서 정확하고 합리적으로 이해하고 이야기한다. (4, 5)

4. 클라이언트에게 변증법적 행동치료(DBT)에 대해서 설명하고, 그 다양한 측면들(예 ; 지지, 협력, 도전, 문제해결, 기술습득)에 대해서 강조하여 설명하며, 경계선 성격에 미치는 구조적 · 사회적 영향력에 대해서 강조하면서 경계선 성격의 변증법적이고 생물사회학적인 관점에 대해서 이야기한다(Linehan의 Cognitive-Behavioral Treatment of Borderline Personality 참조).

5. 치료의 전 과정 동안 클라이언트에게 치료적 개입을 강화하는 책이나 매뉴얼을 읽도록 한다(예 ; Linehan의 Skills Training Manual for Treating).

3. 치료목표를 달성하기 위해서 치료자와 협조할 것을 결심하고 이야기한다. (6)

6. 클라이언트에게 그의 삶에 문제를 일으키는 것으로 확인된 행동, 감정, 인지를 극복하기 위한 DBT접근법을 적용하는데 협조하도록 동의를 구한다.

4. 자해와 자살충동과 자살행동의 과거력을 이야기한다. (7, 8, 9, 10)

7. 클라이언트의 자해행동의 특징과 과거력을 탐구한다.

8. 클라이언트의 자살 제스처의 촉발요인, 빈도, 심각성, 부차적 이득, 발생에 대하여 사정한다.

9. 클라이언트가 자해적이라고 판단되고,

필요하다고 생각되면 입원을 돕는다. EBT

10. 클라이언트에게 매일 24시간 도움을 받을 수 있는 응급 전화번호를 가르쳐준다. EBT

EBT 5. 자해행동의 충동을 강하게 느끼는 경우에 치료자나 응급전화와 먼저 접촉할 것을 약속한다. (11, 12)

11. 클라이언트의 자해행동을 어린 시절 감정적 방임이나 학대를 받았던 피해자가 표현할 수 없었던 분노와 좌절감의 표현으로 해석한다. EBT

12. 클라이언트가 자살충동을 강하게 느끼는 경우에 어떠한 자해행동을 취하기 전, 치료자나 응급전화로 먼저 도움을 청할 것을 (자해와 자살예방 계약의 일환으로) 약속하도록 한다. EBT

EBT 6. 치료에 참여하는데 방해가 되는 행동을 줄인다. (13)

13. 상담약속을 지키지 않는 것, 치료에 따르지 않는 것, 상담 중에 갑자기 가버리는 것과 같은 치료의 진행을 방해하는 클라이언트의 행동을 지속적으로 모니터하고 직면하여 문제를 해결한다. EBT

EBT 7. 약물치료를 위해서 전문의의 검진에 협조하고, 처방을 받으면 처방대로 약을 복용한다. (14, 15)

14. 클라이언트의 약물치료(selective serotonin reuptake inhibitors ; 선택적 세로토닌 재흡수 억제제)의 필요성을 사정하고 필요한 경우 처방을 받도록 돕는다. EBT

15. 클라이언트가 약물을 처방대로 복용하는지, 클라이언트의 기능수준을 향상시키는 데에 효과가 있는지 모니

8. 적절한 삶의 질을 유지하는데 방해가 되는 부적응 행동, 사고, 감정의 빈도를 줄인다. (16)

9. 그룹이나 개별적 자기개발기술 훈련과정에 참가한다. (17, 18)

10. 이전이나 현재의 외상적 스트레스에 대한 감정반응이 줄어든 것에 대해서 이야기한다. (19)

터하고 평가한다.

16. 클라이언트가 부적응적 행동(예 ; 분노의 폭발, 폭음, 학대관계, 문란한 성관계, 과소비), 사고(예 ; 흑백논리, 재난화, 개인화)와 감정(예 ; 분노, 절망, 포기)을 조절하고, 줄이며 안정시키는 데에 도움이 되는 정당성의 부여, 변증법적 전략(예 ; 은유, 악마의 대변인), 그리고 문제해결 전략(행동과 해결 분석, 인지 재구조화, 기술훈련, 노출)을 사용한다(Linehan의 Cognitive-Behavioral Treatment of Borderline Personality참조).

17. 클라이언트의 확인된 문제행동의 개선에 적합한 그룹이나 개별기술훈련을 실시한다(예 ; 학대관계에 대한 자기주장 훈련, 재정적, 성적 그리고 다른 충동성 조절문제를 확인하고 조절하기 위한 인지전략).

18. 확인된 기술들(예 ; 지시, 모델링, 조언)을 가르치고 강화하며(예 ; 역할극, 노출 연습), 클라이언트의 일상생활에 그것이 잘 적용되도록 하기 위한 행동전략(예 ; 과제부여)을 사용한다.

19. 적응적 행동패턴과 감정조절기술의 습득이 확실해지면, 이전의 외상을 기억하고 수용하며 효과에 대한 통찰력을 증진하고 외상관련 자극에

대한 부적응적 감정과 행동반응을 줄이고 자기비난을 줄이도록, 클라이언트와 함께 치료를 진행한다. EBT

EBT 11. 편향되고 두려움에 가득 찬 자기언어를 확인하고 도전하며 현실에 기초하여 긍정적인 자기언어로 대체한다. (20, 21, 22)

20. 클라이언트의 외상 관련과 다른 두려움을 일으키는 스키마와 자기언어를 탐구하여 편견을 확인하고 도전하며, 부정적인 생각을 바로 잡고 확신할 수 있도록 돕는다. EBT
21. 클라이언트가 두려움에 가득 찬 자기언어를 확인하고 현실에 기초한 대안을 생각하는 연습과제를 부여하여 검토함으로써 실패를 보완할 수 있는 피드백을 제공하며 성공을 강화한다(Jongsma의 Adult Psychotherapy Homework Planner 2판에서 Journal and Replace Self-Defeating Thoughts부분이나 Beck, Rush, Shaw, Emery의 Cognitive Therapy of Depression에서 Daily Record of Dysfunctional Thoughts부분을 참고). EBT
22. 클라이언트가 자기 확신을 증진하고 적응적 행동을 증가시키도록 긍정적, 현실에 기초한 인지 메시지를 강화한다. EBT

EBT 12. 외상에 대해서 말하거나 생각해도 두드러지게 어려움을 겪지 않을 정도로 심상훈련과 생체 노출훈련에 참여한다.

23. 클라이언트가 두려워하고 회피하는 외상 관련 자극들을 단계적으로 구조화하도록 지도하고 돕는다. EBT
24. 클라이언트가 선택된 외상경험을 점

(23, 24, 25)

진적으로 자신이 선택한 세부적 수준에서 설명하면서, 상담회기 동안 그 외상에 대한 심상노출을 하도록 지도하고 인지적 재구조화를 통합하며, 관련된 불안이 줄고 안정화될 때까지 반복하여 상담회기를 녹음하고 클라이언트가 상담을 마친 후 듣도록 한다(Jongsma의 Adult Psychotherapy Homework Planner 2판에서 Share the Painful Memory부분과 Resick, Calhoun의 Posttraumatic Stress Disorder를 참고). 그리고 치료과정을 검토하고 문제해결의 장애를 극복하도록 도우며 진전을 강화한다. EBT

25. 클라이언트가 노출 연습을 하며 반응을 녹음하거나 노출상담에서 녹음된 것을 듣는 연습과제를 부여하고 (Resick, Calhoun의 Posttraumatic Stress Disorder 참고), 그것을 검토하여 문제해결의 장애를 극복하고 진전을 강화한다. EBT

EBT 13. 다른 사람들의 의견에 좌우됨 없는 자기존중감을 말로 표현한다. (26)

26. 클라이언트가 자기 자신과 다른 사람, 그리고 상황에 대한 스스로의 평가에 가치를 부여하여 믿고 신뢰하도록 도우며, 자신을 신뢰하면서 다른 사람들로부터 고립되지 않는 방식으로 방어적이지 않으면서도 다른 사람들의 의견에 좌우되지 않는 요

소들을 살펴보도록 돕는다. ∇

∇ 14. 좋은 기분을 유지하는데 도움이 되는 훈련과정에 참여한다. (27)

27. 클라이언트가 자기인식, 개인적 가치, 삶의 소중함이 강화되는 경험을 선택하도록 도우면서 개인적 성장을 촉진한다(예 ; 통찰력 향상 치료, 영적 실천, 기타 삶에 관련된 경험). ∇

__. ______________________________

__. ______________________________

__. ______________________________

__. ______________________________

__. ______________________________

__. ______________________________

가능한 진단명과 코드

축 1: 300.4 기분부전 장애
296.3x 재발성 주요 우울증
______ ______________________________
______ ______________________________

축 2: 301.83 경계선 성격장애
301.9 미분류 성격장애
799.9 진단 보류
V71.09 진단 없음
______ ______________________________
______ ______________________________

6 약물의존(Chemical Dependence)

행동적 정의

1. 알코올이나 다른 기분에 영향을 미치는 약물을 기분이 고조되고 취하거나 의식을 잃을 정도까지 지속적으로 사용함.
2. 사용을 줄이거나 끊고 싶다고 말하고 지속적인 남용으로 인한 부정적인 결과에 대해서도 잘 알고 있음에도 불구하고, 일단 시작되면 사용을 줄이거나 중지할 수 없음.
3. 심한 약물 사용을 반영하는 혈액검사 결과(예 ; 간 효소의 증가)
4. 배우자, 친인척, 친구, 고용주 등의 주변 사람들이 약물의 사용이 클라이언트와 다른 사람들에게 부정적인 영향을 미친다고 직접적으로 피드백을 함에도 불구하고 약물의존이 문제라는 사실을 부정함.
5. 알코올을 남용할 때 필름이 끊긴다고 표현함.
6. 약물사용의 직접적인 영향으로 지속적이거나 반복적으로 신체적, 법적, 직업적, 사회적 또는 인간관계 문제를 경험하고 있음에도 불구하고 약물이나 알코올사용을 지속함.
7. 취하거나 원하는 효과를 얻기 위해서 더 많은 양을 사용해야 하는 약물에 대해 내성이 나타남.
8. 약물사용을 하지 않으면 신체 증상(예 ; 떨림, 발작, 구토, 두통, 땀 흘림, 불안, 불면, 우울)이 나타남.
9. 중요한 사회, 여가 또는 직업 활동이 기분을 변화시키는 약물 사용에 방해가 되기 때문에 그러한 활동을 중지함.
10. 약물을 구하고 사용하며, 그 효과로부터 회복되는 데에 많은 시간을 투자함.
11. 의도한 것보다 더 많은 양과 더 오랜 기간 동안 기분을 변화시키는 약물을 소

비함.

12. 의사로부터 기분을 변화시키는 약물이 건강에 문제를 일으키고 있다는 말을 듣고 나서도 계속 그것을 남용함.

___: ______________________________

____

___: ______________________________

____

___: ______________________________

____

장기목표

1. 약물의존을 인정하고 회복프로그램에 활발히 참여한다.
2. 모든 기분변화 약물의 사용에서 벗어나고 회복상태를 유지한다.
3. 약물의존과 회복과정에 대한 지식을 늘이는 동시에, 완전히 절제하고 그 상태를 유지한다.
4. 모든 기분변화 약물로부터 오랜 기간 동안 절제를 유지하는데 필요한 기술을 습득한다.
5. 모든 기분변화 약물로부터 지속적으로 절제를 유지함으로서 개인적 삶의 질을 증진한다.
6. 기분변화 약물을 끊고 신체적 정서적으로 안정을 찾으며, 그러고 나서 지지적인 회복 계획을 수립한다.

___: ______________________________

____

___: ______________________________

____

___: ______________________________

____

단기 세부목표

1. 남용하는 약물의 형태, 양, 빈도, 과거력을 설명한다. (1)

2. 사회적 불안과 회피의 상태와 심각성을 사정하기 위해 고안된 심리검사를 완수한다. (2)

3. 약물의존의 영향을 평가하기 위해서 의사의 검진을 받는다. (3)

4. 향정신성 약물사용을 위한 의사의 평가에 협조한다. (4, 5)

5. 약물/알코올 사용의 부정적 결과를 확인한다. (3, 6)

치료적 개입

1. 클라이언트로부터 그가 사용하는 약물의 양, 사용패턴, 사용의 신호와 증상 그리고 삶에 미치는 부정적인 결과(예 ; 사회적, 법적, 가족적, 직업적) 등을 포함하여 약물/알코올 사용 과거력을 모두 수집한다.

2. 클라이언트에게 약물이나 알코올 남용에 대한 검사[예 ; the Alcohol Severity Index, the Michigan Alcohol Screening Test(MAST)]를 실시하고, 그 결과를 클라이언트와 상담한다.

3. 클라이언트가 약물의존으로 인한 신체적, 의료적 문제가 없는지 확인하기 위해서 의사의 철저한 검진을 받도록 의뢰한다.

4. 향정신성 약물처방(예 ; serotonergic medications)을 위한 평가를 돕는다.

5. 클라이언트의 약물사용의 순응성과 부작용 그리고 전반적인 효과를 모니터하고, 정기적으로 담당의사와 상담한다.

3. 클라이언트가 약물의존으로 인한 신체적 의료적 문제가 없는지 확인하기 위해서 의사의 철저한 검진을 받도록 의뢰한다.

6. 클라이언트에게 약물남용이 자신의 삶에 미친 부정적인 영향의 목록을 작성하도록 요청하고 그것의 의료적, 인간관계적, 법적, 직업적, 사회적 결과에 대해서 상담한다(또는 Jongsma의 Adult Psychotherapy Homework Planner 2판에서 Substance Abuse Negative Impact versus Sobriety's Positive Impact부분을 과제로 부여한다).

6. 약물사용과 그것이 삶에 미치는 부정적인 영향을 축소하는 언급을 줄임으로써 증명되는 약물사용에 대한 부정의 수준을 낮춘다. (7, 8)

7. 클라이언트의 가까운 두세 사람에게 클라이언트의 약물의존이 클라이언트의 삶에 어떻게 부정적인 영향을 미치고 있다고 생각하는지에 대한 편지를 적어줄 것을 부탁하는 과제를 부여한다.

8. 클라이언트에게 첫 단계 과제를 완성하고 그것을 그룹, 후원자 또는 치료자에게 피드백 받을 수 있도록 상담한다.

7. "I 메시지"를 사용하여 약물의존에 대한 지식과 수용을 말로 표현한다. (9)

9. 클라이언트가 자신의 약물의존을 인정하고, 그것이 자신과 다른 사람에게 미치는 파괴적인 결과를 인정하는 말을 하도록 모델을 제시하고 강화한다.

8. 증진된 알코올 중독과 회복과정에 대한 지식을 말로 나타낸다. (10, 11)

10. 클라이언트에게 약물의존과 회복과정에 대해 더 많이 학습하도록 하고 (예 ; 교훈적인 강의, 독서, 영화 등을 통해서) 요점을 확인하여 그것을 가지고 상담하도록 요구한다.

11. 수 년 동안 12단계 프로그램에 참여해왔고 그 프로그램이 특히 금주상태를 유지하는데 도움이 되었다고 하는 AA/NA 회원과 클라이언트를 만나도록 과제를 부여하고, 그 만남에 대해서 상담한다.

9. 기분변화 약물사용을 그만두겠다는 결심을 언어로 표현한다. (12)

12. 클라이언트와 약물사용을 그만두겠다는 절제계약서를 작성하고, 그러한 결심을 한 것에 대한 느낌을 상담한다.

10. 금주를 위해서 필요한 만큼 자주 AA(Alcoholics Anony-mous)나 NA(Narcotics Anonymous)모임에 참여한다. (13)

13. 클라이언트가 AA나 NA모임에 참여하고 모임이 자신에게 미치는 영향에 대해서 보고하도록 하여 상담을 진행한다.

11. 약물의존을 일으키고 재발의 위험이 될 수 있는 요인들에 대해서 이야기한다. (14, 15)

14. 클라이언트의 약물의존에 영향을 미치는 지적, 개인적, 인지적 약점, 가족력, 그리고 삶의 스트레스를 평가한다.

15. 클라이언트가 약물의존을 일으키거나 재발위험요인이 될 수 있는 어린 시절의 경험을 포함하는 유전적, 개인적, 사회적 가족적 요인들을 이해하도록 돕는다.

12. 금주가 삶에 어떠한 방식으로 긍정적인 영향을 미칠 것인지 확인한다. (16)

16. 클라이언트에게 금주가 어떻게 자신의 삶에 긍정적으로 영향을 미칠 수 있는지 목록을 작성하도록 요구하고, 그 목록으로 상담을 진행한다(또는 Jongsma의 Adult Psychotherapy

Homework Planner 2판에서 Substance Abuse Negative Impact versus Sobriety's Positive Impact 부분을 과제로 부여한다).

13. 회복을 지지할 수 있는 사회적 관계를 확인하고 변화시킨다. (17, 18)

17. 클라이언트가 술친구와의 관계를 지속하는 것의 부정적인 영향을 검토하고, 술을 마시지 않는 새로운 친구들을 사귀도록 계획을 세울 수 있게 도우며, 새로운 사회지지체계를 개발하도록 정기적으로 확인하고 돕는다.

18. 클라이언트가 약물과 관련되지 않는 사회활동과 여가활동을 계획하도록 돕고, 새로운 사회지지체계를 개발할 수 있게 정기적으로 확인하고 돕는다.

14. 금주하면서도 할 수 있고 금주에 도움이 되는 다른 사회활동과 여가활동을 찾는다. (18, 19)

18. 클라이언트가 약물과 관련되지 않는 사회활동과 여가활동을 계획하도록 돕고 새로운 사회지지체계를 개발하도록 정기적으로 확인하고 돕는다.

19. 절제와 금주로 클라이언트의 자존감과 자기개념을 증진할 수 있는 가사, 업무관련 일이나 여가활동을 계획한다.

15. 지금의 생활환경이 어떻게 약물의존에 영향을 미치고 회복에 방해가 되는지 이야기한다. (20)

20. 클라이언트의 생활환경이 약물의존 패턴에 어떠한 역할을 하는지 평가하고 상담을 진행한다.

16. 지금의 생활환경을 벗어나서 보다 회복에 도움이 되는 곳으로 옮겨간다. (21)

21. 클라이언트가 회복에 도움이 되는 생활환경으로 옮기도록 계획을 세우고, 생활환경에서 긍정적인 변화가 일어나도록 정기적으로 확인하고 돕는다.

17. 금주가 가족관계에 미치는 긍정적인 영향을 확인한다. (22)

22. 클라이언트가 회복과정 동안 가족관계에서 어떠한 긍정적인 변화가 일어날 것인지를 확인하도록 돕는다.

18. 약물남용으로 상처를 받은 가까운 사람들에게 보상하는데 동의한다. (23, 24)

23. 클라이언트의 약물남용이 가족, 친구, 동료들에게 미친 부정적인 영향에 대해서 논의하고, 그러한 상처에 대한 보상을 하도록 계획을 세울 수 있게 격려한다.

24. 클라이언트가 중요한 사람들에게 먼저 보상할 것을 약속하고, AA프로그램의 8단계와 9단계를 수행하면서 보상을 계속하도록 돕는다.

19. 갈등해소와 효과적 의사소통을 방법을 배우고 적용하는 행동주의적 부부치료에 참여한다. (25)

25. 클라이언트에게 행동주의적 부부치료를 실시하거나 의뢰한다(Gurman과 Knickerson이 편집한 Handbook of Family Therapy에서 Holzworth-Munroe와 Jacobson의 Behavioral Marital Therapy부분 참고).

20. 약물사용으로 재발하려는 충동을 제어하기 위한 대처전략을 배우고 적용한다. (26)

26. 클라이언트가 약물사용 충동을 제어하도록 안정기술(예 ; 이완, 호흡), 사고중지, 긍정적인 자기언어, 집중기술(예 ; 다른 곳으로 관심 돌리기, 절제를 위한 행동목표에 초점두기) 등

을 포함하는 "대처방법"을 가르친다. (EBT)

(EBT) 21. 파괴적인 자기언어를 확인하고 도전하며, 긍정적이고 장점을 강화하는 자기언어로 대체한다. (27, 28)

27. 클라이언트의 금주를 유지하려는 결심을 약화시키는 스키마와 자기언어를 탐구하고, 편견에 도전하고 편견을 수정하여 탄력성을 강화하는 현실적인 자기언어로 대체하도록 돕는다. (EBT)

28. 클라이언트가 자신의 부정적인 자기언어를 확인하고 권한부여적인 대안을 찾아내는 상황을 연습하도록 하며(또는 Jongsma의 Adult Psychotherapy Homework Planner 2판에서 Negative Thoughts Trigger Negative Feelings부분을 과제로 부여한다), 이를 재검토해서 성공을 강화한다. (EBT)

(EBT) 22. 약물사용의 재발충동을 일으키는 촉발요인에 점진적 반복적인 노출을 실시한다. (29, 30)

29. 클라이언트가 약물사용 충동유발 요인의 단계를 작성하도록 지도하고 돕는다. (EBT)

30. 노출 시 그리고 이후의 행동주의적(예; 모델링, 예행연습, 사회적 강화), 인지적 재구조화전략을 사용하면서 클라이언트가 성공을 경험할 가능성이 높은 충동유발 요인에의 실제 노출 또는 역할극을 선택하고, 그 결과를 상담한다(또는 Jongsma의 Adult Psychotherapy Homework Planner 2판에서 Gradually Reducing Your

Phobic Fear부분을 과제로 부여한다).

23. 일상적인 문제를 해결하며, 약물을 사용하지 않고도 그러한 문제들을 해결할 수 있다는 확신을 갖도록 자기개발기술을 적용한다. (31, 32)

31. 클라이언트의 일상생활 스트레스(예 ; 업무, 사회활동, 가족 내의 역할) 운용에 대한 현재의 기술을 사정하고, 이러한 문제를 다루는 사회기술과 대화기술을 증진하기 위해 행동주의적 인지적 재구조화 기술을 사용한다(또는 Jongsma의 Adult Psychotherapy Homework Planner 2판에서 Restoring Socialization Comfort부분을 과제로 부여한다).

32. 클라이언트에게 사회기술을 향상시킬 수 있는 책이나 치료 매뉴얼에서 일반적 사회기술과 대화기술에 관한 부분을 읽도록 과제를 부여한다(예 ; Alberti와 Emmons의 Your Perfect Right ; Garner의 Conversationally Speaking).

24. 재발위험이 높은 미래의 가능한 상황에 대처할 수 있는 재발예방 전략을 적용한다. (33, 34, 35, 36)

33. 한 번 약물을 처음 사용하고 다시 사용하는 실수와, 약물남용의 반복적인 패턴으로 돌아가는 결정으로 인한 재발을 클라이언트가 구별하도록 설명한다.

34. 클라이언트와 함께 재발할 수 있는 미래의 상황과 환경을 찾아보고, 그 대처방법을 예행연습 한다.

35. 클라이언트가 사회적 상호작용과 관계를 증진하면서 치료 중에 배운 전

략(예 ; 인지 재구조화, 사회기술, 노출)을 일상적으로 사용하도록 지도한다(또는 Jongsma의 Adult Psychotherapy Homework Planner 2판에서 Relapse Triggers부분을 과제로 부여한다).

36. 클라이언트에게 재발을 피하는 방법에 관한 책을 읽도록 추천한다(예 ; Gorski와 Miller의 Staying Sober: A Guide to Relapse Prevention 또는 Gorski의 The Staying Sober Workbook).

25. 장기적인 금주를 유지할 서면 사후관리계획을 세운다. (37)

37. 금주를 유지하기에 적절한 서면 사후관리계획을 세우도록 클라이언트에게 과제를 부여하고 검토한다(또는 Jongsma의 Adult Psychotherapy Homework Planner 2판에서 Aftercare Plan Components부분을 과제로 부여한다).

___. ______________________________

____

___. ______________________________

____

___. ______________________________

____

___. ______________________________

____

___. ______________________________

____

___. ______________________________

____

가능한 진단명과 코드

축 1:	303.90	알코올 의존
	305.00	알코올 남용
	304.30	마리화나 의존
	304.20	코카인 의존
	305.60	코카인 남용
	304.80	복합물질 의존
	291.2	알코올 유발성 지속적 치매
	291.1	알코올 유발성 지속적 기억상실 장애
	V71.01	성인 반사회적 행동
	300.4	기분부전 장애
	312.34	간헐적 폭발성 장애
	309.81	외상 후 스트레스 장애
	304.10	진정제, 최면제 또는 불안 완화제 의존
	______	______________________
	______	______________________
축 2:	301.7	반사회적 성격장애
	______	______________________
	______	______________________

7 약물의존 – 재발
(Chemical Dependence – Relapse)

행동적 정의

1. 약물남용에 대한 치료를 받은 후에 기분변화 약물의 절제를 유지할 수 없음.
2. 금주모임(AA)에 정기적으로 참여함에도 불구하고 금주를 지속할 수 없음.
3. 상당한 기간 동안 금주한 후에 기분변화 약물의 남용으로 재발함.
4. (6개월 이상) 금주기간 후에 재발하고 또 다시 금주하는 만성적 패턴

___. ______________________________

____

___. ______________________________

____

___. ______________________________

____

장기목표

1. 지속적인 알코올/약물에서 벗어난 생활 스타일을 갖는다.
2. 장기적 회복을 유지하는데 도움을 얻기 위해서 개인적 재발 패턴을 이해한다.
3. 재발 촉진요인에 대한 인식을 증진하고, 그것을 효과적으로 다루기 위해서 필요한 대처전략을 개발한다.
4. 지속적으로 약물로부터 자유로운 삶을 영위한다.

___: ____

____

___: ____

____

___: ____

____

단기 세부목표

1. 금주/절제하겠다는 결심을 이야기 한다. (1, 2)

2. AA참여를 포함한 구조화된 일상생활 계획을 수립하고 적용한다. (3, 4)

3. 금주를 지지하는 사람들과 지속적

치료적 개입

1. 클라이언트와 함께 재발하게 된 촉발요인에 초점을 두고 최근에 재발하게 된 구체적인 행동, 태도, 감정 등을 논의한다. 다시 금주하기로 명확하고 확실한 결심을 하도록 한다.
2. 클라이언트의 완전히 절제할 수 있는 능력을 사정하고, 만일 그가 해독과 금주를 유지할 수 없다면 보다 높은 수준의 관리를 받을 수 있는 곳으로 의뢰한다.
3. 클라이언트의 일상생활에서 포기했었거나 한 번도 해 본 적 없었던 규칙적이고 계획적인 생활의 중요성을 가르치고, 클라이언트가 일상생활계획을 균형 있고 계획적으로 수립하여 적용하도록 돕는다.
4. 클라이언트가 생활계획의 한 부분으로 AA모임에 지속적으로 참여하도록 권유한다.
5. 클라이언트가 AA모임 지지자들과 다

인 관계를 갖는다. (5, 6)

시 연합하도록 돕는다.

6. 클라이언트가 원래의 AA모임 지지자들과 다른 성격의 AA/NA모임 지지자들(예 ; 만일 처음의 지지자들이 주로 지지적이라면 보다 직면적인 사람들을 찾아본다)을 찾도록 하고, 두 종류의 지지자들과 최소한 일주일에 한 번씩 만나도록 요구한다.

4. 금주에 실패한 기분에 대해서 이야기한다. (7, 8)

7. 클라이언트가 자신의 감정을 인지하는 능력을 증진하도록 돕고 그 감정들을 상담하며, 적절한 때에 건강한 방식으로 그러한 감정을 표현하도록 돕는다.
8. 클라이언트가 관련 서적(예 ; Father John Doe의 The Golden Book of Resentment, Bill Wilson의 As Bill Sees It)을 읽도록 과제를 부여하고, 자기 자신에 대하여 느끼는 세 가지 핵심 감정을 선택하도록 하여 그것을 가지고 상담을 진행한다.

5. 회복을 유지하기 위해서 피해야 할 사람이나 장소를 확인한다. (9, 10)

9. 클라이언트가 재발을 부추기는 부정적인 영향을 미치는 사람과 장소를 확인하고, 그것을 피하는 방법을 찾도록 돕는다.
10. 클라이언트에게 회복에 관한 책이나 팸플릿을 읽도록 과제를 부여한다. 그와 관련된 부분을 선택하고, 함께 그 부분을 가지고 상담을 진행한다.

6. 재발을 일으키는 촉발요인에 초점

11. 클라이언트가 재발 워크북(예 ; Gorski

을 두면서 최근의 재발을 유발한 구체적인 행동, 태도와 감정을 확인한다. (11, 12, 13, 14)

의 The Staying Sober Workbook)을 완성하는 과제를 부여하고, 그것을 가지고 상담을 진행한다.

12. 클라이언트가 금주를 시도한 첫날부터 지금까지의 경험을 날짜별로 정리하며 약물의존에 초점을 둔 자서전을 쓰도록 과제를 부여하고, 상담 중에 재발 촉발요인에 대한 피드백을 할 수 있도록 소리 내어 읽도록 한다.
13. 클라이언트가 약물을 다시 사용하기 전의 행동이나 태도를 가까운 사람들로부터 수집하여 관찰목록을 작성하도록 하고, 그룹치료나 개별상담에서 피드백을 한다.
14. 클라이언트와 언제 재발하였는지, 재발했을 때 자신과 배우자, 가족, 업무, 사회활동에 어떤 일이 발생하였는지를 살펴보는 증상일지를 작성한다.

7. 금주하기 위해서 변화해야 하는 행동패턴을 확인한다. (15, 16)

15. 클라이언트가 재발과 관련 있는 행동, 태도, 감정의 목록을 작성하도록 하고 그것을 가지고 상담을 진행한다.
16. 클라이언트에게 관련 서적(예 ; Kasl-Davis의 Many Roads, One Journey: Moving Beyond the 12 Step이나 Larsen의 Stage II Recovery)을 읽도록 과제를 부여하고, 핵심 사항을 가지고 상담을 진행한다.

8. 약물의 사용을 중단했을 경우의 긍

17. 클라이언트가 약물사용을 완전히 중

정적인 면을 확인한다. (17, 18)

단했을 경우의 긍정적인 면을 확인하도록 돕는다.

18. 클라이언트가 약물남용을 다시 하는 경우의 "비용편익분석"을 하도록 과제를 부여하고 함께 상담한다(Burns의 Ten Days to Self-Esteem참고).

9. 단주제나 항우울제 처방을 위한 의사의 검진을 받는다. (19)

19. 클라이언트가 단주제나 항우울제처방을 위해서 의사의 검진을 받도록 의뢰한다.

10. 기분변화 약물 사용의 충동을 줄이기 위한 침을 맞는다. (20)

20. 클라이언트가 정기적으로 단주를 위한 침을 맞도록 의뢰하고, 그 효과를 모니터한다.

11. 처방된 약을 잘 복용하고, 부작용이 있는 경우 치료자나 의사에게 보고한다. (21, 22)

21. 클라이언트가 의사의 약물처방과 치료에 잘 따르고 있는지, 부작용이 없는지 모니터하고, 클라이언트의 의문사항에 대답한다.

22. 담당의사와 정기적으로 치료의 효과에 대해서 상담한다.

12. 성공적으로 약물의존에서 회복한 사람들과 이야기를 나누고, 그들의 말을 듣고 난 후 배운 점들을 말한다. (23)

23. 클라이언트에게 3년 이상 금주를 유지한 NA나 AA멤버들을 면담하여 그들이 어떻게 성공했는지, 만일 그들이 재발했던 적이 있다면 다시 금주상태로 되돌아오기 위해서 어떻게 했는지 질문하도록 요청한다. 클라이언트가 이 면담에서 어떤 점을 알게 되었는지 상담한다.

13. AA의 2, 3, 5단계를 진행하기 위해서 영적 지도자를 만난다. (24)

24. 클라이언트가 약물남용과 AA프로그램의 2, 3, 5단계를 수행하는 회복과정에 대한 지식을 갖고 있는 목사,

14. 불편한 감정에 대한 인내심을 기르며 보고한다. (25, 26)

15. 감정을 직접적으로 전달하는 자기주장 기술을 활용한다. (27)

16. 각각의 재발 촉발요인에 대해 두 가지씩 사용 가능한 대처방법을 적는다. (26, 28)

17. 재발촉발요인으로 작용하는 가족과 인간관계에서의 갈등을 설명한다. (29)

18. 배우자나 가까운 가족이 클라이언트의 재발과 회복을 돕기 위해서 어떻게 반응하는 것이 좋은지 이해하고 말로 표현한다. (30)

19. 회복을 위한 종교 활동에 참여한다. (31)

랍비, 신부 또는 다른 영적 지도자를 만나도록 의뢰한다.

25. 클라이언트에게 스트레스를 감소시키는 다양한 방법(예 ; 명상, 깊은 호흡, 긍정적 심상)을 가르치고 일상생활에 적용할 수 있도록 돕는다.

26. 클라이언트에게 불편한 감정을 다루는 방법의 목록을 작성하도록 하고, 그 목록을 가지고 상담을 진행한다.

27. 클라이언트가 자기주장 기술을 개발하도록 돕는다.

26. 클라이언트에게 불편한 감정을 다루는 방법의 목록을 작성하도록 하고, 그 목록을 가지고 상담을 진행한다.

28. 클라이언트가 확인한 재발촉발요인 각각에 대한 두 가지씩의 대처전략을 개발하도록 돕는다.

29. 클라이언트가 재발촉발요인으로 작용하는 인간관계에서의 스트레스를 확인하고 해소하도록 연합 또는 가족 상담을 진행한다.

30. 배우자나 가까운 가족에게 재발 촉발요인에 관한 교육을 실시하고 그들이 어떻게 금주를 도울 수 있는지 지도하는 상담을 실시하며, 그들이 정기적으로 알코올 중독자 가족모임(Al-Anon)에 참여하도록 격려한다.

31. 클라이언트가 금주를 유지하고 재발을 막도록 하는 종교 활동을 할 수

있도록 돕는다(예 ; AA/NA 동전받기, 성경공부 회원가입, 정해진 시간에 지지자와 차 한 잔의 시간 갖기).

20. 성공적으로 금주를 했었던 이전의 방법을 확인한다. (32)

32. 클라이언트의 금주가 성공적이었던 특별한 경우를 찾아보고, 그 방법을 더 많이 사용하도록 지도하는 단기 해결 중심적 접근법을 적용하여 모니터하고 필요한 부분을 지도한다.

21. 파괴적인 자기언어를 확인하고 도전하며 긍정적이고 장점을 강화하는 자기언어로 대체한다. (33)

33. 처음 한 번 약물을 사용하고 다시 사용하는 실수와, 약물남용의 반복적인 패턴으로 돌아가는 결정으로 인한 재발을 클라이언트가 구별하도록 설명한다.

22. 가족과 함께 다른 스트레스 요인에 대처하는 데에 초점을 둔 서면으로 된 지속적 사후관리 계획서를 작성한다. (34, 35)

34. 클라이언트가 과거에 재발하였을 때 가까운 가족들이 관찰한 자신의 행동, 태도, 감정을 가족과 함께 확인하고 합의하여 재발방지 계약서를 완성하고 이행하도록 요구한다.

35. 클라이언트가 이전에 확인한 재발 촉발요인들을 구체적으로 언급하는 서면 사후관리 계획서를 작성하고 이행하도록 과제를 부여한다.

___: ______________________________
____

___: ______________________________
____

___: ______________________________
____

___: ______________________________
____

___: ______________________________
____

___: ______________________________
____

가능한 진단명과 코드

축 1:	303.90	알코올 의존
	305.00	알코올 남용
	304.30	마리화나 의존
	304.20	코카인 의존
	304.80	복합물질 의존
	291.1	알코올 유발성 지속적 기억상실 장애
	300.4	기분부전 장애
	309.81	외상 후 스트레스 장애
	______	______________________
	______	______________________
축 2:	301.7	반사회적 성격장애
	______	______________________
	______	______________________

8 아동기의 외상(Childhood Traumas)

행동적 정의

1. 아동기의 물리적, 성적, 정서적 학대가 보고됨.
2. 부모가 약물의존, 지나치게 바쁨, 부재 등으로 물리적 또는 정서적으로 방임적이었다고 묘사됨.
3. 부모의 약물남용(또는 정서질병을 앓거나 반사회적 등), 빈번한 이사, 한 명 이상의 배우자에 의한 학대 경험, 빈번한 양육자 교체, 재정적 어려움, 한쪽 부모가 다른 여러 형제자매와 같은 혼란스러운 아동기로 묘사됨.
4. 엄격함, 완벽주의, 위협적, 요구가 지나치게 많은, 지나치게 비난적인, 과도한 종교성 등의 특성을 가진 정서적으로 억압적인 부모에 의해 양육 받음.
5. 고통스러운 어린 시절의 경험으로 인한 비합리적인 두려움, 억압된 분노, 낮은 자존감, 자아정체성의 혼란, 우울증, 불안정한 정서
6. 아동기의 정서적 고통으로 인한 부적응적 대처기제로서 해리현상[다중인격, 심인성 둔주[4]나 기억상실, 무아지경 상태, 이인증[5]]이 나타남.

---

4) 해리성 장애의 하나로서 부부불화, 개인적 배척, 전투, 천재와 같은 극심한 스트레스를 경험한 뒤 발생되는 총체적 정체감 상실을 말한다. 심인성 둔주는 환자의 건망증이 전반적이고, 가정 및 직장을 떠나서 새로운 사람으로 행동하는 것으로 진단한다. 새 이름, 새 가정, 새 직장 심지어 새로운 성격까지도 갖게 되며, 상당히 복잡한 사회생활도 잘 꾸려 나가게 되어 과거에 대한 건망증이 문제되지 않을 수 있다. 회복기간은 다양하며, 보통 완전히 회복되지만 둔주기간에 일어났던 일은 회상하지 못한다.
http://cafe.daum.net/happy-maker/U5VW/13에서 인용

5) 심리학에서 한 개인이 자기 자신이나 외부 세계를 실재하지 않는 허구로 느끼는 상태. 이인증은 이런 비현실감 이외에도 정신이 육체와 분리되어 있다는 느낌, 신체의 일부가 짝짝이라는 느낌, 자기가 자기 자신을 멀리서 바라보고 있다는 느낌, 또는 자신이 기계가 되어 버렸다는 느낌 등을 동반하기도 한다. 브리태니커 백과사전에서 인용

___: ____
____
___: ____
____
___: ____
____

장기목표

1. 아동기의 문제가 자기 가족들의 삶에 어떻게 영향을 미쳐왔으며, 앞으로도 계속 영향을 미칠지에 대하여 인식한다.
2. 분노와 우울증을 완화하고 자존감과 안정감, 확신을 증진하도록 과거 아동기와 가족문제를 해결한다.
3. 분노를 줄이고 보다 평안한 마음을 갖도록 과거 아동기와 가족 문제와 관련된 감정을 해소한다.
4. 아동기에 고통을 준 다른 사람들에 대한 비난을 그만두고 용서하기 시작한다.

___: ____
____
___: ____
____
___: ____
____

단기 세부목표

1. 어린 시절의 자라온 가정환경이 어떠했는지 설명한다. (1, 2)

치료적 개입

1. 클라이언트의 감정을 확인하고 표현하는 능력이 향상되도록 개별상담 중의 눈 맞춤, 적극적 경청, 무조건적 긍정적 관심, 따뜻한 수용을 통한 클

라이언트와의 신뢰의 수준을 적극적으로 증진한다.

2. 클라이언트의 가계도와 증상 목록을 작성하고 가족 내의 역기능의 양상을 확인하도록 돕는다.

2. 각 가족 구성원에 대해서 설명하고, 가족 내에서 각자의 역할을 확인한다. (2, 3)

2. 클라이언트의 가계도와 증상 목록을 작성하고, 가족 내의 역기능의 양상을 확인하도록 돕는다.
3. 클라이언트가 가족 내에서 자신의 역할을 명확히 하고, 그 역할에 대한 자신의 감정을 확인하도록 돕는다.

3. 현재와 과거 그리고 핵가족과 확대가족을 모두 포함하여 원가족 내의 학대와 방임 또는 유기의 양상을 확인한다. (4, 5)

4. 클라이언트가 부모에게 그들의 살아온 배경에 관해서 질문하고, 부모의 역기능을 유발한 요인과 행동 양상에 관한 통찰력을 얻도록 과제를 부여한다.
5. 클라이언트의 고통스러운 아동기의 경험을 탐구한다.

4. 아동기의 주요한 외상사건과 부모의 양육방식에 관한 감정을 확인한다. (6, 7, 8)

6. 클라이언트가 가족의 학대나 방임과 관련된 분노, 슬픔, 두려움, 거절감 등의 감정을 표현하기 시작하면 지지하고 격려한다.
7. 클라이언트가 자신의 아동기의 외상 경험에 관한 기억, 행동, 감정을 묘사하는 일지를 적도록 과제를 부여한다.
8. 클라이언트가 아동기의 방임과 학대가 정서에 미치는 효과에 관한 서적(예 ; Black의 It Will Never Happen To Me, Gil의 Outgrowing the Pain, Whitfield의 Healing the Child

Within, Powell의 Why I'm Afraid to Tell You Who I Am)을 읽도록 과제를 부여하고, 통찰력을 얻을 수 있게 상담을 진행한다.

5. 부모가 아동기의 경험에 어떤 영향을 주었는지 확인한다. (9)

9. 클라이언트가 자기 자녀를 양육하는 방식과 자신의 어린 시절의 양육자의 행동을 비교하도록 요청하고, 우리가 어린 시절 양육 받은 방식이 얼마나 따라 하기 쉬운지 인식하도록 돕는다.

6. 아동기의 외상으로 인한 모든 해리현상을 인식한다. (10, 11)

10. 해리현상이 아동기의 학대받은 고통으로부터 자신을 보호하기 위한 것임을 클라이언트가 이해하도록 돕는다(이 책의 해리부분을 참고).

11. 클라이언트의 해리현상의 심각성을 평가하고, 클라이언트 보호를 위해서 필요한 경우 입원시킨다.

7. 약물남용이 아동기의 감정적 고통을 감당하기 위한 것이라는 사실을 이야기한다. (12)

12. 클라이언트의 약물남용 행동이 부분적으로는 아동기의 외상으로 인한 감정을 다루는 수단으로 사용되어 왔는지 사정한다. 만일 알코올이나 약물남용이 문제라고 판단되면 이 문제에 초점을 주어 치료할 것을 권한다(이 책의 약물의존 부분을 참조).

8. 스스로 학대에 대한 책임이 자신에게 있는 것이 아니라고 확실히 말할 수 있게 됨으로써 수치심을 줄인다. (13, 14, 15, 16)

13. 클라이언트 학대에 대한 자신의 감정을 표현하도록 어머니, 아버지 또는 다른 학대자에게 편지를 쓰도록 과제를 부여한다.

14. 클라이언트가 학대 가해자와 직면할 수 있도록 연합 상담을 실시한다.

15. 클라이언트가 학대와 연관된 핵심 인물, 즉 가해자, 형제 또는 부모를 대상으로 빈 의자 기법을 사용하도록 돕는다. 그리고 클라이언트가 학대나 방임에 대한 책임을 양육자에게 부여할 수 있도록 강화한다.

16. 지속적으로 학대받은 아동이 아니라(아동이 학대받을 짓을 해서 그런 것이 아니라) 학대적인 성인에게 학대의 책임을 지우도록 하고, 가해자와 아동을 보호하지 못하였고 잘 양육하지 못한 성인에게 비난의 화살이 향하도록 바로잡는다.

9. 학대와 관련된 모든 사람들을 용서할 수 있는 자신의 긍정적인 면을 발견한다. (17, 18, 19)

17. 클라이언트가 학대 가해자에게 용서의 편지를 쓰도록 과제를 부여하고, 그 편지를 가지고 상담을 진행한다.

18. 클라이언트에게 (과거를 잊거나 친하게 지낼 필요는 없으며) 자신을 학대했던 어른들을 용서하는 과정으로 이행하는 것의 이점(예 ; 상처와 분노의 경감, 문제를 과거의 것으로 생각함, 타인을 신뢰할 수 있는 계기를 만드는 것 등)에 대해서 설명한다.

19. 클라이언트에게 용서를 주제로 하는 책을 읽도록 추천한다(예 ; Smedes의 Forgive and Forget, Kushner의 When Bad Things Happen to Good People).

10. 스스로의 역량을 강화하는 말을 더 많이 하고 자신을 피해자라고

20. 클라이언트가 자신을 피해자라고 생각하는 것의 장·단점과 생존자로

언급하는 횟수를 줄인다. (20, 21)

11. 타인에 대한 신뢰의 수준을 높여 보다 사회적으로 행동하고 타인을 더 친밀하게 대한다. (22, 23)

___: ______________________________

____

___: ______________________________

____

___: ______________________________

____

생각하는 것의 장·단점을 발견하는 과제를 부여하고, 그 목록을 비교하여 상담을 진행한다.

21. 클라이언트가 스스로를 피해자로 보는 견해를 생존자로 바꾸어 자신의 개인적인 역량을 강화하는 말을 하도록 격려하고 강화한다.

22. 인간관계에서 신뢰를 형성하도록 나누고 확인하는 방법을 가르친다(이야기를 조금 나누고 상대방이 얼마나 민감하게 반응하는지 확인한다).

23. 클라이언트에게 충분한 시간 동안 사람들의 특징을 평가하게 한 후 그 사람들을 신뢰할 만한 사람으로 대하는 것의 장점을 가르친다.

___: ______________________________

____

___: ______________________________

____

___: ______________________________

____

가능한 진단명과 코드

축 1:	300.4	기분부전 장애
	296.xx	주요 우울 장애
	300.3	강박충동성 장애
	300.02	범불안 장애
	309.81	외상 후 스트레스 장애
	300.14	해리성 정체장애
	995.53	아동 성적 학대, 피해자
	995.54	아동 신체적 학대, 피해자
	995.52	아동 방임, 피해자
	______	______________________
	______	______________________
축 2:	301.7	반사회적 성격장애
	301.6	의존적 성격장애
	301.4	강박충동적 성격장애
	______	______________________
	______	______________________

9 만성적 통증(Chronic Pain)

행동적 정의

1. 정상적인 치료기간 이상(6개월 이상)의 신체 활동을 상당히 제한하는 통증을 경험함.
2. 정상적인 기능을 손상시키는 많은 관절, 근육, 뼈 등의 광범위한 통증을 호소함.
3. 작은 통증의 경감을 위해서도 점점 더 많은 양의 약을 사용하게 됨.
4. 이유를 알지 못하는 편두통, 긴장성 두통[6], 군발성 두통[7], 또는 만성적으로 매일 발생하는 두통의 경험
5. 등이나 목의 통증, 간질성 방광염 또는 당뇨병성 말초신경장애를 경험함.
6. 류마티스관절염, 과민성 대장 증후군과 관련된 간헐적인 통증을 경험함.
7. 통증 때문에 직업, 가사, 사회활동, 운동, 성 또는 기타 오락 활동이 줄어들거나 중지됨.
8. 전반적으로 몸이 불편함을 경험(예 ; 몸살, 밤에 땀을 많이 흘림, 불면증, 근육의 긴장, 신체 통증)
9. 우울증의 신호나 증상이 나타남.

---

6) 긴장성 두통(Tension headaches)은 두통의 대부분을 차지한다. 이 두통은 머리, 목 및 어깨 근육의 긴장으로 나타난다. 긴장성 두통은 지속적인 둔통이고, 가끔은 머리둘레를 밴드로 조이는 통증, 꽉 끼는 모자를 썼을 때 오는 통증이 나타난다. 이 두통으로 큰 탈은 없으나 머리 양측에 일어난다. 긴장성 두통은 서서히 나타나고 몇 시간에서 며칠 지나면 사라진다. http://cafe.daum.net/petrus/1orT/730에서 인용

7) 군발성 두통(Cluster headaches)은 흔치 않는 두통으로서 여성보다 남성에 많다. 이 두통은 갑자기 물기 찬 한쪽 눈 주위에 심한 통증이 나타난다. 같은 쪽 코가 막히고 통증은 적어도 45분간 지속되며 하루에 몇 차례 나타난다. 이 두통은 소위 군발 기간이라고 알려진 몇 주나 몇 개월에 걸쳐 일어나며, 다음에 나타날 때까지 몇 주 혹은 몇 개월 나타나지 않는다. http://cafe.daum.net/petrus/1orT/730에서 인용

10. "전에 잘하던 일을 할 수 없어!", "아무도 나를 이해하지 못해!", "왜 나에게 이런 일이?", "이 고통이 언제 끝날까?", "더 이상 이런 고통을 참을 수 없어!", "더 이상 못 버티겠어!" 등과 같은 말을 함.

___. ______________________________

____

___. ______________________________

____

___. ______________________________

____

장기목표

1. 필요한 통증 관리 기술을 습득한다.
2. 일상기능을 최대화하고 생산적인 업무기능을 회복하기 위해서 통증을 조절한다.
3. 통증을 경감하고 일상적인 활동을 수행함에 있어서 새로운 만족과 즐거움을 경험할 수 있도록 한다.
4. 통증으로부터 벗어날 수 있는 방법을 찾는다.
5. 만성적 통증을 수용하고 가능한 최대한 일상생활을 회복한다.
6. 통증으로 인한 일상적인 고통을 줄인다.

___. ______________________________

____

___. ______________________________

____

___. ______________________________

____

단기 세부목표

1. 만성 통증의 특징, 병력, 영향, 그리고 원인에 대해 이해하고 말로 표현한다. (1, 2)

2. 통증의 다른 원인이 있는지 의료검진을 통해서 철저히 확인하고 다른 가능한 치료방법이 있는지 찾는다. (3)

3. 통증관리나 재활 프로그램으로 의뢰된 사항을 잘 따른다. (4, 5, 6)

EBT 4. 만성 통증이나 두통 전문의의 철저한 검진을 받는다. (7)

치료적 개입

1. 클라이언트의 만성 통증의 병력과 현재의 상태를 사정한다.
2. 통증 때문에 클라이언트의 기분, 태도, 사회적, 직업적, 가족 또는 부부관계의 역할에서 어떤 변화가 있는지를 탐구한다.
3. 클라이언트에게 아직 진단되지 않은 문제가 있는지 진료를 받아서 철저히 확인하고, 더 치료를 받아야 하는 경우 조언을 얻기 위해서 클라이언트를 의사에게 의뢰한다.
4. 클라이언트에게 통증관리나 재활 프로그램의 선택사항에 대한 정보를 제공하여 어떤 것이 본인에게 가능하고 가장 좋을지 결정할 수 있도록 도움을 준다.
5. 클라이언트가 선택한 통증관리나 클리닉에 의뢰하여 치료자가 의뢰한 프로그램으로부터 진전이 있는지를 알아보고, 서비스에 협조하도록 적절한 동의서에 클라이언트의 서명을 받는다.
6. 클라이언트가 통증관리자나 두통클리닉, 재활 프로그램에 잘 협조하겠다는 결심을 이야기하도록 한다.
7. 클라이언트를 만성 통증이나 두통 전문의에게 검진을 잘 받도록 요구하고, 검진이 끝나면 의사와 상담하여 의견을 들어본 후 클라이언트와 다시 상

담을 진행한다. (EBT)

(EBT) 5. 통증관리를 위해서 인지행동주의 그룹치료에 참여한다. (8)

8. 클라이언트의 통증관리를 위한 4~8명 정도의 작고 친밀한 그룹을 구성한다(Keefe, Beaupre, Gil, Rumble, Aspnes의 Group Therapy for Patients with Chronic Pain참고). (EBT)

(EBT) 6. 통증에 대해서 이해하고 말로 표현한다. (9)

9. 클라이언트가 재활과 생물학적 치료, 보수적 치료와 공격적 치료, 급성과 만성 통증, 양성과 악성통증, 치료와 관리, 약물의 적절한 사용, 자기관리 기술의 역할 등의 개념을 이해하도록 지도한다. (EBT)

(EBT) 7. 치료의 과정을 이해하고 말로 표현한다. (10, 11)

10. 클라이언트가 생각과 감정, 행동이 통증에 영향을 줄 수 있으며 스스로 통증관리에 적극적이어야 한다는 사실을 이해하도록 지도한다. (EBT)

11. 클라이언트에게 통증과 인지행동치료를 설명하는 책이나 치료 매뉴얼을 읽도록 과제를 부여한다(예 ; Catalano와 Hardin의 The Chronic Pain Control Workbook). (EBT)

(EBT) 8. 구체적 통증 촉발요인을 확인하고 모니터한다. (12)

12. 클라이언트가 자신의 증상을 스스로 모니터할 수 있도록 지도하고 언제, 어디서, 무엇을 하고 있을 때 통증이 있었는지, 그리고 그 정도는 어떠했는지, 통증을 완화하기 위해서 어떻게 했는지를 기록하는 일지를 적도록 요구한다(또는 Jongsma의 Psychotherapy Homework Planner 2판에

서 Pain and Stress Journal부분을 과제로 부여한다). 통증의 특징과 인지적, 정서적 행동적 촉발요인과 클라이언트가 현재 받고 있는 치료의 긍정적, 부정적 영향에 대한 통찰력을 증진하도록 그 일지를 보며 상담을 진행한다. EBT

EBT 9. 통증을 경감할 수 있는 이완 또는 생체피드백과 같은 신체적 기술을 배우고 적용한다. (13, 14, 15, 16, 17)

13. 클라이언트에게 이완 기술과 이완과 긴장상태를 구별하는 법을 가르치고, 이러한 기술을 자신의 일상생활에 적용하는 법을 지도한다(Bernstein과 Borkovec의 Progressive Relaxation Training참고). EBT
14. 클라이언트를 생체피드백 훈련(예 ; 근육긴장 관련 통증에 대한 EMG와 편두통의 온열치료)에 의뢰하거나 실시하고, 집에서 그 기술을 적용하도록 과제를 부여한다. EBT
15. 클라이언트가 이완이나 생체피드백을 통해서 배운 기술을 일상생활에서 어떤 경우에 사용할 수 있는지 확인한다. EBT
16. 클라이언트가 통증관리기술을 적용하여 그 결과를 기록하는 연습과제를 부여하고, 함께 검토하고 상담을 진행한다. EBT
17. 클라이언트에게 관련 책이나 치료 매뉴얼에서 점진적 근육이완과 다른 완화전략에 관해서 읽도록 과제를 부여

10. 매일 규칙적으로 치료에 참여한다. (18)

11. 급성 통증을 관리하기 위해서 심리적 대처기술을 배우고, 물리적 기술을 적용한다. (19)

12. 즐거운 활동을 찾아보고 참여함으로써 활동의 수준과 범위를 증진한다. (20)

13. 통증에 관한 부정적인 사고를 확인하고, 그것을 보다 긍정적인 대처방식을 반영하는 사고로 바꾼다. (21, 22, 23)

한다(예 ; Bernstein과 Borkovec의 Progressive Relaxation Training).

18. 만일 통증이 이질적인 경우이면 물리치료에 클라이언트를 의뢰한다.

19. 급성 통증을 관리하기 위해서 클라이언트에게 분산기술(예 ; 즐거운 심상, 숫자 세기, 다른 곳으로 초점 돌리기)을 가르치고, 이와 함께 이완 기술을 사용하는 법을 가르친다.

20. 클라이언트에게 자신이 즐겁게 느끼는 활동의 목록을 작성하도록 요구하고, 그 목록으로 상담을 진행하여 선택된 활동에 참여하는 빈도를 증가시킬 계획을 수립한다.

21. 클라이언트의 통증에 대한 반응을 유발하는 스키마와 자기언어를 탐구하고 그 편견을 반박하며, 그러한 편견을 바로잡는 생각으로 바꾸어 대처방식을 찾도록 도와 통증을 잘 다룰 수 있다는 확신을 갖도록 돕는다.

22. 클라이언트가 통증에 관한 부정적인 자기언어를 확인하고 긍정적인 것으로 대체하는 과제를 부여하며, 과제가 끝나면 함께 검토하고 성공을 강화하며 개선을 위한 피드백을 제공한다.

23. 클라이언트에게 관련 서적이나 매뉴

14. 통증을 다루는 새로운 정신적, 신체적, 행동적 방법을 통합하고 적용한다. (24)

15. 통증을 다루는 새로운 방법을 적용하기 위해서 장애물을 제거한다. (25)

16. 미래에 발생할 문제를 다룰 수 있는 재발방지 전략을 사용한다. (26, 27, 28)

17. 매일 규칙적으로 운동을 실시한

얼에서 인지 재구조화에 관해서 읽도록 과제를 부여한다(예 ; Catalano와 Hardin의 The Chronic Pain Control Workbook).

24. 클라이언트가 학습한 통증관리기술을 다양한 일상생활에 점진적으로 통합하도록 돕는다.

25. 클라이언트가 새로운 기술들을 적용하는 데에 장애가 되는 것을 제거하도록 문제해결 기술을 적용할 수 있게 가르친다.

26. 클라이언트와 통증의 발생(lapse)과 재발(relapse)의 차이점에 대해서 논의하고, 처음에 통증이 발생한 경우와 통증이 다시 생기는 경우를 문제의 발생이라고 하는데, 지속적으로 통증이 재발하고 통증을 악화시키는 이전의 인지적 행동적 습관으로 돌아가는 것을 재발이라고 설명한다.

27. 치료를 통해서 배운 전략을 사용하여 통증이 생길 수 있는 미래의 상황이나 환경에 대처하는 법을 클라이언트와 함께 찾아보고 예행연습 한다.

28. 정기적으로 클라이언트와 문제해결에서의 어려운 점을 상의하고 성공을 강화한다.

29. 클라이언트가 규칙적인 운동의 이점

다. (29, 30, 31)

을 이해하고 일상생활에서 운동을 하도록 독려하며, 그 결과를 모니터한다. 그리고 식이요법을 잘 따르도록 지속적으로 격려한다.

30. 클라이언트를 주치의가 추천하는 물리치료 프로그램이나 개인에 맞게 운동을 할 수 있도록 하는 운동클럽에 의뢰한다.

31. 클라이언트를 요가클래스의 초급반에 의뢰한다.

18. 건강과 적절한 체격을 유지하게 하도록 식사를 조절한다. (32)

32. 클라이언트를 식사와 영양적인 요소에 대한 조언을 위해 식이요법 전문가에게 의뢰하고, 그 결과를 가지고 상담해서 클라이언트의 변화를 확인하며, 이러한 변화가 어떻게 일어났는지를 확인한다.

19. 통증관리를 위한 대체요법을 찾아본다. (33)

33. 통증관리를 위한 대체요법(예 ; 침술, 최면, 치료적 마사지)에 대한 클라이언트의 생각을 알아보고, 적당한 경우에 서비스를 의뢰한다.

20. 스트레스 관리기술을 배우고 적용한다. (34, 35, 36)

34. 클라이언트가 통증이나 자신의 취약성으로 인해서 유발될 수 있는 스트레스를 관리하도록, 스트레스 관리기술을 클라이언트에게 가르친다.

35. 클라이언트가 자신의 일상생활에서 보다 유쾌하게 지낼 수 있도록 돕는다. 다양한 방법(예 ; 유머의 사용증가, 농담하기)으로 이것을 장려하고 클라이언트에게 매주 한두 번씩 코미

디 영화를 보도록 과제를 부여한다.

36. 클라이언트가 자신의 일상생활에 스트레스 관리기술을 적용하도록 돕는다.

21. 치료적 변화를 지지할 사회지지 네트워크를 형성한다. (37)

37. 클라이언트의 사회지지 네트워크를 사정하고 클라이언트의 긍정적인 변화를 촉진하며 지지할 수 있는 사람과 관계를 갖도록 격려한다.

__: ________________________

__: ________________________

__: ________________________

__: ________________________

__: ________________________

__: ________________________

가능한 진단명과 코드

축 1:	307.89	심리학적 요소와 일반 의학적 조건 모두와 관련된 통증 장애
	207.80	심리학적 요소와 관련된 통증 장애
	300.81	신체화 장애
	300.11	전환 장애
	296.3x	주요 우울 장애, 재발성
	300.3	강박충동장애
	302.70	미분류 성적 역기능
	304.10	진정제, 최면제 또는 불안완화제 의존
	304.80	복합물질 의존
	______	____________________
	______	____________________

10 인지결핍(Cognitive Deficits)

행동적 정의

1. 굳어진 사고나 잘못된 추상적 사고
2. 행동의 결과에 대한 통찰력의 부족(예 ; 잘못된 판단)
3. 단기 기억력 손상
4. 장기 기억력 손상
5. 복잡하거나 순차적 지시를 따르는 것에 어려움을 겪음.
6. 사람, 장소, 시간에 대한 지남력의 상실
7. 주의가 쉽게 분산됨.
8. 사회적 규범을 위반하는 충동적 행동
9. 말과 언어의 손상

___. ______________________________

___. ______________________________

___. ______________________________

장기목표

1. 인지적 손상을 이해하고 수용한다.
2. 인지적 한계를 보완하기 위한 대안과 대처전략을 개발한다.

___. ____
____

___. ____
____

___. ____
____

단기 세부목표

1. 신경학적 문제와 관련된 모든 증상을 설명한다. (1, 2)
2. 신경심리학적 검사에 협조하고 마무리한다. (3, 4)

치료적 개입

1. 클라이언트의 가능한 신경학적 손상(예 ; 기억상실, 부정합, 잘못된 추상적 사고, 말과 언어 손상, 실행기능장애, 지남력 상실, 판단력 손상, 부주의, 두통, 어지러움, 시력 손상)의 징후와 증상을 탐구한다.
2. 개별 상담회기에서 클라이언트의 인지 행동을 사정하고 모니터한다.
3. 클라이언트가 인지결핍의 상태와 정도를 확인하기 위해 심리학적 검사를 받도록 한다.
4. 클라이언트의 인지결핍의 상태, 내용, 원인을 알아보기 위해 적절한 심리학적 검사를 실시한다(예 ; Wechsler Adult Intelligence Scale-III, Booklet Category Test, Trailmaking, Haldstead-Reitan Battery, Michigan Neurological Battery, Luria-Nebraska Battery, Wechsler Memory Scale, Memory Assessment Scales).

3. 신경학적 검진을 받는다. (5)	5. 클라이언트의 조직적 손상을 사정하고 원인을 알아보기 위해 신경과 전문의에게 의뢰한다.
4. 인지적 한계를 이해하고 수용하며, 대안적인 대처방식을 사용한다. (6, 7)	6. 클라이언트에게 인지사정의 결과를 알려주고, 그 결과에 근거한 적절한 상담목표를 세운다. 7. 클라이언트가 자신의 한계를 이해하고 수용할 수 있도록 돕는다.
5. 인지적 한계를 수용하는 것과 관련된 감정을 이야기한다. (8)	8. 클라이언트의 인지적 손상과 관련된 우울감과 불안을 탐구하여 격려하고 지지한다.
6. 간단한 순차적 과제를 지시에 잘 따라 완성하도록 노력한다. (9)	9. 클라이언트의 인지능력을 사정하기 위해서 적절한 순차적 과제를 부여하고, 필요한 경우에는 다시 지도한다.
7. 기억력을 증진하기 위한 방법을 실천한다. (10)	10. 클라이언트에게 기억력 증진을 위한 활동이나 연습(예 ; 십자 말맞추기, 카드게임, TV 퀴즈프로그램 시청)과 기억상실 대처방법(예 ; 기록하기, 일상화하기, 잘 보이는 곳에 적어놓기, 반복해서 소리 내어 말하기, 연상전략 사용하기)을 실천하도록 과제를 부여하고 모니터한다.
8. 도움을 요청하는 것이 적절한 경우와 그렇지 않은 경우를 확인한다. (7, 11)	7. 클라이언트가 자신의 한계를 이해하고 수용할 수 있도록 돕는다. 11. 클라이언트가 도움을 구하기 적절한 경우가 어떤 경우인지 클라이언트와 그의 가까운 사람들과 함께 확인한다.
9. 누가, 언제 일상적인 보호를 제공할 수 있을지 확인하고 계획을 세	12. 클라이언트가 일상적인 보호를 제공할 수 있는 조력자를 찾도록 돕는다.

운다. (12, 13)

___: ______________________________

____

___: ______________________________

____

___: ______________________________

____

13. 클라이언트와 함께 보호를 누가 언제 제공할 것인지 서면 스케줄을 작성한다.

___: ______________________________

____

___: ______________________________

____

___: ______________________________

____

가능한 진단명과 코드

축 1: 310.1 축 III의 장애로 인한 성격의 변화
294.8 미분류 치매
294.1 축 III의 장애로 인한 치매
291.2 알코올로 인한 지속적 치매
291.1 알코올로 인한 지속적 기억상실 장애
294.8 미분류 기억상실 장애
303.90 알코올 의존
304.30 마리화나 의존
294.0 축 III의 장애로 인한 기억상실 장애
294.9 미분류 인지장애
______ ______________________________
______ ______________________________

축 2: 799.9 진단 보류
V71.09 진단 없음.
______ ______________________________
______ ______________________________

11 의존(Dependency)

행동적 정의

1. 자립할 수 없어서 지속적으로 부모로부터 경제적 지원, 주거 또는 돌봄 등의 도움을 받음.
2. 친밀한 관계에서 한 사람과의 관계가 끝나고 다른 사람과 새로운 관계를 시작하기 전까지의 공백기가 거의 없거나 있더라도 아주 짧은 기간인 경우가 거듭되는 과거력
3. 가까운 관계가 종결되고 혼자 남게 되는 경우에 강한 패닉, 두려움, 좌절감을 경험함.
4. 비판에 쉽게 상처받으며, 다른 사람의 기분을 맞추려고 하는 생각이 주도적임.
5. 다른 사람들로부터 상당한 재보증이 없이는 결정을 내리거나 어떤 행동을 시작할 수 없음.
6. 버림받는 것에 대한 두려움에 빈번히 사로잡힘.
7. 자기 가치, 행복, 만족 등과 같은 모든 감정이 다른 사람과의 관계에 좌우됨.
8. 신체적으로 학대적인 관계임에도 불구하고 헤어지기에 어려움을 느낀 경우를 두 번 이상 경험함.
9. 거절에 대한 두려움 때문에 다른 사람의 생각에 반대의사를 표현하지 못함.

___. ______________________________

___. ______________________________

___. ______________________________

장기목표

1. 자신의 욕구를 충족시킬 수 있고, 혼자서도 견딜 수 있다는 확신을 갖는다.
2. 의존과 독립사이의 적절한 균형을 맞춘다.
3. 자신의 욕구를 충족시키고 확신을 가지며 자기주장을 실천하면서 대인관계에 있어서의 의존성을 줄인다.
4. 확고한 개인적 자기 경계를 형성하고 자기 자신의 가치를 보다 높이 평가한다.
5. 모든 학대적인 관계를 완전히 끊어버린다.
6. 부모에 대한 정서적 경제적 의존으로부터 스스로를 해방시킨다.

___. ____

____

___. ____

____

___. ____

____

단기 세부목표

1. 대인관계의 스타일과 정서적 의존 양상을 설명한다. (1)

2. 자신의 의존성에 대한 인식을 증진하고 말로 표현한다. (2, 3)

치료적 개입

1. 아동기의 충족되지 못한 욕구로부터 현재의 대인관계까지, 클라이언트의 정서적 의존의 과거력을 탐구한다.
2. 대인관계에 의존하는 가족적 패턴과 현재의 대인관계에서, 그것이 어떻게 반복되는지에 대한 클라이언트의 이해를 증진하기 위해서 가계도를 작성한다.
3. 클라이언트에게 의존성과 관련된 책을 읽도록 과제를 부여한다(예 ; Beattie의 Codependent No More, Norwood

의 Women Who Love Too Much, Drew의 Getting Them Sober). 그리고 핵심을 가지고 상담을 진행한다.

3. 자신이 자동적으로 다른 사람들의 기대를 충족시키기 위해서 애써왔다는 사실을 이해하고 말로 표현한다. (4, 5, 6)

4. 정서적 방임의 경험을 알아보기 위하여 클라이언트의 원가족을 탐구한다.
5. 클라이언트가 자신이 기본적으로 다른 사람들을 실망시키는 것을 두려워한다는 사실을 확인하도록 돕는다.
6. 클라이언트와 대인관계에서의 두려움을 이해하는데 도움이 되는 한 가지 예를 함께 나누고 상담을 진행한다(예; Friedman's Fables).

4. 자신에 대한 긍정적인 점의 목록을 작성한다. (7, 8)

7. 클라이언트가 자신의 긍정적인 점과 성취한 것의 목록을 작성하도록 돕는다.
8. 매일 5~10분 정도 자기암시를 할 수 있는 고요한 시간(예배 또는 명상)을 갖는 습관을 기르도록 과제를 부여한다.

5. 자기주장, 혼자되는 것, 개인적 책임의 경계를 유지하는 것과 관련된 왜곡된 자동적 사고를 확인하고 대체한다. (5, 9, 10, 11)

5. 클라이언트가 자신이 기본적으로 다른 사람들을 실망시키는 것을 두려워한다는 사실을 확인하도록 돕는다.
9. 자기주장, 혼자되는 것, 다른 사람의 욕구를 충족하지 못하는 것에 관한 클라이언트의 왜곡되고 부정적인 자동적 사고를 탐구하고 확인한다.
10. 보다 독립적인 삶에 대한 클라이언트의 두려움이나 부정적인 감정을 탐구하고 명확히 한다.

11. 클라이언트가 왜곡되고 부정적인 자기언어를, 긍정적이고 현실에 기반을 둔 자기 메시지로 대체하도록 돕는다.

6. 비판에 대해 지나치게 예민하게 반응하지 않는다는 것을 말로 표현한다. (12, 13, 14)

12. 클라이언트가 비판에 대해서 지나치게 예민한지 알아보고, 비판을 잘 받아들이고 처리하며 반응하는 새로운 방법을 스스로 개발하도록 돕는다.
13. 클라이언트에게 자기주장에 대한 책을 읽도록 과제를 부여한다(예 ; Smith의 When I Say No I Feel Guilty).
14. 클라이언트가 자기주장과 독립성을 보이는 아주 작은 징후라도 보이면 칭찬하고 강화한다.

7. 다른 사람의 요구에 적절히 거절하는 횟수를 늘인다. (15, 16)

15. 클라이언트에게 한 주 동안 장황하게 설명하지 말고 적절한 방식으로 거절하도록 과제를 부여하고, 클라이언트와 함께 그 일에 대해 상담을 진행한다.
16. 클라이언트를 자기주장 훈련을 하거나 강의와 과제를 통해서 자기주장 기술을 증진하고 개발할 수 있는 그룹에 의뢰한다.

8. 자신의 의견을 말로 잘 표현하고 그것을 보고한다. (16, 17)

16. 클라이언트를 자기주장 훈련을 하거나 강의와 과제를 통해서 자기주장 기술을 증진하고 개발할 수 있는 그룹에 의뢰한다.
17. 클라이언트에게 하루 동안 자신의 마음을 이야기하도록 과제를 부여하고

그 결과를 가지고 상담을 진행한다.

9. 자신의 정서적 사회적 욕구를 확인하고 그것을 충족시킬 방법을 찾는다. (18, 19)

18. 클라이언트가 자신의 정서적 · 사회적 욕구 목록과 그것을 충족할 수 있는 가능한 방법의 목록을 작성하도록 요구하고, 그 목록을 가지고 상담을 진행한다.

19. 클라이언트가 자기관리를 잘 할 수 있는 방법의 목록을 만들고, 지금 시작할 수 있는 두세 가지 방법을 찾아서 클라이언트가 그것을 하는 것에 동의하도록 요청한다. 그리고 그것이 잘 진행되는지 자신의 변화에 대한 감정을 모니터한다.

10. 다시 갚아야 할 부담을 느끼지 않으면서 다른 사람의 호의를 받아들이고 그것을 보고한다. (20)

20. 클라이언트에게 다른 사람의 호의를 받아들이며, 주지 않고 받는 경험을 하도록 과제를 부여한다.

11. 타인에 대한 책임감을 줄이는 반면 자기 스스로에 대한 책임감을 증진시키고 이를 말로 표현한다. (21, 22, 23)

21. 클라이언트가 일상생활에서 독립의 수준을 높이는 방법을 확인하고 적용하도록 돕는다.

22. 클라이언트가 다른 사람의 행동이나 감정에 대한 책임에 대해 적절한 경계를 새롭게 설정하도록 돕는다.

23. 클라이언트가 자신과 가까운 사람과 함께 대인관계에서 독립성을 증진할 수 있는 방법을 탐구하는데 초점을 둔 연합회기를 진행한다.

12. 적절한 경계와 그러한 경계가 침범되었을 때에 대한 인식을 증진하고, 그것을 말로 표현한다.

24. 클라이언트가 자신과 다른 사람의 책임의 경계와 자신과 다른 사람이 그러한 경계를 침범한 경우에 대한 인

(24, 25, 26)

식에 관련된 일지를 쓰도록 과제를 부여한다.

25. 클라이언트가 경계에 관한 책을 읽도록 과제를 부여하고, 핵심 개념을 가지고 상담을 진행한다(예 ; Katherine의 Boundaries: Where You End and I Begin).

26. 클라이언트가 경계를 설정하고 한계를 인식하는 것에 대한 책을 읽도록 하고(예 ; Whitfield의 A Gift To Myself) 개인적 경계에 대해 조사하도록 한 후, 그 핵심개념과 조사결과에 대해서 상담을 진행한다.

13. 다른 사람에게 경계를 명확히 하는 말을 하는 횟수를 늘인다. (27)

27. 클라이언트가 경계와 스스로의 한계를 실제에 적용하도록 강화한다.

14. 적절한 시간 내에 자기 확신을 가지고 결정을 내리는 빈도를 늘인다. (28, 29)

28. 클라이언트의 결정을 회피하려는 경향에 직면하고, 보다 적극적인 결정을 내리도록 격려한다.

29. 클라이언트가 내리는 모든 시기적절하며 사려 깊은 결정에 대해서 칭찬한다.

15. 약물에 의존하는 파트너와의 의존적 관계의 고리를 끊어버리기 위해서 약물의존자의 가족그룹(Al-Anon)에 참여한다. (30)

30. 클라이언트를 Al-Anon이나 다른 적절한 자조그룹에 의뢰한다.

16. 학대적인 파트너와의 관계를 끝내도록 계획을 세우고, 치료자와 세운 계획을 실천한다. (31, 32, 33)

31. 클라이언트가 학대적 관계에 대한 책을 읽도록 과제를 부여하고, 핵심개념에 대해서 상담하며 통찰력을 얻도록 한다.

32. 클라이언트를 안전이 보장되는 곳으로 옮기도록 의뢰한다.
33. 클라이언트를 가정폭력 방지 프로그램에 의뢰하고 모니터하며 프로그램에 지속적으로 참여하도록 격려한다.

__: ____________________

__: ____________________

__: ____________________

__: ____________________

__: ____________________

__: ____________________

가능한 진단명과 코드

축 1: 300.4 기분부전 장애
995.81 성인의 신체적 학대, 피해자
______ ____________________
______ ____________________

축 2: 301.82 회피성 성격장애
301.83 경계선 성격장애
301.6 의존성 성격장애
______ ____________________
______ ____________________

12 우울증(Depression)

행동적 정의

1. 우울한 기분
2. 식욕감퇴
3. 활동에 대한 관심이나 즐거움의 감소
4. 정신운동 초조함이나 둔감함.
5. 불면증 또는 과다 수면증
6. 에너지 부족
7. 집중력 장애와 우유부단함.
8. 사회적 위축
9. 자살생각이나 제스처
10. 절망, 무가치, 부적절한 죄책감
11. 낮은 자존감
12. 해결되지 못한 애도
13. 기분과 관련된 환각이나 망상
14. 클라이언트가 항우울제를 복용했었거나 입·통원치료를 받거나 전기충격요법을 받은 적이 있는 만성적, 반복적 우울증의 과거력

___. ______________________________

___. ______________________________

___. ______________________________

장기목표

1. 우울한 기분을 향상시키고, 이전의 효과적인 기능수준으로 회복한다.
2. 우울한 감정을 인식하고 수용하며 대처한다.
3. 자신과 세상에 대한 건강한 인지패턴을 개발하여 우울증상을 개선하고 재발을 예방한다.
4. 건강한 대인관계를 형성하여 우울증상을 개선하고 재발을 예방한다.
5. 기분을 정상화하고 이전의 적응적 기능수준으로 회복하기 위해서 상실에 대해 적절히 애도한다.

___. ______________________________

____

___. ______________________________

____

___. ______________________________

____

단기 세부목표

1. 현재와 과거에 우울증이 자신의 기능에 어떤 영향을 미쳤으며 어떻게 해결하려고 어떻게 했었는지 등의 경험에 대해서 모두 설명한다. (1)

2. 가능하다면 우울증의 원인이 무엇인지 이야기한다. (2, 3)

치료적 개입

1. 우울증상의 특징, 빈도, 강도 그리고 지속 기간과 같은 현재와 과거의 우울증상을 사정한다(Zimmerman, Coryell, Corenthal, Wilson의 Clinical Interview supplemented by the Inventory to Diagnose Depression).
2. 클라이언트에게 무엇으로 인해서 우울함을 느끼는지 목록을 작성하도록 요구하고, 그 목록의 내용을 가지고 상담을 진행한다.
3. 클라이언트가 우울증을 명확히 이해

하고 그 원인에 대한 통찰력을 얻도록, 우울한 느낌에 대해서 이야기하도록 격려한다.

3. 우울증의 정도와 항우울제의 필요성, 자살예방 방법 등을 사정하기 위해서 심리 검사를 받는다. (4)

4. 클라이언트의 우울증과 자살위험을 평가하기 위한 객관적 측정도구(예 ; Beck Depression Inventory-II, Beck Hopelessness Scale)를 사용해서 검사를 실시하고, 그 결가를 평가하여 클라이언트에게 피드백을 한다.

4. 과거의 자살시도와 현재의 자살충동 경험에 대해서 모두 이야기한다. (5)

5. 클라이언트의 과거의 경험과 현재의 자살충동 그리고 행동이 어떠한지를 탐구한다(만일 자살위험이 있으면 이 책에서 자살생각 부분을 참고).

5. 다시는 자신을 해치려고 생각하지 않겠다고 말한다. (6, 7)

6. 클라이언트의 자살 가능성을 사정하고 모니터한다.

7. 클라이언트가 자신을 해칠 것이라고 판단되는 경우에는 입원조치를 취한다.

EBT 6. 의사의 처방에 따라 시간을 잘 맞추어 약을 복용한다. (8, 9)

8. 클라이언트의 약물복용의 필요성을 사정하고, 우울증에 대한 신체적 요인이 있는지 확인하기 위해 의사의 검진을 받도록 하며, 항우울제복용의 필요성을 사정해서 필요한 경우에 처방을 받도록 돕는다. EBT

9. 클라이언트가 약물을 처방대로 잘 복용하고 있는지, 효과가 있는지, 부작용은 없는지 모니터하고 평가하여 담당의사와 상담한다. EBT

EBT 7. 우울증에 영향을 주는 자기언

10. 클라이언트가 우울증의 원인이 되는

어를 확인하고 대체한다.
(10, 11, 12, 13)

스키마를 반영하는 자동적 사고를 인식하도록 돕는다. ETB

11. 클라이언트가 우울한 감정과 관련된 자동적 사고에 대한 일기를 쓰도록 과제를 부여한다(예 ; Jongsma의 Adult Psychotherapy Homework Planner 2판에서 Negative Thoughts Trigger Negative Feelings부분과 Beck, Rush, Shaw, Emery의 Cognitive Therapy of Depression에서 Daily Record of Dysfunctional Thoughts부분을 참고). 그리고 우울한 사고의 패턴을 반박하고 현실에 기초한 사고로 바꾸기 위해서 그 일기를 가지고 상담을 진행한다. ETB

12. 우울증적인 자동적 사고를 가정일 뿐이거나 현실에 근거한 대안적인 가정인 미래에 대한 예측으로 다루며, 그 두 가지 모두가 클라이언트의 과거, 현재 그리고 미래의 경험과 부합하는지를 확인하는 "행동주의적 실험"을 실시한다. ETB

13. 자기 확신을 강화하고 적응적인 행동을 증진하는 클라이언트의 긍정적이고 현실에 기초한 인지메시지를 강화한다(Jongsma의 Adult Psychotherapy Homework Planner 2판에서 Positive Self-Talk부분을 참고). ETB

ETB 8. 자신의 의견을 말로 잘 표현하

14. 클라이언트가 우울증에 대한 대처전

고 그것을 보고한다.
(14, 15, 16)

9. 과거와 현재에 자신의 삶에서 중요한 사람을 확인하고 그 사람과 관계에서의 특징과 장·단점을 이야기한다. (17)

10. 우울증의 원인이 될 수 있는 모든 해결되지 않은 애도 이

략을 개발할 수 있도록 돕고 성취를 강화한다(예 ; 운동증가, 내면에 초점을 맞추는 일을 줄이기, 사회활동의 증가, 자기주장의 증가, 요구를 더 많이 표현하기, 적절한 방식으로 분노를 더 잘 표현하기). EBT

15. 클라이언트가 즐거움을 느끼고 잘 할 수 있는 활동을 계획하여 "행동주의적으로 활성화" 되도록 돕는다 (Jongsma의 Adult Psychotherapy Homework Planner 2판에서 Identify and Schedule Pleasant Activities부분을 참고). 그리고 클라이언트의 일상생활에서 잘 적용되도록 예행연습, 역할극, 역할 예행연습 등의 방법을 사용하며 성취를 강화한다. EBT

16. 클라이언트가 일상적인 활동(예 ; 청소, 요리, 쇼핑)에 대해서 책임감을 증진하도록 자기신뢰훈련을 실시한다. EBT

17. 클라이언트의 과거와 현재의 중요한 관계에 대한 "대인관계 검사"를 통해 사정하고, 우울증과 관련될 가능성이 있는 주제(예 ; 애도, 대인관계 갈등, 역할 전이, 대인관계 결핍)가 있는지 사정한다. EBT

18. 클라이언트의 현재의 우울증에 영향을 주는 해결되지 않는 애도의 역할

슈에 대해서 이야기한다. (18)

을 탐구한다(이 책의 해결되지 않은 애도와 상실부분을 참고).

11. 대인관계 문제를 해결하기 위한 문제해결과 갈등해결기술을 배우고 적용한다. (19, 20, 21)

19. 클라이언트의 우울증을 완화하기 위해서 갈등해결기술(예 ; 공감, 적극적 경청, 나 메시지, 타인을 존중하는 대화법, 공격적이지 않은 자기주장, 타협기술)을 가르치고, 현재의 몇 가지 갈등을 해결하는데 적용하도록 모델링, 역할극, 행동 예행연습을 사용한다.

20. 클라이언트가 재보증, 지지, 갈등을 일으키는 인지적 정서적 촉발요인의 명확화, 적극적 문제해결 등의 방법을 사용하여 대인관계와 연관된 우울증을 해결하도록 돕는다(또는 Jongsma의 Adult Psychotherapy Homework Planner 2판에서 Applying Problem-Solving to Interpersonal Conflict부분을 과제로 부여한다).

21. 클라이언트가 대인관계에서의 갈등을 해결하기 위한 연합 상담을 실시한다.

12. 우울증 완화를 위해서 규칙적인 운동을 한다. (22, 23)

22. 클라이언트를 위한 규칙적인 운동을 개발하고 강화한다.

23. 클라이언트가 정신건강 증진을 위한 운동요법에 관련된 책을 읽고 실천하도록 돕는다(예 ; Leith의 Exercising Your Way to Better Mental Health).

EBT 13. 재발방지기술을 배우고 적용한다. (24)	24. 클라이언트가 재발의 경계신호를 빨리 포착하도록 도우며, 치료과정을 통해서 배운 기술을 재검토하여 문제 상황을 잘 다룰 수 있도록 계획을 세우고, 재발방지기술을 잘 사용할 수 있도록 돕는다. EBT
EBT 14. 자기 주장적 대화의 빈도를 늘인다. (25)	25. 자기주장기술을 훈련하기 위해서 클라이언트에게 모델링과 역할극을 사용하며 만일 필요한 경우에는 클라이언트를 자기주장 훈련 그룹에 의뢰한다. EBT
15. 우울증을 극복하기 위한 책을 읽는다. (26)	26. 클라이언트에게 우울증에 대처하는 방법에 대한 책을 읽도록 추천하고 읽은 내용으로 상담을 진행한다(예 ; Burns의 Feeling Good).
16. 다른 사람들로부터 최소의 조언을 구하며, 일상생활에서 개인적 몸단장과 위생관리를 잘한다. (27)	27. 클라이언트가 일상적인 몸단장과 위생을 잘 관리하도록 모니터하고 지도한다.
17. 자신과 타인, 그리고 미래에 대해 희망적이고 긍정적인 말을 하는 빈도를 늘린다. (28, 29)	28. 클라이언트가 매일 자신과 미래에 대한 긍정적인 말을 최소한 한 가지 이상 적도록 하는 과제를 부여한다. 29. 클라이언트가 우울증에 대해서 더 많이 이해하고 어느 정도의 슬픔은 정상적인 감정이라는 사실을 수용하도록 지도한다.
18. 어린 시절의 경험과 관련된 상처받은 감정, 실망감, 수치감, 분노 등의 감정을 표현한다. (30, 31)	30. 현재의 우울증에 영향을 주는 클라이언트의 어린 시절의 경험을 탐구한다. 31. 클라이언트가 현재의 우울증에 영향을 주는 어린 시절의 고통에 대해 분

노를 표현하도록 격려한다.

19. 우울한 기분과 분노, 상처받은 감정, 슬픔, 등의 억압된 감정 사이의 관계를 이해하고 말로 표현한다. (32)

__. ______________________________

____

__. ______________________________

____

__. ______________________________

____

32. 이전의 표현되지 않은(또는 억제된) 분노의 감정(그리고 절망감)과 현재의 우울증 사이의 연관성을 설명한다.

__. ______________________________

____

__. ______________________________

____

__. ______________________________

____

가능한 진단명과 코드

축 1:	309.0	우울한 기분을 동반하는 적응장애
	296.xx	제1 양극성 장애
	296.89	제2 양극성 장애
	300.4	기분부전 장애
	301.13	순환성 장애
	296.2x	주요 우울 장애, 단일 에피소드
	296.3x	주요 우울 장애, 재발성
	295.70	분열정동형 장애
	310.1	축 3의 장애로 인한 성격의 변화
	V62.82	사별
	______	______________________________
	______	______________________________
축 2:	301.9	미분류 성격장애
	799.9	진단 보류
	V71.09	진단 없음
	______	______________________________
	______	______________________________

13 해리(Dissociation)

행동적 정의

1. 반복적으로 사람의 행동을 완전히 좌우하는 둘 이상의 전혀 다른 성격의 존재 상태
2. 단지 일반적인 기억력 문제가 아닌 중요한 개인적 정체성에 관한 정보를 갑자기 기억하지 못하는 에피소드의 발생
3. 현실감에는 문제가 없으나 마치 자신의 정신이나 몸으로부터 벗어나거나 외부에 있는 것 같은 느낌을 동반하는, 지속적이거나 반복적인 이인화의 경험
4. 마치 자동화되거나 꿈을 꾸고 있는 것 같은 느낌을 동반하는, 지속적이거나 반복적인 이인화의 경험
5. 일상생활에서 심각한 고통을 초래하는, 심하고 지속적인 이인화 현상

___. ______________________________

____

___. ______________________________

____

___. ______________________________

____

장기목표

1. 여러 성격을 통합한다.
2. 해리 에피소드의 빈도와 지속시간을 줄인다.

3. 해리문제 이면에 존재하는 감정적 외상을 치유한다.
4. 해리문제로 인해서 초래되는 일상생활에서의 고통의 수준을 경감한다.
5. 기억을 완전히 회복한다.

___. ______________________________

____

___. ______________________________

____

___. ______________________________

____

단기 세부목표

1. 각각의 성격을 확인하고 각 성격들을 나타낸다. (1, 2)
2. 전문의에게 약물처방을 위한 검진을 받는다. (3)
3. 의사의 처방대로 약을 시간에 맞추어 잘 복용한다. (4)
4. 해리상태를 일으키는 핵심 이슈를 찾는다. (5, 6, 7)

치료적 개입

1. 클라이언트의 감정을 확인하고 표현하도록 돕기 위해서 클라이언트와 지속적인 눈 맞춤, 적극적 경청, 무조건적 긍정적 관심 그리고 따뜻한 수용을 통해서 개별상담 중에 적극적으로 신뢰의 수준을 높인다.
2. 과도하게 부추기거나 유도하지 않으면서 클라이언트를 조절하는 다양한 성격들의 존재를 탐구하고 사정한다.
3. 클라이언트가 약물처방을 받도록 돕는다.
4. 클라이언트의 약물복용의 순응성과 효과, 부작용을 모니터하고 평가한다.
5. 클라이언트의 해리상태를 촉발하는 감정과 상황을 탐구한다.
6. 클라이언트의 정서적 고통이나 외상의 원인과 두려움, 부적절감, 거부감

- 또는 학대에 대해서 탐구한다.
- 7. 클라이언트가 정서적 갈등이나 문제에 직면하는 것을 회피하려고 하는 것과 자신의 해리증상과의 연관성을 받아들이도록 돕는다.

5. 성격이 변화하는 횟수와 지속기간을 줄인다. (8, 9)

- 8. 클라이언트가 해리현상을 통해서 현실로부터 탈출하기보다는, 현실에 초점을 두도록 지지하고 격려하면서 클라이언트의 성격이 통합되도록 돕는다.
- 9. 클라이언트가 과거의 외상과 고착에 관련된 해리현상에 지배되기보다는, 현실에 초점을 두고 현재의 중요성을 인식하도록 한다.

6. 불안을 감소시키기 위한 수단으로 이완과 깊은 호흡기법을 사용한다. (10)

- 10. 클라이언트가 불안을 다룰 수 있도록 이완과 깊은 호흡기술을 훈련한다.

7. 단순한 해리현상으로 인해 패닉현상을 일으킬 정도로 당황하기보다는, 단지 지나가는 현상에 불과한 것으로 받아들이고 이를 말로 표현한다. (11)

- 11. 해리현상으로 인해서 클라이언트가 불안증상을 일으키지 않고 침착하고 냉정하게 현실에 초점을 유지하도록 지도한다.

8. 기억이 상실되었다가 다시 회복된 경우에 대해서 이야기한다. (6, 12)

- 6. 클라이언트의 정서적 고통이나 외상의 원인과 두려움, 부적절감, 거부감 또는 학대에 대해서 탐구한다.
- 12. 클라이언트가 잃어버린 개인적 정보에 대한 기억을 회복하도록 클라이언트와 그의 가까운 사람들이 함께 상담을 진행한다.

9. 기억상실 현상의 신체적 원인을 배

- 13. 클라이언트의 기억상실 경험에 대한

제하기 위해서 신경과 전문의의 검진을 받는다. (13)

신체적 원인을 확인하기 위해서 클라이언트를 신경전문의에게 의뢰한다.

10. 개인적 정보를 다시 기억하는 것에 초점을 둔 가족치료 상담에 참여한다. (12, 14)

12. 클라이언트가 잃어버린 개인적 정보에 대한 기억을 회복하도록 클라이언트와 그의 가까운 사람들이 함께 상담을 진행한다.

14. 클라이언트가 잃었던 기억을 회복할 때까지 인내심을 갖도록 침착하게 클라이언트를 재확인시킨다.

11. 자신에 대한 기억이 회복되는 것을 자극하기 위해서 사진이나 다른 기억에 남을 만한 것들을 활용한다. (14, 15)

14. 클라이언트가 잃었던 기억을 회복할 때까지 인내심을 갖도록 침착하게 클라이언트를 재확인시킨다.

15. 클라이언트의 기억이 회복되는 것을 촉진하기 위해서 사진이나 다른 기억될 만한 것을 활용한다.

___: ______________________

___: ______________________

___: ______________________

___: ______________________

___: ______________________

___: ______________________

가능한 진단명과 코드

축 1:	303.90	알코올 의존
	300.14	해리 정체성 장애
	300.12	해리성 기억상실
	300.6	이인화 장애
	300.15	미분류 해리장애
	______	____________________
	______	____________________
축 2:	799.9	진단 보류
	V71.09	진단 없음
	______	____________________
	______	____________________

14 섭식장애(Eating Disorder)

행동적 정의

1. 정상치의 85%에 미달하는 나이와 키에 대비한 최소한의 정상적 몸무게나 그 이상을 유지하는 것을 거부함.
2. 몸무게 미달임에도 불구하고 몸무게가 늘거나 살찌는 것에 대한 심한 두려움을 느낌.
3. 반복적인 폭식(즉, 탄수화물 함량이 높은 식품을 급하게 많은 양을 섭취함)
4. 설사제, 이뇨제, 관장제나 다른 약물의 오용, 금식, 과도한 운동이나 구토의 자기유도와 같은 방법으로 몸무게 증가를 막기 위해 부적절한 보상행동을 반복함.
5. 건강을 유지할 수 있는 최소한의 몸무게를 유지하는 것을 거부하는, 극도의 몸무게 저하(그리고 여성의 무월경 증상)
6. 몸무게나 몸매가 자기 평가에 지나친 영향을 미침.
7. 총체적으로 부적절하게 자신이 과체중인 것으로 평가하는, 신체상에 대한 지속적인 몰두
8. 섭식장애로 인한 체액과 전해질 불균형의 심화
9. 심한 저체중인 경우에도 자신이 너무 말랐다는 사실을 강하게 부정함.

___. ______________________________

____

___. ______________________________

____

___. ______________________________

____

장기목표

1. 정상적인 음식물 섭취패턴, 몸무게, 체액과 전해질의 균형, 현실적인 신체 사이즈에 대한 인식을 회복한다.
2. 건강한 몸무게를 유지하기 위하여 충분히 영양가 있는 음식을 정상적으로 섭취하도록 폭식이나 속을 비우는 행동패턴을 그만둔다.
3. 섭식장애의 악화나 재발을 방지하기 위해 자신에 대한 건강한 인지 신념패턴을 개발한다.
4. 섭식장애의 악화나 재발을 방지하기 위해 건강한 대인관계를 형성한다.
5. 섭식장애의 재발에 영향을 줄 수 있는 정서적 문제에 개입하기 위해서 대처전략(예 ; 감정의 확인, 문제해결기법, 자기주장기법)을 개발한다.

___. ____
____

___. ____
____

___. ____
____

단기 세부목표

1. 음식물 섭취와 저장의 형태, 양, 빈도와 같은 섭식 패턴을 솔직하게 이야기한다. (1, 2, 3)

2. 자신이 지속적으로 사용하는 역기

치료적 개입

1. 치료적 동맹관계를 맺기 위해서 클라이언트와 라포를 형성한다.
2. 클라이언트의 음식물 섭취의 양, 형태, 패턴을 사정한다(예 ; 음식물 섭취 부족, 음식물 섭취 과다, 폭식, 식량 저장).
3. 성인 하루 섭취 권장량 1,500칼로리를 기준으로 클라이언트의 칼로리 섭취량을 평가한다.
4. 섭취한 칼로리를 다시 내보내기 위해

능적인 체중조절 행동을 모두 이야기한다. (4, 5)

3. 음식물 섭취패턴과 비정상적인 체중저하를 사정하고 그것을 알기 위한 심리검사를 받는다. (6)

4. 전문의의 진료를 받는다. (7)

5. 치과 검진을 받는다. (8)

6. 정신과 약물복용을 위해서 전문의의 검진을 받는다. (9)

7. 처방대로 약을 복용하고 효과와 부작용을 보고한다. (10)

8. 필요한 경우에는 입원 치료를 받는다. (11)

서 자기유도 구토행동을 하는지 사정하고 정기적으로 모니터한다.

5. 클라이언트의 설사제, 이뇨제, 관장제의 오용, 금식 또는 과도한 운동에 대해서 사정하고 정기적으로 모니터한다.

6. 섭식장애의 내용과 정도(설사제, 이뇨제, 관장제의 오용, 금식 또는 과도한 운동)를 사정하고 치료의 진행경과를 알기 위한 검사를 실시한다(Garner, 1991년의 The Eating Disorders Inventory-2참고).

7. 클라이언트가 자신의 신체적 문제와 영양섭취의 습관에 대해서 전문의의 직접적인 조언을 듣고 검진을 받도록 의뢰한다.

8. 클라이언트가 치과 검진을 받도록 의뢰한다.

9. 클라이언트의 정신과 약물복용(예 ; SSRIs: 선택적 세로토닌 재흡수 억제제)의 필요성을 사정하고, 전문의에게 검진을 받아서 필요한 경우에 약물을 복용하도록 돕는다.

10. 클라이언트가 약물을 처방대로 복용하는지 여부와 약물복용의 효과와 부작용에 대해서 모니터한다.

11. 클라이언트의 체중저하가 심각하고 건강이 위협받는 경우이거나 심하게 우울하거나 자살적인 경우이면 병원

에 입원을 의뢰한다.

9. 어떻게 섭식장애가 발생했는지에 대해서 정확히 이해하고 말로 표현한다. (12)

12. 날씬해야 한다는 사회문화적 압력, 몸매와 신체사이즈에 과도한 가치를 부여하여 자아상을 결정하는 몇몇 사람들의 취약성, 부적응적인 식사습관(예 ; 금식, 폭식), 부적응적인 보상적 체중조절행동(예 ; 속 비우기), 낮은 자존감이 감정에 미치는 영향 등과 같은 섭식장애 유발 모델에 대해서 클라이언트와 함께 논의한다(Fair-burn의 Overcoming Binge Eating 참고).

10. 치료목표와 치료방법에 대해서 이해하고 말로 표현한다. (13, 14)

13. 클라이언트의 신체적 정서적 건강을 증진시키는 식사방법을 실천하면서 동시에 낮은 자아상, 무절제한 식습관, 건강에 해로운 보상행동을 유발하는 사고와 행동의 악순환의 고리를 끊는 인지행동치료방법을 이해하도록 설명한다.

14. 클라이언트가 섭식장애와 그 치료과정에 대한 책이나 치료 매뉴얼을 읽도록 과제를 부여한다(Fairburn의 Overcoming Binge Eating참고).

11. 음식물 섭취일지를 작성한다. (15)

15. 클라이언트가 음식물 섭취와 생각, 감정을 스스로 모니터하고 기록하도록 과제를 부여하고(Jongsma의 Adult Psychotherapy Homework Planner 2판에서 A Reality Journal: Food, Weight, Thoughts, and

Feelings 또는 Beck, Rush, Shaw와 Emery의 Cognitive Therapy of Depression에서 Daily Record of Dysfunctional Thoughts부분을 참고), 클라이언트의 부적응적 사고와 행동패턴에 도전하며, 적응적인 대안으로 대체하도록 그 일지를 가지고 상담을 진행한다.

12. 규칙적으로 식사하고 점차 체중이 늘도록 필요한 최소한의 하루 칼로리 권장량을 섭취하여 정상적인 식사습관을 기른다. (16, 17, 18)

16. 클라이언트의 하루 최소 칼로리 섭취량을 정하고 식단을 짜도록 돕는다.

17. 클라이언트가 표준화된 체중 기준에 따라서 건강한 몸무게를 목표로 정하도록 한다.

18. 클라이언트의 체중을 모니터하고 얼마나 말랐는지 현실적인 피드백을 제공한다.

13. 체액과 전해질의 균형, 그리고 재생산 기능을 회복하고 유지한다. (19, 20)

19. 클라이언트의 체액과 전해질의 균형을 모니터하고 현실적인 피드백을 제공한다.

20. 클라이언트가 영양불균형으로 인해 모니터가 필요한 경우 정기적인 검진을 받도록 전문의에게 다시 의뢰한다.

14. 건강에 해로운 식사습관이나 체중저하에 관련된 고위험 상황을 확인하고 단계별로 정리한다. (21, 22)

21. 클라이언트에게 무절제한 식사습관이나 보상적 체중관리행동을 악화시키는 모든 내적(사람, 사물, 상황), 외적(사고, 상상, 충동) 신호의 특성

을 사정한다. (EBT)

22. 클라이언트가 무절제한 식사습관과 보상적 체중관리행동을 악화시키는 내적, 외적 촉발요인을 단계별로 정리하도록 지도하고 돕는다. (EBT)

(EBT) 15. 섭식장애를 유발하는 자기언어와 신념을 확인하고 도전하며 대체한다. (15, 23, 24)

15. 클라이언트가 음식물 섭취와 생각, 감정을 스스로 모니터하고 기록하도록 과제를 부여하고(Jongsma의 Adult Psychotherapy Homework Planner 2판에서 A Reality Journal: Food, Weight, Thoughts, and Feelings 또는 Beck, Rush, Shaw와 Emery의 Cognitive Therapy of Depression에서 Daily Record of Dysfunctional Thoughts부분을 참고), 클라이언트의 부적응적 사고와 행동패턴을 지적하며, 적응적인 대안으로 대체하도록 그 일지를 가지고 상담을 진행한다. (EBT)

23. 클라이언트가 부적응적 식사습관과 체중조절 행동을 일으키는 자신의 자동적 사고, 가정들, 수반되는 감정과 행동(예 ; 잘못된 자아상, 왜곡된 신체상, 완벽주의, 실패나 거절에 대한 두려움, 성적인 것에 대한 두려움)에 대해 인식할 수 있도록 돕는다. (EBT)

24. 클라이언트가 가설 또는 예측에 불과한 자동적 사고와 보다 적응적이고

현실에 기반을 둔 대안적 가설 또는 예측을 비교 확인하는 "행동주의적 실험"을 실시하고, 두 가지 모두를 연습과제를 통해서 검증한다.

16. 부적응적 체중조절 충동을 조절하는 기술을 익히기 위한 노출연습에 참여한다. (25)

25. 클라이언트의 고위험 상황(예 ; 속 비우기, 과도한 운동)에 대한 심상노출과 의식적 예방법을 실시한다. 클라이언트가 성공을 경험할 가능성이 높은 것에 먼저 노출되도록 선택하며, 그 상담 회기동안 계획을 세우고 예행연습을 한다. 노출 중과 후에 인지적 재구조화를 실시하고 클라이언트와 함께 상담에 대해서 검토한다(예 ; 구토해버리고 싶은 충동을 억제하면서 고칼로리 음식을 섭취하는 노출을 실시한다).

17. 행동주의적 실험과 노출 연습에 대한 과제를 수행한다. (26)

26. 클라이언트에게, 상담 중에 배운 행동주의실험이나 노출연습을 상담이 끝난 후 일상생활에서 반복하고 그것이 어떠했는지 기록하도록 과제를 부여한다. 수행한 과제를 검토하고 인지 재구조화를 실시하여 성공을 강화하며, 향상을 위한 피드백을 제공한다.

18. 과거와 현재에 자신의 삶에서 중요한 사람에 대하여 이야기하고 그 특징, 장·단점, 그 사람과의 관계에 대해서 설명한다. (27)

27. 클라이언트의 과거와 현재의 중요한 인간관계를 알아보는 대인관계척도를 사용한 검사를 실시하고, 섭식장애에 영향을 줄 수 있는 요소(예 ; 대인관계 갈등, 역할 전이, 대인관계

결핍)가 무엇인지 사정하면서 대인관계 치료를 실시한다.

19. 대인관계 문제를 해결하기 위해서 문제해결이나 갈등해결기술을 배우고 적용한다. (28, 29, 30)

28. 클라이언트에게 갈등해결기술(예 ; 공감, 적극적 경청, “나 메시지”, 존중적 의사소통, 공격적이지 않은 자기주장, 협상)을 가르치고, 몇 가지 현재의 갈등을 해결할 수 있도록 모델링, 역할극, 행동예행연습을 실시한다.

29. 재보증, 지지, 갈등을 유발하는 인지적 정서적 촉발요인의 명확화와 적극적 문제해결기술 등을 사용해서 클라이언트가 대인관계 문제를 해결하도록 돕는다.

30. 클라이언트가 대인관계에서의 갈등을 해결하도록 돕기 위한 연합상담을 실시한다.

20. 가능한 미래의 불안증상을 조절하기 위한 재발예방전략을 적용한다. (31, 32, 33, 34)

31. 클라이언트에게 문제의 발생이란 처음 문제가 생긴 것과 고통스러운 상태나 충동 또는 회피상태로 돌아가려는 반작용을 말하는 것이며, 재발은 부적응적인 사고와 행동(예 ; 불안을 느끼는 것, 폭식 후 속을 비우기)의 악순환을 지속하려고 결심하는 것이라고 설명한다. 문제의 발생과 재발의 구별에 대해서 이야기한다.

32. 재발이 일어날 수 있는 미래의 상황이나 환경을 클라이언트와 확인하고, 어떻게 대처할 것인지 예행연습한다.

21. 체중이나 외모가 아닌 성격, 특성, 대인관계, 내재적 가치에 기반을 둔 긍정적인 자아정체감에 대해서 이야기한다. (35)

22. 섭식장애 그룹에 참가한다. (36)

___. ________________________________

____

___. ________________________________

____

___. ________________________________

____

33. 클라이언트가 치료과정에서 배운 전략(예 ; 이전의 내적 외적 문제발생의 신호에 대한 지속적인 노출)을 일상적으로 사용하도록 지도하고 재발을 예방한다.

34. 치료를 통해서 배운 것을 잊어버리지 않고, 섭식장애에서 벗어난 삶에 적응하도록 클라이언트를 돕는 유지 상담을 정기적으로 계획한다.

35. 클라이언트가 자신의 재능, 성취, 긍정적 특징, 다른 사람에게 얼마나 중요한 사람인지, 내재적 · 영적 가치를 검토하면서 신체상에서 벗어난 자기가치를 확인하도록 돕는다.

36. 클라이언트를 섭식장애 지지그룹에 의뢰한다.

___. ________________________________

____

___. ________________________________

____

___. ________________________________

____

가능한 진단명과 코드

축 1:	307.1	거식증
	307.51	폭식증
	307.50	미분류 섭식장애
	_______	___________________________
	_______	___________________________
축 2:	301.6	의존성 성격장애
	799.9	진단 보류
	V71.09	진단 없음
	_______	___________________________
	_______	___________________________

15 학습결핍(Educational Deficits)

행동적 정의

1. 고등학교 졸업장이나 검정고시 합격에 준하는 자격을 얻지 못함.
2. 눈에 띄는 업무수행능력 미달과 직업훈련의 부족
3. 기능상 문맹
4. 학교나 다른 학습 환경에서 행동에 상관없는 어려움을 겪은 과거력

___. ______________________________

____

___. ______________________________

____

___. ______________________________

____

장기목표

1. 고등학교를 졸업하거나 고등학교 졸업자격을 획득하기 위한 검정고시 합격의 필요성을 인식하고, 필요한 학습과정에 재등록한다.
2. 눈에 띄는 업무기술을 익히기 위해 직업훈련을 받는다.
3. 읽고 쓰는 능력을 증진한다.
4. 고등학교 졸업장이나 고등학교 졸업자격 검정고시 합격증을 취득한다.
5. 학습장애가 있는지 확인하고, 그것을 극복하기 위한 기술을 개발한다.

___: ____

____

___: ____

____

___: ____

____

단기 세부목표	치료적 개입
1. 공부를 그만두게 된 이유가 무엇인지 확인한다. (1, 2)	1. 클라이언트의 공부에 대한 태도와 가족, 친구, 학교에서의 경험 등 공부를 그만두게 된 경위를 알아본다. 2. 클라이언트에게 구체적으로 과목별(예; 읽기, 수학)로 어떤 어려움을 겪었는지, 또 가족들의 학습경험은 어떠했는지 등의 학습과 관련된 과거력을 수집한다.
2. 고등학교 졸업장이나 검정고시의 필요성을 말로 표현한다. (3, 4, 5, 6)	3. 클라이언트가 더 공부를 할 필요가 있다는 사실에 직면기법을 사용한다. 4. 클라이언트가 고등학교를 졸업하지 못한 것이 자신의 삶에 어떠한 부정적인 영향을 주고 있는지에 대한 목록을 작성하도록 돕는다. 5. 클라이언트가 다시 공부를 할 수 있도록 지지하고 지도한다. 6. 교육이 주는 사회적, 금전적 이득과 자존감 향상에 대해서 설명하면서 클라이언트가 학교나 직업교육을 받을 수 있도록 강화하고 격려한다.

3. 학습 스타일과 특정한 학습장애 유무를 확인하기 위한 사정을 수행한다. (7)	7. 클라이언트의 학습 스타일, 인지적 장점, 학습장애 유무를 알아보기 위한 검사를 실시하거나 전문가에게 의뢰한다.
4. 학습에 방해가 될 수 있는 주의력 결핍장애(ADD)증상이 있는지 심리학적 검사를 받는다. (8)	8. 클라이언트가 ADD(이 책의 ADD부분 참고)에 대한 심리검사를 받도록 의뢰한다.
5. 정신과 약물복용의 필요성에 대한 검진을 받는다. (9, 10, 11)	9. 클라이언트가 ADD 치료를 위해서 약물복용이 필요한지 검진을 받도록 의뢰한다. 10. 클라이언트가 약물을 처방대로 복용하도록 하고, 효과와 부작용이 있으면 보고한다. 11. 클라이언트가 약물을 처방대로 복용하는지, 효과와 부작용이 있는지 모니터한다.
6. 검사결과 후의 전문가들의 조언을 잘 따른다. (12)	12. 클라이언트가 교육적, 심리적, 의료적 검사결과 후 전문가들의 조언을 잘 따르도록 격려한다.
7. 부모, 교사, 친구들과의 부정적이고 비난적인 학습 경험과 관련된 사실과 감정을 확인한다. (13, 14)	13. 클라이언트에게 공부할 때 교사, 부모, 친구들로부터 받은 부정적인 메시지의 목록을 작성하도록 요구하여 그 목록을 가지고 상담을 진행한다. 14. 읽기 능력, 성적 또는 직업기술의 부족에 관한 수치심이나 당혹스러움을 표현하도록 돕는다.
8. 공부하는 것에 대한 불안과 부정적인 경향을 감소시키고, 그것을 말로 표현한다. (15, 16)	15. 클라이언트가 자신의 교육수준을 높이기 위해서 노력하도록 격려하고 잘 할 수 있다는 확신을 준다.

16. 클라이언트가 공부에 대한 두려움과 불안에 대처할 수 있는 전략(예 ; 깊은 호흡기법, 근육이완기술, 긍정적인 자기언어)을 개발하도록 돕는다.

9. 자신의 학습 관련 장점과 동기를 확인한다. (17)

17. 클라이언트가 자신의 현실적인 학습 관련 장점과 동기를 확인하도록 돕는다.

10. 교육기회에 대한 긍정적인 자기언어를 사용한다. (18)

18. 클라이언트의 시험결과에 대한 부정적인 자기언어나 간과해 온 성취에 대해서 재구성하여 이야기해 준다.

11. 읽기 능력을 증진하기 위한 부수적 교육을 받는다. (19, 20)

19. 클라이언트의 읽기 능력을 사정한다.

20. 클라이언트가 읽기 학습에 필요한 자원을 얻을 수 있도록 의뢰하고 모니터하며, 교육을 잘 따라가도록 격려한다.

12. 학교에 다시 다니거나 직업훈련을 받기로 결심하고 이야기한다. (21)

21. 클라이언트가 학교에 다시 다니거나 직업훈련을 받기로 결심하도록 독려한다.

13. 고등학교과정이나 검정고시 또는 직업훈련과정에 등록하기 위한 절차를 밟는다. (22, 23)

22. 클라이언트에게 성인교육이나 검정고시, 고등학교과정이나 직업훈련을 받을 수 있는 지역사회의 정보를 제공한다.

23. 클라이언트에게 교육이나 직업훈련을 받을 수 있는 기관에 가서 알아보고, 어떠했는지 보고하도록 과제를 부여한다.

14. 수업에 잘 참석하며 과정을 수료한다. (24)

24. 클라이언트가 학교나 직업훈련과정에 잘 출석하는지 모니터하고 지지한다.

___: ______________________________ ___: ______________________________

______________________________ ______________________________

___: ______________________________ ___: ______________________________

______________________________ ______________________________

___: ______________________________ ___: ______________________________

______________________________ ______________________________

가능한 진단명과 코드

축 1:

V62.3	교육관련 문제
V62.2	직업관련 문제
315.2	쓰기 장애
315.00	읽기 장애
______	______________________________
______	______________________________

축 2:

V62.89	경계선 지능
317	경도 정신지체
______	______________________________
______	______________________________

16 가족 갈등(Family Conflict)

행동적 정의

1. 부모 또는 형제자매와의 계속되거나 빈번한 갈등
2. 가족 구성원들이 서로 거의 또는 전혀 접촉하지 않아서 가족이 서로에게 긍정적인 영향을 주거나 지지자가 되지 못함.
3. 부모가 지나치게 간섭한다고 느낄 정도의 지나친 의존성을 조장하는 양육방식으로 인해 지속적으로 부모와의 갈등이 있음.
4. 부모와 계속 동거하며 짧은 기간 외에는 독립해서 살아갈 수 없음.
5. 부모와의 대화가 오랜 기간 없으며, 자신을 "천덕꾸러기"로 표현함.
6. 부부가 모두 재혼이며, 두 사람 모두 이전의 결혼관계에서 태어난 자녀를 데리고 결혼한 재혼가정

___: ______________________________

____

___: ______________________________

____

___: ______________________________

____

장기목표

1. 가족이나 원가족과의 갈등을 해결하고, 그러한 갈등이 현재의 삶에 미치는 영향에 대해서 이해하여 거절에 대한 두려움, 낮은 자존감, 반항적 태도 등의 문제

를 해결한다.

2. 독립적으로 살아갈 수 있도록 적절한 방법으로 부모로부터의 독립절차를 밟기 시작한다.
3. 과거 부모와의 갈등을 마음속에서 던져버리거나 해결하기 시작하면서 현재 부모와의 갈등 수준을 낮춘다.
4. 가족들이 서로 지지하고 도우며 서로에게 관심을 갖는 적절한 수준의 가족 유대관계와 조화를 이룬다.
5. 기능적이고 서로 연합된 재결합 또는 혼합가족을 이룬다.

___. ______________________________

____

___. ______________________________

____

___. ______________________________

____

단기 세부목표

1. 자신과 부모사이의 갈등과 그 원인을 설명한다. (1, 2)
2. 서로의 생각과 감정을 통제하여 상호적이며 존중적인 의사소통을 통해서 나누고 이해하는 것에 초점을 두는 가족치료에 참여한다. (3, 4)

치료적 개입

1. 클라이언트에게 가족들로부터의 자율성을 구하고, 그것에 대한 감정과 생각, 그리고 전망에 대해서 이야기하도록 돕는다.
2. 클라이언트의 가족 갈등의 특성과 그들이 생각하는 원인에 대해서 탐구한다.
3. 클라이언트와 그 부모와 함께 건강한 대화, 갈등해결 그리고 자녀의 독립과정을 촉진하는 가족치료를 실시한다.
4. 가족들에게, 가족관계에서 변화에 대한 저항이 큰 경우가 일반적이며 그러한 변화를 위해서는 모든 가족들의

협조와 노력이 필요하다는 사실을 가르친다.

3. 가족 갈등에 자신과 다른 가족들이 어떤 역할을 하고 있는지 확인한다. (5, 6)

5. 클라이언트가 가족 갈등에 대한 자신의 역할에 대해 책임을 감당하려고 하지 않는 경우에 직면하고, 클라이언트가 가족 갈등에 자신도 일정부분 역할을 하고 있음을 인정하도록 한다.
6. 클라이언트에게 가족 갈등을 해결하는 것에 관련된 자료를 읽도록 하고, 갈등해결을 위해서 배운 것을 적용하도록 격려하며 모니터한다.

4. 가족들이 가족역동성과 역할, 그리고 서로에 대한 기대에 대해 생각과 감정을 보다 개방적으로 나눈다. (7, 8)

7. 가족과 함께 가족 내의 상호작용, 규칙 그리고 비밀의 양상을 알기 위한 가계도를 그려보는 가족 상담을 진행한다.
8. 가족 각자가 그들의 가족이 보다 기능적인 가족이 되는 것에 관한 관심과 기대를 표현하도록 돕는다.

5. 약물의존이 가족 갈등의 촉발요인으로 작용하고 있다는 사실을 확인한다. (9)

9. 클라이언트나 가족 중 한 사람이 약물에 의존되어 있는지 사정하고, 만일 그렇다면 약물의존 치료를 받을 필요가 있다는 사실을 강조하여 이 점에 초점을 둔다(이 책의 약물의존과 재발 부분을 참고).

6. 물질남용이나 재발을 일으키는 데에 가족관계에서의 스트레스가 영향을 미치고 있다는 사실을 이해하고 설명한다. (10, 11)

10. 클라이언트가 가족 갈등이 약물의존을 재발시키는 촉발요인이라는 것을 이해하도록 돕는다.
11. 클라이언트가 약물의존에 미치는 가족의 영향에 대한 자료(예 ; Black의

It Will Never Happen to Me, Bradshaw의 On the Family)를 읽도록 하고, 읽고 난 후 촉발요인이 되는 핵심적 가족문제를 가지고 상담을 진행한다.

7. 가족활동을 계획하여 긍정적인 가족 간의 상호작용을 증진한다. (12, 13, 14)

12. 클라이언트의 가족을, 서로 좋은 관계를 갖고 사이좋게 지낼 수 있는 기술과 확신을 증진하는 주말 교육센터에 의뢰한다.
13. 부모에게 긍정적인 자녀양육 방법에 대한 자료를 읽도록 한다(예 ; Glenn and Nelsen의 Raising Self-Reliant Children이나 Ginott의 Between Parent and Teenager).
14. 가족사이의 조화를 이루기 위한 긍정적인 가족 활동의 목록을 작성하도록 클라이언트를 돕는다.

8. 두 사람의 부모 모두, 자신이 가정과 자녀양육에 어떻게 참여하고 있는지 보고한다. (15, 16)

15. 부모 각자가 자녀양육에 어떤 역할을 하고 있으며, 자녀양육에 관한 견해가 어떤지 이야기하도록 한다.
16. 자녀양육에 관한 자료를 읽고, 가족치료 상담 중에 그 내용을 가지고 상담을 진행한다(Friedman의 Friedman's Fables참고).

9. 자녀양육팀으로서 부모의 기능이 강화될 수 있는 방법을 확인한다. (17, 18, 19, 20)

17. 부모가 그들이 "자녀양육을 위한 팀"으로서 강화될 필요가 있는 부분을 확인하고, 그 점을 강화할 수 있도록 돕는다.
18. 부모를 자녀를 더 잘 이해하고 양육

기술을 증진할 수 있는 부모교실에 의뢰한다.

19. 부모가 지지를 받고 그들의 상황에 대한 피드백을 받을 수 있는 부모지지그룹에 참석하도록 돕는다.

20. 부모가 자녀의 일탈적이고 반항적인 행동을 이해하고 다룰 수 있도록 교육을 실시한다(Barkley의 Defiant Children참고).

10. 부모와 자녀사이 또는 자녀들 간의 갈등적 상호작용의 빈도를 줄이고, 그것을 부모가 보고한다. (13, 21, 22)

13. 부모에게 긍정적인 자녀양육 방법에 대한 자료를 읽도록 한다(예 ; Glenn and Nelsen의 Raising Self-Reliant Children이나 Ginott의 Between Parent and Teenager).

21. 부모에게 형제자매간의 갈등을 줄이는 것에 대한 자료(예 ; Faber와 Mazlish의 Siblings Without Rivalry)를 읽도록 과제를 부여하고, 핵심 개념을 가지고 상담을 진행하며, 배운 것을 그들의 자녀에게 적용하도록 격려한다.

22. 부모가 어린 자녀들을 구조화된 방식으로 훈육하는 법을 가르치고(Phelan의 1-2-3 Magic과 Cline과 Fay의 Parenting with Love and Logic참고) 모니터하며, 그들이 잘 적용할 수 있도록 필요할 때마다 다시 지도한다.

11. 공격적이고 방어적이지 않으며 침착하고 단호하게 이야기하여 부모

23. 클라이언트가 부모와의 갈등을 자기주장기술을 사용해서 해결할 수 있

와 자녀사이의 갈등을 해결하는 빈도를 늘이고 그것을 보고한다. (23)

도록 역할극, 역할연습, 모델링, 행동 예행연습 등을 사용하여 가르친다.

12. 부모는 가족이 보다 구조화되도록 한다. (24, 25)

24. 부모는 가족이 보다 구조화되고 연대감을 증진시킬 수 있게 가족들이 정기적으로 함께 하는 시간을 만들도록 돕는다(예 ; 저녁식사 시간, 자기 전 책읽기, 주별 가족활동 등).
25. 함께 식사하는 시간 정하기, 손님의 수 제한하기, 소등시간 정하기, 전화 금지시간 정하기, 귀가시간 정하기 "가족모임"시간 정하기, 등을 통해서 부모가 가족 내에 보다 많은 구조화가 이루어질 수 있도록 돕는다.

13. 가족 각자가 자신의 가족을 나타내는 그림을 그리거나 사진을 가지고 가족 내에서 자신의 역할을 설명한다. (26, 27)

26. 가족 모두가 가족 관계 속에서 자신을 설명하는 그림을 그려 와서 가족상담을 진행하고, 각자에게 그들이 그려온 그림을 설명하게 한 뒤 그 그림을 앨범에 넣어서 보관하도록 요청한다.
27. 가족에게 잡지를 오려서 그들의 눈에 비치는 가족을 묘사하는 콜라주를 만들도록 요청하거나, 가족의 연합을 상징하는 문장이나 깃발을 만들도록 요청한다.

14. 가족 구성원들이 새로운 가족 간의 유대감 형성에 대한 소망과 비전을 이야기한다. (28, 29, 30)

28. 가족상담 중에 가족들에게 야외활동이나 나들이를 계획해서 가도록 과제를 부여하고, 그 다음 상담시간에 그 경험이 어떠했는지 적절히 긍정적인

강화를 하면서 상담을 진행한다.

29. 모든 새로운 가족 구성원들과 상담을 실시하여 양쪽 가족들 모두의 과거력을 수집하면서 가계도를 작성하고, 새로운 가족이 어떻게 연합될 수 있는지 눈으로 볼 수 있도록 한다.
30. 가족치료 관련 서적을 읽도록 부모에게 과제를 부여하고, 가족상담 중에 느낀 점을 보고하도록 한다(Fassler, Lash, Ives의 Changing Families참고).

15. 가족들의 의존성을 강화하는 요소를 확인하고 그것을 극복하기 위한 방법을 찾는다. (31, 32)

31. 클라이언트의 부모에 대한 의존성을 조장하는 각 요소들에 대해서, 의존 정도를 줄일 수 있는 건설적인 계획을 수립한다.
32. 클라이언트에게 자신이 부모에게 의존하는 방식의 목록을 작성하도록 요구한다.

16. 직업을 구하고 유지하는 것, 돈을 저축하는 것, 친구와 함께 하는 것, 분가하는 것 등과 같은 가족들의 독립수준을 증진한다. (33, 34, 35)

33. 부모와 함께 계속 살아가도록 하는 클라이언트의 정서적인 의존성과 경제적인 책임회피에 직면한다.
34. 자유롭게 되는 것에 대한 클라이언트의 두려움을 탐구한다.
35. 가능하다면 클라이언트가 부모들의 축복을 받으면서 부모로부터 건강하고 책임성 있는 자유를 획득할 계획을 수립하도록 돕는다.

__: ______________________ __: ______________________

______________________ ______________________

__: ______________________ __: ______________________

______________________ ______________________

__: ______________________ __: ______________________

______________________ ______________________

가능한 진단명과 코드

축 1:

300.4 기분부전 장애
300.00 미분류 불안 장애
312.34 간헐적 폭발적 행동장애
303.90 알코올 의존
304.20 코카인 의존
304.80 복합물질 의존
______ ______________________
______ ______________________

축 2:

301.7 반사회적 성격장애
301.6 의존성 성격장애
301.83 경계선 성격장애
301.9 미분류 성격장애
______ ______________________
______ ______________________

17 여성의 성적 역기능 (Female Sexual Dysfunction)

행동적 정의

1. 성관계의 즐거움에 대한 기대 또는 욕구가 지속적으로 매우 낮거나 전혀 없다고 이야기 함.
2. 상호 배려하며 존중하는 관계인 경우에도 성적인 접촉을 강하게 회피하거나 거부함.
3. 성적 흥분과 반응에 대한 정상적인 심리적 반응의 부족을 반복적으로 경험함.
4. 성관계 동안에 주관적인 즐거움이나 기쁨을 느끼지 못하는 상태가 지속된다고 보고함.
5. 친절한 파트너와 흥분 단계에 도달한 후이며 주관적인 성적 즐거움을 느끼는데에도 불구하고 오르가즘에 도달하는 것이 지속적으로 지체되거나 경험하지 못함.
6. 성관계 전이나 성관계를 하는 동안, 혹은 성관계 이후에 생식기에 고통을 경험한다고 설명함.
7. 성관계를 가로막는 비자발적인 질의 경련을 지속적 또는 반복적으로 경험한다고 보고함.

___. ______________________________

____

___. ______________________________

____

___. ______________________________

____

장기목표

1. 성관계의 욕구와 즐거움을 증진한다.
2. 성관계 동안 심리적인 흥분반응이 발생하고 유지된다.
3. 적절한 시간, 강도 그리고 성적자극에 대한 초점이 있는 오르가즘에 도달한다.
4. 성관계를 하는 동안과 성관계 전후에 고통을 경험하지 않고 주관적인 즐거움을 느낀다.
5. 성관계를 가로막는 질의 경련을 경험하지 않고 느긋하게 성관계를 즐길 수 있다.

__. ______________________________

____

__. ______________________________

____

__. ______________________________

____

단기 세부목표

1. 성적 태도, 감정, 행동에 영향을 주어온 현재의 문제와, 과거의 경험을 탐구하는 세부적인 성문제에 대한 과거력을 이야기한다. (1, 2, 3)

치료적 개입

1. 클라이언트의 아동기와 청소년기의 성적 경험의 수준과 성지식의 원천, 성관계의 형태와 빈도, 병력, 약물과 알코올 사용, 생활스타일적 요소들뿐 아니라 현재 성인기의 성적 기증을 알아보는 구체적인 성문제의 과거력을 조사한다.
2. 클라이언트의 성에 대한 태도와 지식의 정도, 정서적 반응, 역기능에 영향을 주는 자기언어를 사정한다.
3. 클라이언트의 역기능에 영향을 줄 수 있는 요소로 클라이언트의 원가족을 탐구한다.

2. 우울증이 있는지 그리고 그 원인은 무엇인지 이야기한다. (4)

3. 성적인 문제를 일으킬 수 있는 우울증 치료에 참여한다. (5)

4. 약물남용에 대해서 정직하게 보고하고 치료자와 협조하여 치료를 받는다. (6)

5. 갈등, 충족되지 못한 욕구, 분노들을 포함하는 인간관계의 질적인 면에 대해서 정직하고 개방적으로 이야기한다. (7)

6. 성적인 문제를 해결하기 위해서 커플상담에 참여한다. (8)

7. 전문의의 검진을 받고 그 결과를 가지고 상담자와 논의한다. (9)

4. 클라이언트의 성적 역기능에 원인이 될 수 있는 우울증이 있는지 사정하고, 만일 우울증이 있다면 우울증을 치료한다(이 책의 우울증 부분을 참고).

5. 클라이언트가 우울증을 완화할 수 있는 항우울제를 처방받도록 의뢰한다.

6. 클라이언트의 향정신성 약물의 사용이나 남용이 성적기능에 미치는 영향을 탐구하고 약물남용 치료를 위한 상담에 의뢰한다.

7. 성적인 문제나 보다 넓은 범위의 두 사람의 관계에서 서로에 대한 만족, 불만, 매력, 의사소통, 레퍼토리(reper-toire) 등의 두 사람의 관계의 질을 사정한다(또는 Jongsma의 Adult Psy-chotherapy Homework Planner 2판에서 Positive and Negative Con-tributions to the Relationship부분을 과제로 부여한다).

8. 만일 문제가 성적 역기능 이상의 것이라면 커플 상담의 맥락에서 성문제 상담을 진행한다(이 책의 친밀한 관계에서의 갈등 부분을 참고).

9. 클라이언트가 성적 역기능에 대한 신체적 문제가 있는지 확인하기 위해 검진을 받도록 전문의에게 의뢰한다(예; 혈관, 내분비계, 약물 등의 문제).

10. 클라이언트가 성적 역기능을 일으킬

8. 성적 문제를 일으킬 수 있는 신체적 문제를 치료하기 위해서 의사의 지시에 잘 따른다. (10)

수 있는 신체적 문제의 치료와 약물의 사용에 대한 전문의의 조언을 잘 따르도록 격려한다.

9. 성적 역기능을 일으키는 신체 질병이나 약물의 역할을 이해하고 말로 표현한다. (11)

10. 혼자 그리고 파트너와 함께 자위행위와 감각연습을 지침대로 시행하고 그것을 통해서 느낀 점을 이야기한다. (12, 13)

11. 클라이언트의 성적 기능에 신체적 질병이나 약물 사용이 어떠한 영향을 줄 수 있는지에 대해서 설명한다.

12. 클라이언트의 성에 대한 억제와 혐오감을 감소할 수 있는 신체 탐구와 민감성 훈련을 위한 연습을 과제로 부여한다.

13. 클라이언트에게 홍분을 최고조에 달하게 할 수 있도록 고안된 자위연습을 가르치고 파트너와 성적 즐거움을 점진적으로 연습하며, 신체적 흥분을 경험할 수 있는 과제를 부여한다(또는 Jongsma의 Adult Psychotherapy Homework Planner 2판에서 Journaling the Response to Nondemand, Sexual Pleasuring [Sensate Focus]부분을 과제로 부여한다).

11. 파트너와의 점진적 자기조절 질 내 삽입의 진전에 대해서 보고한다. (12, 14, 15)

12. 클라이언트의 성에 대한 억제와 혐오감을 감소시킬 수 있는 신체 탐구와 민감성 훈련을 위한 연습을 과제로 부여한다.

14. 클라이언트에게 성관계에서 이완과 성공을 돕는 자위와 도구의 사용에 대해서 교육한다.

12. 파트너와 또는 파트너의 참석이 어려우면 개별적으로 섹스치료에 참여한다. (16)

13. 성기능에 대한 자유로운 분위기에서의 학습과 정확한 정보를 통해서 정확한 성지식을 갖고 건강한 방식으로 성을 수용한다. (17, 18)

14. 종교적 교육, 성에 관한 부정적인 생각, 감정, 행동 등에 관해서 성장하면서 가족들로부터 어떻게 배우고 이해해 왔는지 설명한다. (19, 20, 21)

15. 클라이언트가 조절할 수 있는 수준의 성적 자극과 점진적인 질 내 삽입을 위한 연습방법을 클라이언트의 파트너에게 교육한다.

16. 커플 섹스치료나 파트너가 참여하기 어려운 경우에는 개별적인 치료를 받도록 돕는다.

17. 클라이언트의 성기능과 관련된 신체 부분과 성적 생각, 감정, 태도 그리고 행동에 대해서 자유롭고 존중적인 방식으로 이야기하도록 커플의 억제된 태도를 완화하고 교육하며 격려한다.

18. 클라이언트가 자신의 성에 관한 생각과 감정, 그리고 행동에 대해서 자유롭고 정확한 지식에 근거하여 긍정적으로 이야기 할 수 있도록 강화한다.

19. 클라이언트의 성에 대한 부정적인 태도에 클라이언트의 원가족이 어떤 영향을 주었는지 탐구하고 변화를 위한 상담을 실시한다.

20. 종교적 교육이 클라이언트의 성적 행동과 생각에 대한 죄책감, 수치심을 갖도록 영향을 미쳤는지 탐구하고 변화를 위한 상담을 실시한다. 이해하고 다룰 수 있도록 교육을 실시한다.

21. 현재 성인기의 성적 역기능에 영향을 미친 어린 시절의 부정적인 성적 태도와 경험에 대한 통찰력을 강화하도

록 클라이언트를 돕고, 이로 인한 부정적인 태도와 경험을 과거로 돌리며, 또한 그러한 영향으로부터 자유로워지기를 결심하도록 돕는다.

15. 성적 외상이나 학대의 경험에 대한 감정을 해소하고 말로 표현한다. (22, 23)

22. 클라이언트의 성적 외상이나 학대 경험을 탐구한다.

23. 성적인 영역에서 클라이언트의 감정적 외상에 관련된 클라이언트의 여러 감정을 다루는 상담을 진행한다 (이 책의 성적 학대부분을 참조).

16. 어린 시절 성역할 모델의 영향에 대해서 이야기한다. (24)

24. 클라이언트가 어린 시절이나 청소년기에 성역할에 대해서 어떠한 경험을 했는지, 그리고 어떻게 그것이 클라이언트의 태도와 행동에 영향을 미쳤는지 탐구한다.

17. 이전의 친밀한 관계에서의 실패의 경험과 현재의 두려움사이의 연관성에 대해서 이야기한다. (25)

25. 친밀한 관계에 대한 클라이언트의 두려움과 친밀한 관계에서 거듭되는 실패를 경험했는지에 대해서 탐구한다.

18. 비밀스러운 관계에 대한 감정과, 둘 중 한 가지 관계를 정리하기로 결심하는 것에 관한 감정을 이야기한다. (26, 27)

26. 클라이언트의 파트너와의 성적 역기능에 영향을 줄 수 있는 비밀스러운 다른 성관계가 있는지 탐구한다.

27. 파트너에 대한 부정과, 불성실에 대한 내적 갈등을 일으키는 이중관계를 정리하는 결심을 하도록 상담을 진행한다.

19. 만일 현재 동성연애의 감정을 갖고 있다면 그 문제를 개방적으로 인정하고 이야기한다. (28)

28. 클라이언트의 이성에 대한 흥미부족의 원인이 될 수 있는 동성에 대한 클라이언트의 관심에 대해서 탐구한다.

20. 새로운 방식으로 성관계에 대해서

29. 갈등해결, 감정 표현, 성교육에 초점

접근할 의지를 표현한다. (29, 30)

을 둔 클라이언트와 파트너의 연합 상담을 실시한다.

30. 클라이언트에게 정확한 성지식을 제공하며, 성에 대한 억제된 태도를 해소하고, 민감성을 기를 수 있도록 하는 책을 읽도록 과제를 부여한다(예; McCarthy와 McCarthy의 Sexual Awareness, Penner와 Penner의 The Gift of Sex, Barbach의 For Yourself: The Fulfillment of Female Sexuality).

21. 성적 흥분에 긍정적인 영향을 줄 수 있는 분위기, 시간, 장소 등에 대한 목록을 작성한다. (31)

31. 커플에게 성적 흥분에 긍정적 영향을 줄 수 있는 조건과 요소들에 대한 목록을 작성하도록 과제를 부여하고, 그 목록을 가지고 상담을 진행한다.

22. 성관계 중에 부정적인 감정반응을 일으킬 수 있는 부정적인 인지메시지를 확인하고 대체한다. (32, 33)

32. 성관계 전후나 중에 두려움, 수치심, 분노, 애도와 같이 클라이언트에게 부정적인 감정을 일으킬 수 있는 자동적 사고를 탐구한다.

33. 클라이언트가 즐거움, 이완, 탈 억제될 수 있도록 건강한 대안적 사고를 갖도록 교육한다.

23. 성기능에 장애가 되는 낮은 자존감에 대해서 이야기하고, 긍정적인 자기 이미지를 말로 표현한다. (34)

34. 클라이언트가 성적으로 회피하게 하는, 성적 파트너로서의 부적절할 것이라는 클라이언트의 두려움에 대해서 탐구한다.

24. 파트너가 성적으로 너무 공격적이거나 너무 비판적이라는 인식에 기초한, 파트너에 대한 위협적인

35. 클라이언트가 자신의 파트너가 성적으로 너무 공격적이라고 받아들이기 때문에 위협적인 느낌을 받고 있는

느낌을 파트너에게 이야기한다. (35)

지 탐구한다.

25. 긍정적인 신체상을 말로 표현한다. (36, 37)

36. 클라이언트가 자신이 가진 신체의 장점에 대한 목록을 만들도록 과제를 부여하고, 비현실적인 왜곡과 지나치게 비판적인 의견에 직면한다.

37. 부정적인 생각에 초점을 두면서 클라이언트 자신의 신체상에 대한 감정을 탐구한다.

26. 즐거움과 만족을 증진시킬 수 있는 새로운 성관계 자세와 세팅을 실행한다. (30, 38)

30. 클라이언트에게 정확한 성지식을 제공하고, 성에 대한 억제된 태도를 해소하며, 민감성을 기를 수 있게 하는 책을 읽도록 과제를 부여한다(예 ; McCarthy와 McCarthy의 Sexual Awareness, Penner와 Penner의 The Gift of Sex, Barbach의 For Yourself: The Fulfillment of Female Sexuality).

38. 클라이언트의 안정감과 흥분, 만족도를 높일 수 있는 세팅과 성교자세를 실험해 보도록 제안한다.

27. 자신의 성적욕구, 감정, 소망을 보다 감각적이고 표현적인 방식으로 파트너와 나눌 수 있도록 자기주장적인 행동을 한다. (39, 40)

39. 파트너와 연습과제를 통해서 덜 억제적이고 위축적인 성적 행동을 할 수 있도록 돕는다.

40. 클라이언트가 파트너와 보다 성적으로 자기 주장적이고 자극적이며 자유로운 역할을 점진적으로 탐구해 보도록 격려한다.

28. 성적 관심이나 행동에 장애가 되

41. 클라이언트의 성적 욕구나 행동을 분

는 갈등을 해결하거나 스트레스를 줄이는 대처전략을 개발한다. (41)

29. 성행동에 대한 욕구의 증진과 즐거움을 말로 표현한다. (38, 40, 42)

산시키는 일, 확대가족, 사회관계 등에서의 스트레스를 탐구한다(이 책의 불안, 가족 갈등, 업무 스트레스 부분을 참고).

38. 클라이언트의 안정감과 흥분, 만족도를 높일 수 있는 세팅과 성교자세를 실험해 보도록 제안한다.
40. 클라이언트가 파트너와 보다 성적으로 자기 주장적이고 자극적이며 자유로운 역할을 점진적으로 탐구해 보도록 격려한다.
42. 성행동에 대한 욕구와 즐거움을 클라이언트가 표현하도록 강화한다.

__. ______________________
____
__. ______________________
____
__. ______________________
____

__. ______________________
____
__. ______________________
____
__. ______________________
____

가능한 진단명과 코드

축 1:	302.71	성욕감퇴장애
	302.79	성혐오장애
	302.72	여성 성흥분장애
	302.73	여성 절정감장애
	302.76	성교불쾌증
	306.51	질경련
	995.53	아동 성학대, 피해자
	625.8	축 3의 장애로 인한 여성 성욕감퇴장애
	625.0	축 3의 장애로 인한 여성 성교불쾌증
	302.70	미분류 성적 역기능
	______	______________________________
	______	______________________________

18 경제적 스트레스(Financial Stress)

행동적 정의

1. 매달 낼 수 있는 능력 이상의 채무와 기한이 지난 청구서
2. 실업으로 인한 소득의 상실
3. 고용상태의 변화로 인한 소득감소
4. 금전관리와 필요지출, 저축목표에 대한 배우자와의 갈등
5. 생활비를 감당할 소득이 불충분한 것으로 인한 낮은 자존감과 절망감
6. 과도한 채무의 원인이 된 금전관리에 대한 장기적인 훈련부족
7. 지불능력부족 때문에 청구서를 제때 지불하지 못하여 통제 불능의 위기가 발생함.
8. 월세를 내지 못해서 집에서 쫓겨날 것에 대한 두려움
9. 결과를 생각하지 않는 충동적 소비패턴

___. ____

____

___. ____

____

___. ____

____

장기목표

1. 청구서를 제때 지불할 수 있도록 명확한 수입과 지출 예산을 수립한다.
2. 제때 돈을 지불할 수 있도록 채무자와 재계약함.
3. 돈을 소비해서 무엇을 하고 가질 수 있는 능력과 상관없이, 자신의 가치를 평가하는 새로운 자기가치개념을 정립한다.
4. 과소비를 유발하는 개인적 욕구, 위협, 불안 등을 이해한다.
5. 채무불이행을 직·간접적으로 유발하는 개인적 충동, 갈망, 욕구 등을 조절할 수 있는 내적 역량을 기른다.

___. ______________________________

____

___. ______________________________

____

___. ______________________________

____

단기 세부목표

1. 현재의 재정 상태를 구체적으로 설명한다. (1, 2, 3)

2. 과도한 부채의 내용과 원인을 확인한다. (4)

치료적 개입

1. 죄책감, 수치심, 당혹스러움 등의 감정을 일으킬 수 있는 사실에 대해서 공감적이고 따뜻하며 민감하게 반응하여, 지지적이고 편안함을 느낄 수 있는 환경을 제공한다.
2. 클라이언트의 현재의 재정 상태를 탐구한다.
3. 클라이언트가 부채 목록을 빠뜨림 없이 작성하도록 돕는다.
4. 소비가 어떠했는지 검토하여 클라이언트가 다른 사람을 비난하거나 변명

하지 않고 재정적 위기의 원인을 확인하도록 돕는다.

3. 재정 상태와 관련된 우울증, 절망감 또는 수치심 등의 감정을 말로 표현한다. (5, 6)

5. 재정위기와 관련된 클라이언트의 절망이나 무력감을 탐구한다.
6. 클라이언트가 재정위기로 인해서 얼마나 깊이, 그리고 심각하게 낙심하고 있는지 사정한다.

4. 경제적 스트레스로 인한 자살 충동에 대해서 모두 이야기한다. (6, 7)

6. 클라이언트가 재정위기로 인해서 얼마나 깊이, 그리고 심각하게 낙심하고 있는지 사정한다.
7. 클라이언트의 자살 위험성을 사정하고, 필요한 경우 안전조치를 취한다(이 책의 자살생각 부분을 참고).

5. 돈을 어떻게 써야 할지 통제할 수 있도록 지출의 우선순위를 확인한다. (8, 9)

8. 클라이언트가 돈을 어떻게 써야 할지 방향을 제시해 줄 수 있는, 자신이 생각하는 우선순위 목록을 작성하고 그것을 가지고 상담을 진행한다.
9. 잘못된 소비를 유발한 클라이언트의 소비의 우선순위와 가치를 발견하기 위해서 클라이언트의 과거의 소비력을 검토한다.

6. 원가족의 금전관리패턴과 그것이 자신의 신용위기에 어떻게 영향을 미칠 수 있는지를 설명한다. (10)

10. 클라이언트의 재정적 결정에 미치는 영향에 초점을 두면서 클라이언트의 원가족의 소비, 저축의 패턴을 탐구한다.

7. 원조를 신청하기 위해서 지역기관 담당자를 만난다. (11, 12)

11. 파산 신청, 복지원조 신청 또는 재정상담에 대한 클라이언트의 욕구를 사정한다.
12. 클라이언트가 복지 원조를 구하고 자

존심 상하는 신청과정을 감내할 수 있도록 적절한 교회나 지역사회 자원과 연계한다.

8. 수입과 지출의 균형이 맞는 예산을 수립한다. (13, 14)

13. 재정 계획이 필요한 경우에 클라이언트를 전문 재정 관리자에게 의뢰하거나 현재의 예산과 장기저축과 투자계획을 세울 수 있는 파트너에게 도움을 요청한다.
14. 클라이언트의 예산이 합리적이고 완벽한지 검토한다.

9. 예산수립에 도움을 받기 위해서 신용 상담을 하고, 채무자들과 합리적인 변재계획을 수립하기 위한 계약을 한다. (15, 16)

15. 클라이언트가 채무변재를 위한 예산계획을 수립하도록 비영리 무료 신용상담서비스에 의뢰한다.
16. 클라이언트가 모든 신용상담에 참여하고 예산 내에서 통제된 소비를 훈련할 수 있도록 돕는다.

10. 파산 신청을 결정하는 데에 도움을 받을 수 있는 변호사를 만난다. (11, 17)

11. 파산 신청, 복지원조 신청 또는 재정상담에 대한 클라이언트의 욕구를 사정한다.
17. 파산 신청의 가능성과 방법에 대해서 의논할 수 있도록 변호사에게 클라이언트를 의뢰한다.

11. 무절제한 소비를 하는 개인적 성향이 있는지에 대해서 확인한다. (18, 19)

18. 클라이언트에게 불필요한 과소비를 부추기는 낮은 자존감, 다른 사람들에게 자기를 과시하고자 하는 욕구, 외로움, 우울증과 같은 문제가 있는지 탐구한다.
19. 클라이언트에게 조증상태의 판단력 손상으로 부주의한 소비를 유발하는

양극성 장애의 특징인 심한 기분의 변화가 있는지 사정한다.

12. 경제적 무책임의 원인이 되는 자신이나 가족의 모든 약물남용 문제에 대해서 솔직하게 이야기한다. (20, 21)

20. 클라이언트가 과도한 알코올 사용이나 다른 약물을 사용하고 있는지 약물남용 검사 도구를 사용하여 사정한다.

21. 클라이언트의 가족이나 가까운 사람이 알코올이나 약물을 사용하고 있을 가능성에 대해서 알아본다.

13. 소득수준을 높이기 위한 구직계획을 세우고 이야기한다. (22, 23)

22. 클라이언트의 소득을 고용주로부터 확인하고, 브레인스토밍기법을 사용하여 소득을 높일 수 있는 방법(예 ; 파트타임 일을 한 가지 더 하기, 소득이 더 높은 일을 구하기, 직업훈련 받기)을 구한다.

23. 클라이언트가 구직계획을 세우도록 돕는다.

14. 재정문제에 대해서 평등하고 균형 있게 서로의 의견을 반영하면서 파트너와 함께 재정목표와 예산을 수립한다. (24, 25)

24. 파트너와 클라이언트가 함께 재정계획을 세우도록 격려한다.

25. 클라이언트가 파트너와 타협하고 합리적인 계획에 따라 서로를 존중하면서 금전관리를 할 수 있는 변화를 강화한다.

15. 주간, 월간 가계부를 기록한다. (26, 27)

26. 클라이언트가 주간, 월간 가계부를 기록하도록 격려하고 매주 확인하여 클라이언트가 책임성 있는 결정을 내리도록 강화한다.

27. 클라이언트가 빚을 갚아 나가도록 격려하고 칭찬한다.

16. 불필요하고 감당할 수 있는 충동 구매에 대해서 인지행동전략을 사용한다. (28, 29, 30, 31)	28. 클라이언트가 자기 자신을 훈련할 수 있는 긍정적 자기언어를 강조하면서 정도를 넘는 소비에 대한 내적유혹에 저항하는 역할극을 실시한다. 29. 클라이언트가 적절한 자기주장을 통해서 거절하는 것을 강조하면서 감당할 수 없는 소비를 부추기는 외적 압력(예 ; 친구의 골프초대나 쇼핑제안, 장난감을 사 달라는 자녀의 요구)에 저항하는 역할극을 실시한다. 30. 클라이언트가 소비하기 전 이것을 사는 것이 꼭 필요한지, 가격이 감당할 수 있는 정도인지, 빚을 지지 않고 지불할 수 있는 돈이 있는지를 스스로에게 자문해보는 인지전략을 가르친다. 31. 클라이언트가 돈을 쓰기 전에 24시간 생각해 보거나, 구매목록을 미리 작성해서 목록에 있는 것만 구매하는 방법을 사용해서 충동적 구매를 피하도록 한다.
17. 불필요한 지출의 충동을 성공적으로 통제하고 보고한다. (32, 33)	32. 클라이언트가 과소비 충동을 억제한 모든 경우에 칭찬하고 격려하여 강화한다. 33. 소비를 조절하고 모든 가족이 지속적으로 협조하도록 연합 또는 가족치료 상담을 한다.

___: ________________________
     ____

___: ________________________
     ____

___: ________________________
     ____

___: ________________________
     ____

___: ________________________
     ____

___: ________________________
     ____

가능한 진단명과 코드

축 1:	309.0	우울한 기분을 동반하는 적응장애
	296.4x	제1 양극성 장애, 조증
	296.89	제2 양극성 장애
	296.xx	주요 우울 장애
	______	________________________
	______	________________________
축 2:	301.83	경계선 성격장애
	301.7	반사회적 성격장애
	799.9	진단 보류
	V71.09	진단 없음
	______	________________________
	______	________________________

19 해결되지 않은 애도와 상실 (Grief/Loss Unresolved)

행동적 정의

1. 집중력 저하, 울음 터뜨리기, 미래에 대한 혼란 등을 동반하는 상실감에 빠짐.
2. 우울증과 좌절감을 유발하는 여러 번의 상실경험(예 ; 죽음, 이혼, 실직)
3. 상실에 대해서 언급할 수도 없게 하는 강한 감정반응
4. 상실 후 식욕 상실, 몸무게 감소, 불면증 그리고 다른 우울증 증상들이 발생함.
5. 고인에게 느끼는 죄책감이나 고인의 죽음에 자신도 책임이 있다고 생각하는 비합리적 신념
6. 상실에 대해서 피상적인 수준 이상으로는 더 이상 이야기하기를 회피함.
7. 이사로 인해서 지지 네트워크를 상실함.

___. ______________________________

____

___. ______________________________

____

___. ______________________________

____

장기목표

1. 상실에 대해 건강한 방식의 애도과정을 시작한다.
2. 애도하는 것을 회피하는 것이 어떻게 삶에 영향을 미치고 있는지 인식하고 치유과정을 시작한다.

3. 고인을 완전히 떠나보낸다.
4. 상실을 해결하고 오랜 관계를 개선하며, 새로운 사람들을 만난다.

___. ______________________________

____

___. ______________________________

____

___. ______________________________

____

단기 세부목표

1. 증상을 일으키는 현재의 상실에 대해서 자세히 이야기한다. (1, 2, 3)
2. 상실의 경험에 대해서 더 잘 이해하고 희망을 갖기 위해서 애도를 주제로 하는 책을 읽는다. (4, 5)

치료적 개입

1. 클라이언트가 자신의 생각과 감정을 확인하고 표현할 수 있도록 지속적인 눈 맞춤, 적극적 경청, 무조건적 긍정적 관심, 따뜻한 수용 등을 통한 개별상담으로 적극적으로 신뢰의 수준을 높인다.
2. 클라이언트가 자신이 최근에 겪은 상실에 대해서 자세히 이야기할 수 있도록 공감, 동정, 지지, 격려 등을 사용한다.
3. 클라이언트가 자신의 삶에서 일어난 상실에 대해서 그 상황, 감정, 삶에 미친 영향 등을 자서전식으로 자세히 설명하도록 요청한다.
4. 클라이언트에게 애도와 상실에 대한 책을 읽도록 한다(예 ; Zonnebelt-Smeenge and DeVries의 Getting to the Other Side of Grief: Over-

coming the Loss of a Spouse, Smedes의 How Can It Be All Right When Everything Is All Wrong, Colgrove, Bloomfield, McWilliams의 How to Survive the Loss of a Love, Kushner의 When Bad Things Happen to Good People). 그리고 그 내용으로 상담을 진행한다.

5. 자녀를 잃은 부모에게 상실에 대처하는 법에 대한 책을 읽도록 한다(예 ; Schiff의 The Bereaved Parent). 그리고 책의 핵심내용을 가지고 상담을 진행한다.

3. 애도의 과정에서 경험한 애도의 단계를 확인한다. (6, 7, 8)

6. 클라이언트에게 자신이 겪은 상실에 대해서 어떻게 느끼고 대처했는지 몇 사람에게 이야기하고, 그 결과를 가지고 상담을 진행한다.
7. 클라이언트에게 애도의 단계에 대해서 가르치고 모든 질문에 대답한다.
8. 클라이언트가 자신이 어떤 애도의 단계를 거쳐 왔고 현재 어떤 단계에 있는지 확인하도록 돕는다.

4. 애도와 상실을 주제로 하는 영화를 보고 그 주인공의 경험과 자신의 경험을 비교해본다. (9)

9. 클라이언트가 상실과 애도에 관한 영화를 보도록 하고, 클라이언트와 주인공이 어떻게 상실에 대처하고 애도를 표현하는지 이야기를 나눈다.

5. 상실감에 대해서 이야기한다. (10, 11, 12)

10. 클라이언트가 애도에 대해 일기를 쓰고 치료 상담회기 중에 그 내용을 나누도록 과제를 부여한다.

11. 클라이언트에게 상담 중에 자신의 상실과 관련된 사진이나 기념물을 가지고 와서 그것에 대해서 이야기를 나누도록 요청한다.
12. 클라이언트가 자신의 상실과 관련된 감정을 확인하고 표현하도록 돕는다.

6. 애도와 상실지지그룹에 참여한다. (13)

13. 클라이언트에게 애도와 상실지지그룹에 참여하고 어떻게 느꼈는지 치료자에게 보고하도록 요구한다.

7. 상실감을 회피하는 것이 삶에 어떻게 부정적인 영향을 미치는지 확인한다. (14)

14. 클라이언트에게 애도하기를 회피하는 것이 자신의 삶에 어떻게 부정적인 영향을 미치는지 목록을 작성하도록 요청한다.

8. 약물사용이 어떻게 상실과 관련된 감정의 회피에 영향을 주었는지 확인한다. (15, 16)

15. 약물남용이 상실의 고통이나 죄책감으로부터 클라이언트를 도망치게 하는 역할을 했는지 사정한다.
16. 약물치료를 하여 클라이언트가 약물을 끊고 온전한 상태를 유지하면서 애도문제에 직면하도록 한다.

9. 잃어버린 사랑했던 사람에게 얼마나 의지했었는지 인식하고, 정서적 욕구를 충족시킬 수 있는 독립적인 행동을 하는데 초점을 두기 시작한다. (17, 18)

17. 클라이언트가 자신이 얼마나 그 사람에게 의존했었는지 확인하고, 버림받은 것 같은 감정과 홀로 남겨진 감정을 표현하여 해결하도록 돕는다.
18. 클라이언트가 상실과 관련된 분노와 죄책감을 확인하고 표현하며, 그러한 감정의 원인을 이해하도록 돕는다.

10. 애도의 과정을 막는 자신과 고인에 대한 분노와 죄책감을 이야기하고 해소한다. (19, 20)

19. 클라이언트가 죄책감과 분노의 감정을 해결하도록 자신과 고인을 용서할 수 있게 돕는다. 용서와 관련된

11. 고인에 대한 과거의 행동이나 고인과의 관계에서 후회의 감정이 생기는 원인을 확인한다. (21)

12. 상실의 책임이 자신에게 있다는 감정과 언급 횟수를 감소시킨다. (22)

13. 고인이 살아있을 때 표현하지 못했던 고인에 대한 생각과 감정을 표현한다. (23, 24, 25, 26)

서적을 추천한다(Smedes의 Forgive and Forget참고).

20. 클라이언트가 자신의 상실과 관련된 분노의 감정을 확인하고 표현하도록 지지하며 돕는다.

21. 클라이언트가 상실한 대상에 대해 후회가 되는 것들의 목록을 작성하도록 과제를 부여하고, 그 목록을 가지고 상담을 진행한다.

22. 상실에 대한 책임이 자신에게 있다는 클라이언트의 말에 직면하고, 그것을 사실적이며 현실에 기초한 이야기와 비교하도록 합리정서치료(RET)를 사용한다.

23. 고인이 의자에 앉아있다고 상상하고 클라이언트가 고인이 살아 있는 동안 결코 하지 못했던 말을 할 수 있도록 하는 빈 의자 기법을 실행한다.

24. 클라이언트가 고인에게 "이야기를 하고" 자신의 감정을 환기하도록 무덤을 방문하는 과제를 부여한다.

25. 클라이언트가 사랑스러운 기억들, 고통스럽고 후회스러운 기억들, 그리고 어떻게 지금 느끼고 있는지를 설명하는 편지를 고인에게 쓰도록 요구하고, 그 편지를 가지고 상담을 진행한다.

26. 클라이언트가 고인과의 마지막 만남에 대한 감정에 특별히 초점을 둔 편

지를 고인에게 쓰도록 과제를 부여한다.

14. 고인의 긍정적인 점들과 고인과의 관계에서 좋았던 점들, 그리고 이러한 것들이 어떻게 기억될 수 있을 것인지 이야기한다. (27, 28)

27. 클라이언트가 고인의 가장 좋은 점들과 고인과의 관계에서 가장 좋았던 기억들에 대한 목록을 작성하도록 요구한다.

28. 클라이언트가 고인과 자신의 삶을 기념할 수 있는 방법(예 ; 신문의 부고란에 고인의 사망 소식을 개제하기, 고인이 가장 좋아했던 일을 하면서 시간을 보내기)을 계획하도록 돕는다.

15. 가족 각자가 자신의 애도 경험을 이야기하는데 초점을 둔 가족치료 상담에 참여한다. (29)

29. 클라이언트의 가족들이 자신의 애도 경험을 이야기할 수 있는 가족 또는 그룹 상담을 실시한다.

16. 매일 고인을 생각하며 보내는 시간을 조금씩 감소시키고 그것을 보고한다. (30, 31)

30. 클라이언트가 고인의 기념일 즈음에 자신의 감정을 확인하고 애도할 수 있는 기념방법을 고안한다(예 ; 깊은 슬픔을 나타내는 검은 색과 같은 어두운 옷 입기). 그리고 그 일을 통한 클라이언트의 경험을 주제로 상담을 진행한다.

31. 클라이언트가 자신의 상실에 대해서 애도하는 시간을 매일 구체적으로 정해서 그 시간이 지나면 다음 날 그 시간까지 클라이언트가 슬픈 생각을 접고 일상적인 활동을 다시 하도록 제안한다. 예를 들면, 애도의 시간에 어두운 옷을 입고 슬픈 음악을 틀었다가 그 시간이 지나면 다시 밝은 옷

으로 갈아입는다.

17. 참회할 수 있는 방법을 생각해서 실행한다. (32)

32. 고인의 과거 활동, 관심, 헌신, 사랑했던 것, 열정을 가졌던 것 등을 조사하여 떠나보낸 고인에 대해 참회의 의미로 할 수 있는 지역사회를 위한 봉사활동을 한 가지 선택한다(죄책감의 정도에 따라서 그 강도나 기간을 정하고 최소 한 달 이상 실시한다).

18. 마음의 평안과 희망을 줄 수 있는 신앙을 갖고 실천한다. (33)

33. 클라이언트가 신앙적 활동과 관계 속에서 지지받고 의지할 수 있도록 격려한다.

__. ______________________
____

__. ______________________
____

__. ______________________
____

__. ______________________
____

__. ______________________
____

__. ______________________
____

가능한 진단명과 코드

축 1:	296.2x	주요 우울 장애, 단일 에피소드
	296.3x	주요 우울 장애, 재발성
	V62.82	사별
	309.0	우울한 기분을 동반하는 적응장애
	309.3	행동장애를 동반하는 적응장애
	300.4	기분부전 장애
	______	______________________
	______	______________________

20 충동조절장애(Impulse Control Disorder)

행동적 정의

1. 많은 부정적인 결과를 초래하는, 주의 깊게 숙고하지 않은 너무 성급한 행동성향
2. 공격, 자기 파괴적 행동 또는 재산의 손실을 초래하는 공격적 충동에 대한 통제력의 상실
3. 즐거움이나 만족을 지연할 수 있는 능력의 저하로 인한 즉각적인 만족을 얻고자 하는 욕구
4. 잠재적으로 자신에게 손해가 되는 최소한 두 가지 이상 영역에서의 행동표출(예 ; 과소비, 무절제한 성관계, 부주의한 운전, 중독)의 과거력
5. 약간의 혐오나 쾌락에 대한 자극에도 과도한 행동반응을 나타냄.
6. 충동적 행동을 하기 전 긴장이나 정서적 흥분을 경험함(예 ; 도벽, 방화벽).
7. 자아 이질적(Ego-Dystonic)[8]이며 충동적 행동을 할 때 즐거움, 만족 또는 안도감을 경험함.
8. 줄을 서서 기다리지 못하거나 여러 사람들과 이야기할 때 다른 사람의 말을 가로막고 이야기하는 것과 같이, 기다리는 것을 어려워 함.

___. ____

____

___. ____

____

8) 자아 이질적(Ego-Dystonic)이란 증상을 보이면서도 증상을 자아가 용납하지 않아서 스스로 상정한 자기이미지나 욕구와 심리적 조화를 이루지 못하는 갈등상태를 말하는 것이다. 그 반대의 경우는 자아 동질적(Ego-Syntonic)이라고 한다.

___. ____
____

장기목표

1. 충동적 행동의 빈도를 감소시키고 깊이 생각해서 행동하는 빈도를 증가시킨다.
2. 충동적 행동을 촉발하는 생각을 감소시키고 행동을 통제할 수 있는 자기언어를 증가시킨다.
3. 행동하기 전에 멈추고, 경청하고, 생각하는 법을 배운다.

___. ____
____

___. ____
____

___. ____
____

단기 세부목표

1. 과거 6개월 동안의 충동적 행동을 확인한다. (1)
2. 충동적 행동이 지속되는 이유나 보상 목록을 작성한다. (2, 3)

치료적 개입

1. 자신의 충동적 행동을 축소, 부정 또는 다른 사람에 대한 비난을 하지 않고 클라이언트가 스스로 명확히 알 수 있도록 클라이언트의 행동패턴을 검토한다.
2. 클라이언트의 충동적 행동이 불안에 의해서 촉발되었는지 아니면 불안의 경감이라는 보상 때문에 충동적 행동이 계속되는지 탐구한다.
3. 클라이언트에게 충동적 행동으로부터

얻는 긍정적인 면의 목록을 작성하도록 하고, 그 결과를 가지고 치료를 진행한다.

3. 충동적 행동으로 인해서 자신과 다른 사람들에게 돌아오는 부정적인 결과의 목록을 작성한다. (4, 5, 6)

4. 클라이언트에게 충동적 행동 때문에 발생한 부정적인 결과의 목록을 작성하도록 요구한다.
5. 클라이언트가 자신의 충동성과, 자신과 다른 사람들에게 초래되는 부정적인 결과 사이의 관련성을 이해하도록 돕는다.
6. 클라이언트의 충동적 행동이나 부정적 결과에 대한 책임회피에 직면한다.

4. 충동적 행동의 전례, 매개요인, 결과 등을 확인한다. (7, 8)

7. 클라이언트에게 충동적 행동일지를 기록하게 하고(시간, 장소, 감정, 생각, 행동 이전에 무슨 일이 있었는지, 결과는 어떠했는지), 촉발요인과 강화물을 발견하기 위해서 그 내용을 가지고 상담을 진행한다.
8. 충동적 에피소드에서의 인지적·정서적 상황적 촉발요인을 발견하기 위해서 클라이언트의 과거 경험을 탐구한다.

5. 충동적 행동과 자신과 타인에게 발생한 부정적 결과 사이의 명확한 관계를 설명한다. (5, 9)

5. 클라이언트가 자신의 충동성과 자신과 다른 사람들에게 초래되는 부정적인 결과 사이의 관련성을 이해하도록 돕는다.
9. 클라이언트가 자신의 충동적 행동과 부정적 결과 사이의 관계와 자신의 책임을 인정하고 이야기하도록 강화

한다.

6. 행동하기 전에 신뢰할 수 있는 친구나 가족과 함께 의논하고 긍정적인 결과를 얻을 수 있는 피드백을 받는다. (10, 11)

10. 클라이언트가 충동적 행동을 하기 전에 피드백을 받을 수 있도록 파트너와 계약을 하는 상담을 실시한다.

11. 행동을 결정하기 전에 신뢰하는 사람의 피드백을 받기 위해서 클라이언트와 브레인스토밍을 실시하고 도움을 구하며 수용하는 법을 가르치기 위해서 역할극과 모델링을 사용한다.

7. 충동적 행동을 촉발하는 생각을 조절하고 그러한 생각을 충동적 행동으로 실행하는 경우를 줄이기 위해서 인지적 방법을 적용한다. (8, 12, 13)

8. 충동적 에피소드에서의 인지적 정서적 상황적 촉발요인을 발견하기 위해서 클라이언트의 과거 경험을 탐구한다.

12. 클라이언트가 충동적 욕구와 행동을 통제하고 조절력을 증진하도록 인지적 방법을 가르친다(예 ; 사고 중지, 사고 대체, 재구조화, 등).

13. 클라이언트가 충동적 행동을 유발하는 역기능적 사고를 발견하도록 돕고, 각 생각을 정확하고 긍정적, 자기발전적, 적응적인 것으로 대체한다.

8. 불안을 조절하고 충동적 행동의 결과를 완화하는 이완 연습을 실행한다. (14)

14. 클라이언트에게 점진적 이완, 자기최면, 바이오피드백과 같은 기술을 가르치고, 클라이언트가 불편하게 느낄 때마다 이완 기술을 사용하도록 격려한다.

9. 불안을 조절하기 위해서 행동주의적 전략을 실천한다. (15, 16)

15. 클라이언트에게 불안에 대처하는 긍정적 행동주의적 대안을 사용하도록 가르친다(예 ; 스트레스에 대해서 다

른 사람과 이야기하기, 반응을 지연하기 위해서 타임아웃을 사용하기, 친구나 가족에게 전화하기, 운동하기).

16. 클라이언트가 충동과 긴장을 완화하기 위해서 행동적 전략을 잘 적용하고 있는지 검토하고 성공을 강화하여 실패한 것을 재조정하기.

10. "당신이 … 할 때 나는 … 게 느껴요. 만일 … 한다면 더 좋을 것 같아요."라고 말하는 자기주장 공식을 사용한다. (17, 18)

17. 모델링, 역할극, 행동예행연습 등을 사용하여 클라이언트가 어려운 상황에서 "당신이 … 할 때 나는 … 게 느껴요. 만일 … 한다면 더 좋을 것 같아요."라고 말하는 자기주장 공식을 사용하는 법을 가르친다.

18. 클라이언트가 자기주장기법을 잘 적용하고 있는지, 그것에 대해 어떻게 느끼는지, 그리고 그 결과는 어떠했는지 검토하고 상담을 진행한다.

11. "멈추고, 경청하고, 생각하고, 행동하기"를 적용한 경우의 목록을 작성하고 긍정적인 결과에 대해서 이야기한다. (19, 20)

19. 모델링, 역할극, 행동예행연습 등을 사용하여 클라이언트가 현재의 여러 상황에서 행동하기 전에 "멈추고, 경청하고, 생각하고, 그리고 행동하기"를 실행하는 법을 가르친다.

20. 일상생활에서 클라이언트가 "멈추고, 경청하고, 생각하고, 행동하기"를 잘 적용하고 있는지를 검토하고 긍정적인 결과를 확인하며 상담을 진행한다.

12. 약물복용에 대한 전문의의 조언에 잘 따른다. (21, 22)

21. 클라이언트가 약물치료가 필요한지 전문의의 검진을 받도록 의뢰한다.

22. 클라이언트가 의사의 처방대로 약을 복용하는지, 부작용과 약효는 어떤지 모니터하여 정기적으로 담당의사와 논의한다.

13. 결과를 고려하고 지혜로운 대안으로 충동적 행동을 대체하는 경우에 대한 보상시스템을 고안하여 적용한다. (23, 24)

23. 클라이언트가 충동적 행동을 억제할 수 있도록 스스로 강화하기에 효과적인 보상방법을 생각해 내도록 돕는다.

24. 클라이언트와 클라이언트의 가족들이 클라이언트의 충동적 행동을 억제할 수 있는 보상시스템을 개발하고 효과적으로 사용할 수 있도록 돕는다.

14. 자조회복그룹에 참여한다. (25)

25. 클라이언트를 자기 파괴적인 충동적 행동을 그만두도록 돕기 위해 만들어진 자조그룹[예 ; 12스텝 프로그램, ADHD 그룹, 합리주의 회복그룹(Rational Recovery) 등]에 의뢰하고 그 경험에 대해서 상담을 진행한다.

__: ______________________________

____

__: ______________________________

____

__: ______________________________

____

__: ______________________________

____

__: ______________________________

____

__: ______________________________

____

가능한 진단명과 코드

축 1:	312.34	간헐적 폭발장애
	312.32	도벽
	312.31	병적 도박
	312.39	발모벽
	312.30	미분류 충동조절장애
	312.33	방화벽
	310.1	축 3의 질병으로 인한 성격의 변화
	_______	_______________________
	_______	_______________________
축 2:	301.7	반사회적 성격장애
	301.83	경계선 성격장애
	799.9	진단 보류
	V71.09	진단 없음
	_______	_______________________
	_______	_______________________

21 친밀한 관계에서의 갈등 (Intimate Relationship Conflicts)

행동적 정의

1. 파트너와 빈번하거나 지속적인 다툼.
2. 파트너와의 대화부족
3. 갈등의 책임을 상대방에게 화를 내며 투사하는 행동패턴
4. 배우자와의 결별
5. 이혼 절차를 밟음.
6. 동시에 여러 파트너와의 친밀한 관계
7. 관계에서의 신체적 또는 언어적 학대
8. 피상적인 대화나 대화 상실, 성적 접촉이 드물거나 전혀 없는 경우, 과도한 업무나 여가활동으로 파트너와의 밀접한 관계를 회피하는 행동패턴
9. 문제해결, 신뢰적 관계유지에 있어서의 개인적 결함이나 학대적이거나 역기능적 파트너를 선택하는 것으로 인해서 갈등적 관계와 반복되는 결별의 패턴

___. ______________________________

____

___. ______________________________

____

___. ______________________________

____

장기목표

1. 관계가 종결되었다는 사실을 수용한다.
2. 효과적이고 개방적인 대화, 상호 만족하는 성적 친밀감, 그리고 동반자 관계형성을 위한 즐거운 시간 등을 갖기 위해 필요한 기술을 개발한다.
3. 갈등관계에서 자신이 어떤 역할을 하고 있는지에 대한 이해를 증진한다.
4. 학대를 유발하는 행동이 무엇인지 확인한다.
5. 한 사람과의 친밀한 관계에 헌신한다.
6. 이미 관계가 깨어진 사람의 거절을 수용하고 긍정적인 자아상을 회복한다.

___. ______________________________

____

___. ______________________________

____

___. ______________________________

____

단기 세부목표

1. 파트너와 함께하는 상담에 적극적으로 참여한다. (1)

2. 결혼 만족도를 사정하고 확인하도록 고안된 심리검사를 받는다. (2)

3. 관계에서의 긍정적인 면들을

치료적 개입

1. 클라이언트의 대화기술과 문제해결기술의 증진에 초점을 둔 연합 상담을 진행한다.

2. 결혼관계에서 어떤 영역에 만족하며 불만족 하는지를 사정하고, 치료의 진전을 확인할 수 있는 결혼만족도 검사를 실시한다(예 ; Spainer의 The Dyadic Adjustment Scale 또는 Synder에 의해서 수정된 Marital Satisfaction Inventory).

3. 관계형성에 도움이 되는 커플의 긍정

확인한다. (3)

4. 문제에 자신이 어떤 영향을 미치고 있는지를 포함하여 두 사람의 관계에서 문제점을 확인한다. (4, 5)

5. 자신과 상대방에 의해서 확인된 구체적인 행동을 변화시킬 것을 결심하고 이행한다. (6)

적인 행동을 사정한다.

4. 학대나 방임의 가능성, 약물을 사용하는 관계에서 발생하는 지속적인 문제행동, 두 사람 사이의 대화, 갈등해결, 문제해결에서의 어려운 점 등을 사정한다(만약 가정폭력이 발생하고 있다면 안전계획을 먼저 세우고 연합 상담은 뒤로 미룬다. 그리고 O'Leary, Heyman, Jongsma의 The Couples Psychotherapy Treatment Planner에서 Physical Abuse부분을 참고).

5. 커플에게 상대방과 두 사람의 관계에서의 장 · 단점을 일지에 기록하도록 과제를 부여한다(또는 Jongsma의 Adult Psychotherapy Homework Planner 2판에서 Positive and Negative Contributions to the Relationship: Mind and Yours부분을 과제로 부여한다). 과제를 할 때 다음 상담까지 서로에게 자신이 적은 것을 보여주지 않도록 약속한다.

6. 두 사람 각자의 관계의 장 · 단점 목록을 작성한 후에 변화를 위한 표적행동 목록을 작성하면서, 관계를 개선하기 위해 변화하도록 노력하는데 두 사람 모두 동의하도록 한다(또는 Jongsma의 Adult Psychotherapy Homework Planner 2판에서 How Can We Meet Each Other's Needs부분을 과

	제로 부여한다).
6. 정직하게 상대방을 존중하며, 긍정적인 감정과 생각을 상대방에게 직접적으로 빈번히 표현하는 횟수를 증가시킨다. (7, 8, 9)	7. 커플이 갈등을 확인하고 대화, 갈등해결기술 또는 문제해결기술 등을 사용하여 갈등을 해소할 수 있도록 돕는다 (Gurman과 Knickerson이 편집한 Handbook of Family Therapy에서 Holzworth-Munroe와 Jacobson의 Behavioral Marital Therapy참고). 8. 긍정적 피드백, 적극적 경청, 행동변화를 위한 타인의 요구를 긍정적으로 받아들이기, 정직하고 존중적인 방식으로 부정적 피드백하기 등의 기술을 사용하면서 행동주의적 기법들(교육, 모델링, 역할극, 교정적 피드백, 긍정적 강화)을 이용하여 자기주장기법을 포함하는 대화기술을 가르친다. 9. 커플에게 새로 학습한 대화기술을 사용하고 기록하도록 과제를 부여한 뒤, 그 결과를 가지고 상담을 진행해서 개선을 위한 교정적 피드백을 제공한다.
7. 문제해결과 갈등해결기술을 배우고 적용한다. (7, 10, 11)	7. 커플이 갈등을 확인하고 대화, 갈등해결기술 또는 문제해결기술 등을 사용하여 갈등을 해소할 수 있도록 돕는다 (Gurman과 Knickerson이 편집한 Handbook of Family Therapy에서 Holzworth-Munroe와 Jacobson의 Behavioral Marital Therapy참고).

10. 행동주의적 기술(교육, 모델링, 역할극, 교정적 피드백, 긍정적 강화)을 이용하여 문제를 건설적이며 구체적으로 정의하기, 대안을 찾기 위한 브레인스토밍, 대안을 평가하기, 타협, 대안을 선택하기, 계획을 실천하기, 결과를 평가하기와 같은 문제해결과 갈등해결기술을 커플에게 가르친다.

11. 커플에게 새로 학습한 문제해결과 갈등해결기술을 사용하고 기록하도록 과제를 부여하며, 그 결과를 가지고 상담을 진행한다(또는 Jongsma의 Adult Psychotherapy Homework Planner 2판에서 Applying Problem-Solving to Interpersonal Conflict부분을 과제로 부여한다).

8. 관계에서 모든 파괴적이거나 학대적 행동을 확인한다. (12, 13)

12. 원가족의 경우를 포함하여 각 파트너의 파괴적이거나 학대적인 행동패턴을 사정한다.

13. 학대적 행동 이전에 발생하는, 서로를 자극하는 행동목록을 작성하도록 두 사람 모두에게 요구한다.

9. 학대로 악화될 것 같은 경우에 둘 중 한 사람이 상호작용을 멈출 수 있는 "타임아웃"신호를 사용한다. (14, 15, 16)

14. 두 사람 중 한 사람이 학대가 발생할 것 같은 두려움을 느끼는 경우, 즉각적으로 상호작용을 멈추도록 사용될 수 있는 명확한 언어적 또는 행동적 신호를 두 사람이 정하도록 돕는다.

15. 두 사람 모두가 이견 없이 타임아웃 신호에 호의적으로 반응할 것을 확실히 동의하도록 한다.

16. 일상적 상호작용에서 타임아웃신호와 다른 갈등해결기술들을 적용하고 그 사용경험을 기록하도록 과제를 부여한다.

10. 관계에 대한 비현실적인 기대를 확인하고 대체한다. (17)

17. 관계에 대한 비합리적 신념과 비현실적 기대를 확인하고, 커플이 상대방과 서로의 관계에 대해서 보다 현실적인 신념과 기대를 갖도록 돕는다.

11. 기대치의 융통성, 타협의 의지, 그리고 타협할 수 없는 차이에 대한 수용을 증진한다. (18)

18. 두 사람 모두에게 융통성, 타협, 자신이 원하는 것을 희생하는 것, 차이점에 대한 수용 등의 핵심개념들을 가르쳐서 그들이 서로를 더 잘 이해하고 공감하여 친밀감을 형성하며 측은히 여기도록 돕는다.

12. 파트너와 함께 즐거운 시간을 더 많이 가진다. (19)

19. 클라이언트가 파트너와 함께하는 보상적 사회 또는 여가 활동을 찾고 계획하도록 돕는다(또는 Jongsma의 Adult Psychotherapy Homework Planner 2판에서 Identify and Schedule Pleasant Activities부분을 과제로 부여한다).

13. 파트너에게 언어적 그리고 신체적 애정표현을 먼저 한다. (20)

20. 언어적 또는 신체적 애정표현을 더 많이 하도록 격려하고, 파트너에게 먼저 애정을 표현하는 것에 대한 저

항에 관해서 이야기한다.

14. 성적 역기능이 있는지 확인하기 위한 평가를 받는다. (21, 22)

21. 두 사람 모두로부터 장점과 역기능을 확인하기 위한 성관련 과거력을 철저히 조사한다(이 책의 여성의 성적 역기능과 남성의 성적 역기능 부분을 참고).

22. 클라이언트에게 적절한 치료(예 ; 약물치료, sex therapy, 수술)를 추천하면서 클라이언트를 성적 역기능 진단 평가(예 ; 신체적 또는 심리적 요소의 확인) 전문가에게 의뢰한다.

15. 이전의 나쁜 경험을 반영하지 않으며, 건강하고 상호 만족스러운 성적 태도와 행동을 결심하고 이행한다. (23, 24)

23. 연합 상담 중에 두 사람 각자와 확대가족의 성행동, 행동패턴, 활동 그리고 신념을 확인한다(또는 Jongsma의 Adult Psychotherapy Homework Planner 2판에서 Factors Influencing Negative Sexual Attitudes부분을 과제로 부여한다).

24. 각 파트너가 이전의 어린 시절 또는 개인적 가정교육이나 경험을 벗어나서 건강하고 상호 만족스러운 성에 대한 신념, 태도, 행동을 갖도록 결심하고 실행하도록 돕는다.

16. 관계에서의 갈등과 약물남용사이의 연관성을 인정한다. (25)

25. 두 사람의 관계에서 약물남용이 갈등이나 학대를 심화시키는 영향을 미치는지 탐구한다.

17. 약물에 의존된 파트너가 치료를 받고 약물을 끊으며, 약물로부터 자유로운 생활을 할 것을 결정한

26. 약물에 의존적인 파트너가 약물남용에 대한 치료를 받는 것을 결정하도록 돕는다(이 책의 약물의존 부분을

다. (26)

참고).

18. 파트너의 부정한 행동의 메시지, 원인과 결과를 확인한다. (27, 28)

27. 상대방의 부정한 행동의 이면의 메시지를 두 사람이 확인하도록 돕는다(Brown의 Patterns of Infidelity and Their Treatment에서 Five Degrees for Affairs부분을 참고).

28. 클라이언트들이 배우자의 부정에 관한 책을 읽고, 그 내용을 가지고 연합 상담 중에 상담을 진행한다.

19. 관계가 깨어졌다는 사실을 수용하고 말로 표현한다. (29, 30, 31)

29. 관계의 상실에 대한 감정을 탐구하고 명확히 한다.

30. 클라이언트가 상실감을 해소하고 새로운 삶에 적응하도록 지지그룹이나 이혼 세미나에 참여하도록 의뢰한다.

31. 클라이언트에게 이별 후의 상실감을 다룬 책을 읽도록 과제를 부여하고, 그 핵심 개념을 가지고 상담을 진행한다(Colgrove, Bloomfield, McWilliams의 How to Survive the Loss of a Love 또는 Oberlin의 Surviving Separation and Divorce참고).

21. 외로움에 대처하기 위해서 사회활동에 더 적극 참여한다. (32, 33)

32. 클라이언트가 혼자 싱글로서 살아가는 것에 적응할 수 있도록 돕고 때로는 홀로 살아가기도 한다는 사실을 인정하며, 사회적 만남을 위한 구체적인 계획을 수립하도록 돕는다.

33. 클라이언트가 새로운 사회적 관계를 형성할 수 있는 기회를 갖도록 지역사회의 정보를 제공한다.

__: ____________________ __: ____________________

__: ____________________ __: ____________________

__: ____________________ __: ____________________

가능한 진단명과 코드

축 1:

312.34	간헐적 폭발적 행동장애
309.0	우울한 기분을 동반하는 적응장애
309.24	불안을 동반하는 적응장애
300.4	기분부전 장애
300.00	미분류 불안 장애
311	미분류 우울 장애
309.81	외상 후 스트레스 장애
____	________________
____	________________

축 2:

301.20	분열성 성격장애
301.81	자기애적 성격장애
301.9	미분류 성격장애
____	________________
____	________________

22 법률적 갈등(Legal Conflicts)

행동적 정의

1. 법적 문제에 관련됨.
2. 법적 책임으로 인한 가석방이나 집행유예가 따르는 상태
3. 법적인 압력으로 인해서 치료를 받기로 결정한 경우
4. 범죄행동으로 인한 여러 번의 투옥 경력
5. 체포된 대부분의 이유가 알코올이나 약물남용으로 인한 경우
6. 정서적 혼란을 동반하는 이혼문제
7. 현재의 법적 책임으로 인한 자유의 상실에 대한 두려움.

___. ______________________________

____

___. ______________________________

____

___. ______________________________

____

장기목표

1. 재판을 받아야 한다는 사실을 인정하고 책임 있는 반응을 보인다.
2. 약물의존이 법적 문제를 일으켰다는 사실을 이해하고 치료의 필요성을 수용한다.
3. 자신의 결정과 행동으로 인해서 체포되었다는 사실에 대해서 책임을 수용하고, 자신의 행동을 조절할 수 있는 보다 높은 도덕과 윤리적 기준을 세운다.

4. 치료의 필요성을 내면화하여 자신의 가치, 사고, 감정 행동이 보다 긍정적인 사회적 위치를 지향하는 것으로 변화된다.
5. 지역사회를 선도하는 책임 있는 시민이 된다.

___. ______________________________

____

___. ______________________________

____

___. ______________________________

____

단기 세부목표

1. 현재 법적인 문제에 관련된 행동을 설명한다. (1)
2. 법적 문제를 해결하기 위해 상담을 받고, 대처계획을 수립하기 위하여 변호사를 만난다. (2)
3. 법정의 요구사항을 잘 이행하도록 법원 담당 공무원들과 규칙적으로 만난다. (3)
4. 약물이나 알코올 남용이 법적인 문제에 어떠한 영향을 주었는지 설명한다. (4, 5)
5. 가석방이나 집행유예 규칙에 따라 금주를 유지한다. (6, 7)

치료적 개입

1. 법적 문제를 일으킨 클라이언트의 행동을 알아보고, 그것이 반사회적 행동장애의 증상인지 사정한다(이 책의 반사회적 행동 부분 참고).
2. 클라이언트가 법적 문제를 해결하기 위한 계획을 논의하기 위해서 변호사를 만나도록 주선하고 격려한다.
3. 클라이언트가 법원 담당 공무원들과 약속을 잘 지키도록 모니터하고 격려한다.
4. 약물의존이 어떻게 클라이언트의 법적 문제에 영향을 주었는지 탐구한다.
5. 약물의존이 클라이언트의 삶에 초래한 여러 가지 부정적인 결과를 검토하며 클라이언트의 부정에 직면한다.
6. 클라이언트의 판단력과 행동에 대한 통제력 증진의 수단으로 회복과 금주

의 계획이 필요하다는 사실을 클라이언트에게 강화한다.

7. 필요하다면 심리검사를 사용해서 클라이언트의 금주를 모니터하고 강화한다.

6. 불법적인 행동을 초래한 일련의 결정과 행동에 대한 책임을 수용하고 말로 표현한다. (8, 9)

8. 클라이언트가 불법적인 행동을 낳은 자신의 가치관을 명확히 이해하도록 돕는다.
9. 클라이언트가 자신의 불법적 행동에 대해서 부정하거나 책임을 다른 사람에게 전가하는 것에 대해서 직면한다.

7. 법을 지키며 행동할 수 있는 가치관을 정립하고 말한다. (8, 10)

8. 클라이언트가 불법적인 행동을 낳은 자신의 가치관을 명확히 이해하도록 돕는다.
10. 클라이언트에게 법과 다른 사람들의 권리를 존중하는 가치를 가르치고, 법을 어겼을 때 초래되는 결과에 대해서 가르친다.

8. 분노와 좌절, 무력감, 우울증 등이 불법적 행동에 어떻게 영향을 주었는지 설명한다. (11, 12)

11. 클라이언트의 불법적 행동에 영향을 줄 수 있는 부정적 정서 상태에 대해서 탐구한다.
12. 클라이언트가 정서적 갈등과 반사회적 충동을 조절할 수 있도록 지속적인 상담을 의뢰한다.

9. 불법적 행동과 관련된 부정적 정서 상태의 원인을 확인한다. (13, 14)

13. 클라이언트의 범죄행동을 의식적 또는 무의식적으로 유발한 부정적 정서의 원인을 탐구한다.
14. 문제에 대한 통찰력을 증진하고, 해결을 위해서 현재 또는 과거의 정서

적 갈등과 클라이언트의 반사회적 행동을 연관 지어 해석한다.

10. 반사회적 행동을 유발하는 인지왜곡을 확인하고 대체한다. (15, 16)

15. 불법적 행동을 유발한 클라이언트의 왜곡된 인지적 신념을 사정하고 명확히 한다.
16. 클라이언트의 왜곡된 인지를, 법률을 지키고 타인의 권리를 존중하는 것으로 재구조화한다.

11. 분노조절 그룹상담에 참여한다. (17)

17. 클라이언트를 충동 또는 분노조절 그룹상담에 의뢰한다.

12. 법을 어기지 않고 욕구를 충족하는 방법을 확인한다. (18, 19)

18. 클라이언트가 법을 어기지 않고 자신의 사회적 경제적 욕구를 충족시키는 방법을 클라이언트와 함께 찾는다(예 ; 고용, 교육이나 기술훈련을 받기, 영적 충만을 위한 그룹에 참여하기).
19. 클라이언트에게 반사회적 행동과 사회에 도움이 되는 행동의 차이점에 대해서 가르치고, 법을 존중하며 다른 사람들을 도우며 규칙적으로 일하는 구체적인 행동목록을 작성하도록 돕는다.

13. 성공적으로 직업을 구하는 법을 가르치는 교육에 참여한다. (20)

20. 클라이언트를 고용촉진센터에 의뢰한다.

14. 다른 사람들로부터 신뢰를 얻고 스스로를 존중하기 위한 정직의 중요성을 이해하고 말로 표현한다. (21)

21. 클라이언트가 다른 사람들로부터 신뢰를 얻고 스스로를 존중하기 위한 정직의 중요성을 이해하도록 돕는다.

15. 불법적인 행동의 대가를 치르기 위한 계획을 세우고 실천한다.

22. 클라이언트가 자기 가치를 회복하는 것의 중요성을 이해하고 자신의 행

(22, 23)

동의 결과에 대가를 치르기 위한 계획을 세우도록 돕는다.

23. 클라이언트가 자신의 계획을 잘 실행하고 있는지 검토하고, 성공을 강화하며 실패한 것을 재조정한다.

___. ______________________

____

___. ______________________

____

___. ______________________

____

___. ______________________

____

___. ______________________

____

___. ______________________

____

가능한 진단명과 코드

축 1: 304.30 마리화나 의존
304.20 코카인 의존
303.90 알코올 의존
304.80 복합물질 의존
312.32 도벽
V71.01 성인 반사회적 행동
309.3 행동장애를 동반한 적응장애
_______ ______________________
_______ ______________________

축 2: 301.7 반사회적 성격장애
799.9 진단 보류
V71.09 진단 없음
_______ ______________________
_______ ______________________

23 낮은 자존감(Low Self-Esteem)

행동적 정의

1. 칭찬을 수용할 수 없음.
2. 자기 비하적 말을 하고, 자신이 매력 없고 가치 없고 낮고 짐스러우며 중요하지 않은 존재로 여겨서 쉽게 자신을 비난한다.
3. 외모를 가꾸는 데에 자신감이 없음.
4. 다른 사람의 말을 거절하는 데에 어려움을 겪고, 다른 사람들이 자신을 좋아하지 않는다고 가정함.
5. 다른 사람들, 특히 또래 그룹으로부터의 거절을 두려워함.
6. 삶의 목표가 없고 자신에 대해 지나치게 낮은 목표를 가짐.
7. 자신에 대한 긍정적인 점을 찾을 수 없음.
8. 사회적 상황, 특히 많은 사람들 앞에서 불편을 느낌.

___. ______________________________

____

___. ______________________________

____

___. ______________________________

____

장기목표

1. 자존감을 높인다.
2. 일관적이고 긍정적인 자기상을 개발한다.
3. 자신의 외모에 대해 자신감을 갖고, 보다 자기주장적이고 더 많은 눈 맞춤을 하며, 자신의 긍정적인 점을 발견하여 자기언어로 표현하는 것을 통해서 향상된 자존감을 나타낸다.
4. 자기 가치와 확신 그리고 자신의 능력에 대한 자신감을 내면화한다.

___: ______________________________

____

___: ______________________________

____

___: ______________________________

____

단기 세부목표

1. 스스로 대부분의 사람들보다 자신의 능력이 부족하다고 느끼고 있다는 사실을 인식한다. (1, 2)
2. 자존감이 낮은 현재와 과거의 원인에 대해서 통찰력을 증진한다. (3, 4)

치료적 개입

1. 클라이언트가 자신의 감정을 확인하고 표현할 수 있도록 지속적인 눈 맞춤, 적극적 경청, 무조건적 긍정적 관심, 따뜻한 수용 등을 통한 개별상담으로 신뢰의 수준을 높인다.
2. 클라이언트가 자신을 어떻게 평가하고 있는지 탐구한다.
3. 클라이언트가 자신이 거절을 두려워한다는 사실을 인식하고 과거의 거절 경험이나 방임당한 경험과 연관 지어 생각할 수 있도록 돕는다.
4. 클라이언트가 학대당한 경험과 그러

한 경험이 어떻게 자신에 대한 감정에 영향을 미치고 있는지에 대해서 논의하고 강조하며 해석한다.

3. 자신에 대해서 부정적으로 말하는 빈도를 줄이고, 긍정적으로 말하는 빈도를 늘린다. (5, 6, 7)

5. 클라이언트의 자신에 대한 부정적인 평가에 직면하고 재구조화한다.
6. 클라이언트가 자신에 대한 부정적인 느낌을 어떻게 표현하고 행동으로 옮기고 있는지 인식하도록 돕는다.
7. 클라이언트가 자신에 대한 자신감과 긍정적 자아상을 가질 수 있는 자기언어를 개발하도록 돕는다.

4. 낮은 자존감을 강화하는 부정적인 자기언어를 확인한다. (8, 9)

8. 클라이언트가 자신이 자신과 세상에 대해 왜곡되고 부정적인 신념을 갖고 있다는 사실을 확인하도록 돕는다.
9. 클라이언트에게 자존감을 높이는데 도움이 되는 책을 읽도록 하고, 상담을 진행한다(Burns의 Ten Days to Self Esteem참고).

5. 자신에 대해서 부정적으로 이야기하고 어떠한 위험도 감수하려고 하지 않는 태도로부터 얻어지는 모든 부차적인 이득을 확인한다. (10, 11)

10. 클라이언트에게 부정적인 행동패턴을 유지함으로써 얻어지는 부차적인 이득의 의미와 영향에 대해서 가르친다.
11. 클라이언트가 자기비하와 위험의 회피가 어떻게 부차적인 이득을 가져오는지를 확인하도록 돕는다.

6. 자신을 수용하는 말을 하는 횟수를 늘리고, 거절의 두려움에 대한 언급을 줄인다. (12, 13)

12. 클라이언트가 매일 자신에 대해서 긍정적인 말을 한 번 이상 하고, 일지나 차트로 그것을 기록하도록 요구한다.
13. 클라이언트가 자신감과 성취감을 긍

정적으로 이야기하도록 언어적으로 강화한다.

7. 자아상을 높일 수 있는 방법을 확인하고, 그 목표를 달성할 수 있는 계획을 이야기한다. (14, 15)

14. 클라이언트가 자신의 목표가 현실적이고 성공 가능한 것인지 분석하여 확실하게 하도록 돕는다.

15. 클라이언트에게 자존감을 높이는 연습을 하도록 과제를 부여한다(예 ; Branden의 The Six Pillars of Self-Esteem이나 Burns의 Ten Days to Self Esteem참고). 그리고 그 결과를 가지고 상담을 진행한다.

8. 다른 사람들과 눈 맞춤을 더 많이 한다. (16, 17)

16. 클라이언트가 다른 사람과 이야기할 때 그 사람이 누구이든지 눈 맞춤을 더 잘하도록 과제를 부여하고 그 때의 감정을 이야기하며 상담을 진행한다.

17. 클라이언트가 다른 사람의 눈을 피하는 것을 보면 지적한다.

9. 개인적 위생과 자신의 외모를 가꾸는 것에 더 많은 노력을 기울인다. (18)

18. 클라이언트의 위생관리와 외모를 모니터하고 피드백 한다.

10. 자신에 대한 긍정적인 점과 재능을 확인한다. (19, 20, 21)

19. 클라이언트가 자신을 더 편안하게 받아들이도록, 거울을 보고 자신의 신체적 특징에서 긍정적인 점들을 확인하는 연습과제를 부여한다.

20. 클라이언트가 자신의 긍정적인 재능에 대한 목록을 계속 작성하여, 각 상담회기를 시작할 때와 마칠 때마다 그 목록을 읽도록 요구한다.

21. 클라이언트가 자신을 긍정적으로 이야기하도록 강화한다.

11. 자신의 감정을 확인하고 표현하는 능력을 증진한다. (22, 23)

22. 클라이언트에게 매일 자신의 감정을 일지에 적도록 과제를 부여한다.

23. 클라이언트가 자신의 감정을 확인하고, 그것이 어떤 감정인지 명명하도록 돕는다.

12. 자신의 욕구를 확인하고 충족하기 위한 적극적인 계획을 세운다. (24, 25, 26)

24. 클라이언트가 자신의 욕구를 확인하여, 어떠한 욕구가 충족되고 충족되지 못했는지 살펴보고, 그것을 이야기하도록 돕는다.

25. 클라이언트가 자신의 충족되지 못한 욕구를 표현할 수 있도록 지지적인 연합 또는 가족 상담을 실시한다.

26. 클라이언트가 자신이 가진 각각의 욕구를 충족시킬 수 있는 구체적인 행동계획을 수립하도록 돕는다.

13. 다른 사람들의 칭찬을 긍정적으로 받아들인다. (27)

27. 클라이언트가 다른 사람들의 칭찬과 찬사를 인식하고(깎아내리지 않고) 예의 바르게 감사하도록 과제를 부여한다.

14. 자기 주장적 행동의 빈도를 늘린다. (28)

28. 클라이언트에게 자기주장 훈련을 하거나 강의와 과제를 통해서 자기주장 기술을 교육하고, 이를 촉진하는 그룹에 의뢰한다.

15. 삶의 모든 영역에서 현실적이고 적절하며 달성 가능한 목표를 정한다. (14, 29)

14. 클라이언트가 자신의 목표가 현실적이고 성공 가능한 것인지 분석하여 확실하게 하도록 돕는다.

29. 클라이언트에게 삶의 여러 영역에 대

한 목표를 정하고, 목표를 달성하기 위한 단계별 계획을 수립하도록 과제를 부여한다.

16. 깎아내리지 않고 자신이 성취한 것에 대해서 자기 스스로 인정하는 말을 한다. (30)
17. 자존감을 높이는 긍정적인 자기언어를 사용한다. (31, 32)
18. 다른 사람들 앞에서 자신감을 갖고 하고 싶은 말을 하는 빈도를 늘린다. (33, 34)

30. 클라이언트에게 자신이 성취한 것의 목록을 작성하도록 하고, 그것을 자아상에 통합하도록 상담을 진행한다.
31. 클라이언트가 자존감을 높일 수 있는 책을 읽도록 과제를 부여하고, 핵심 개념을 가지고 상담을 진행한다(예 ; Helmstetter의 What to Say When You Talk to Yourself).
32. 클라이언트가 자신의 삶에서 일어난 일들을 보다 현실적이고 긍정적으로 해석하도록 강화한다.
33. 클라이언트가 사람들을 만나고 대화하는 사회기술을 증진하도록 역할극과 행동연습을 사용한다.
34. 클라이언트에게 자신감 있게 이야기하는 것에 관한 책을 읽도록 하고, 그 내용을 가지고 상담을 진행한다(예 ; Zimbardo의 Shyness).

___. ____________________

___. ____________________

___. ____________________

___. ____________________

___. ____________________

___. ____________________

가능한 진단명과 코드

축 1:	300.23	사회공포증
	300.4	기분부전 장애
	296.xx	주요 우울 장애
	296.xx	제1 양극성 장애
	296.89	제2 양극성 장애
	______	______________________________
	______	______________________________

24 남성의 성적 역기능 (Male Sexual Dysfunction)

행동적 정의

1. 성관계의 즐거움에 대한 기대나 욕구가 지속적으로 매우 낮거나 전혀 없다고 이야기 함.
2. 상호 배려하며 존중하는 관계인 경우에도 성적인 접촉을 강하게 회피하거나 거부함.
3. 성적 흥분과 반응의 정상적인 심리적 반응이 부족한 것을 반복적으로 경험함.
4. 성관계 동안에 주관적인 즐거움이나 기쁨을 느끼지 못하는 상태가 지속된다고 보고함.
5. 친절한 파트너와 흥분 단계에 도달한 후이며 주관적인 성적 즐거움을 느끼는 데에도 불구하고, 사정이 지속적으로 지체되거나 경험하지 못함.
6. 성관계 전이나 동안 혹은 이후에 생식기에 통증을 경험한다고 설명함.

___: ______________________________

____

___: ______________________________

____

___: ______________________________

____

장기목표

1. 성관계의 욕구와 즐거움을 증진한다.
2. 성관계 동안 심리적인 흥분반응이 발생하고 유지된다.
3. 성적자극에 의해 시간, 강도 그리고 초점이 적절한 정도의 사정에 도달한다.
4. 성관계를 하는 동안과 전후에 고통을 경험하지 않고 주관적인 즐거움을 느낀다.

___: ____

____

___: ____

____

___: ____

____

단기 세부목표

1. 성적 태도, 감정, 행동에 영향을 주어온 현재의 문제와 과거의 경험을 탐구하는 세부적인 성문제에 대한 과거력을 이야기한다. (1, 2, 3)

2. 우울증이 있는지, 그리고 그 원인

치료적 개입

1. 클라이언트의 아동기와 청소년기의 성적 경험의 수준과 성지식의 원천, 성관계의 형태와 빈도, 병력, 약물과 알코올 사용, 생활스타일적 요소들뿐 아니라 현재 성인기의 성적 기증을 알아보는 구체적인 성문제의 과거력을 조사한다.
2. 클라이언트의 성에 대한 태도와 지식의 정도, 정서적 반응, 역기능에 영향을 주는 자기언어를 사정한다.
3. 클라이언트의 역기능에 영향을 줄 수 있는 요소로 클라이언트의 원가족을 탐구한다.
4. 클라이언트의 성적 역기능에 원인이

은 무엇인지 이야기한다. (4)

될 수 있는 우울증이 있는지 사정하고 만일 우울증이 있다면 우울증을 치료한다(이 책의 우울증 부분을 참고).

3. 성적인 문제를 일으킬 수 있는 우울증 치료에 참여한다. (5)

5. 클라이언트가 우울증을 완화할 수 있는 항우울제를 처방받도록 의뢰한다.

4. 약물남용에 대해서 정직하게 보고하고 치료자와 협조하여 치료를 받는다. (6)

6. 클라이언트의 향정신성 약물의 사용이나 남용과 그것이 성적 기능에 미치는 영향을 탐구하고, 약물남용 치료를 위한 상담에 의뢰한다.

5. 갈등, 충족되지 못한 욕구, 분노들을 포함하는 인간관계의 질적인 면에 대해서 정직하고 개방적으로 이야기한다. (7)

7. 성적인 문제나 보다 넓은 범위의 두 사람의 관계에서 서로에 대한 만족, 불만, 매력, 의사소통, 레퍼토리(reper-toire) 등의 두 사람의 관계의 질을 사정한다(또는 Jongsma의 Adult Psy-chotherapy Homework Planner 2판에서 Positive and Negative Con-tributions to the Relationship부분을 과제로 부여한다).

EBT 6. 성적인 문제를 해결하기 위해서 커플상담에 참여한다. (8)

8. 만일 문제가 성적 역기능 이상의 것이라면 커플 상담의 맥락에서 성문제 상담을 진행한다(이 책의 친밀한 관계에서의 갈등 부분을 참고). EBT

EBT 7. 전문의의 검진을 받고 그 결과를 가지고 상담자와 논의한다. (9)

9. 클라이언트가 성적 역기능에 대한 신체적 문제가 있는지 확인하기 위한 검진을 받도록 전문의에게 의뢰한다(예; 혈관, 내분비계, 약물 등의 문제). EBT

EBT 8. 성적 문제를 일으킬 수 있는 신체적 문제를 치료하기 위해

10. 클라이언트가 성적 역기능을 일으킬 수 있는 신체적 문제의 치료와 약물의 사용에 대한 전문의의 조언을 잘

서 의사의 지시에 잘 따른다. (10)

9. 성적 역기능을 일으키는 신체 질병이나 약물의 역할을 이해하고 말로 표현한다. (11)

10. 처방대로 발기부전에 대한 약을 복용하고, 그 효과와 부작용을 보고한다. (12)

11. 혼자 또는 파트너와 함께 자위행위와 감각연습을 지침대로 시행하고, 그것을 통해서 느낀 점을 이야기한다. (13, 14)

12. 성관계에 대한 불안을 일으키는 상황에 대해 민감하게 반응하지 않는다. (15 16)

따르도록 격려한다.

11. 클라이언트의 성적 기능에 신체적 질병이나 약물 사용이 어떠한 영향을 줄 수 있는지에 대해서 설명한다.

12. 클라이언트가 발기부전을 극복하기 위한 약물을 복용할 수 있도록 전문의에게 의뢰한다(예 ; 비아그라의 복용).

13. 클라이언트가 성에 대한 억제와 혐오감을 감소할 수 있는, 신체 탐구와 민감성 훈련을 위한 연습을 과제로 부여한다.

14. 클라이언트에게 성관계에 대한 불안감을 줄이면서 흥분을 최고조에 달하게 할 수 있도록 고안된 자위연습을 가르쳐 파트너와 성적 즐거움을 점진적으로 연습하고 신체적 흥분을 경험할 수 있는 과제를 부여한다(또는 Jongsma의 Adult Psychotherapy Homework Planner 2판에서 Journaling the Response to Nondemand, Sexual Pleasuring[Sensate Focus]부분을 과제로 부여한다).

15. 클라이언트가 성관계에 대한 불안을 일으키는 상황을, 불안한 정도의 단계별 목록으로 작성하도록 돕는다.

16. 클라이언트가 성공할 수 있는 가능성

이 가장 높은 상황을 선택해서 실제나 상상을 통해 노출연습을 하며 주의집중기법(예 ; 방관적인 태도를 버리고 파트너에게 초점을 둔다)을 동시에 사용하도록 지도한다. 클라이언트나 커플과 진행을 검토하고 불안이 누그러질 때까지 각 단계를 차례로 연습한다(또는 Jongsma의 Adult Psychotherapy Homework Planner 2판에서 Gradually Reducing Your Phobic Fear부분을 과제로 부여한다). EBT

EBT 13. 성관계 동안 압착기법을 실행하고 사정을 연기하는 것이 성공적이었는지 보고한다. (17)

17. 사정을 연기하기 위한 압착기법을 클라이언트와 파트너에게 지도하고, 필요한 경우에는 삽화와 같은 예를 사용한다(Kaplan의 The Illustrated Manual of Sex Therapy참고). 성공을 위해 교정적 피드백을 하면서 그 절차와 감정에 대한 상담을 진행한다. EBT

14. 파트너와 함께 또는 파트너의 참석이 어려우면 개별적으로 섹스치료에 참여한다. (18)

18. 커플 섹스치료나 파트너가 참여하기 어려운 경우에는 개별적인 치료를 받도록 돕는다.

15. 성기능에 대한 자유로운 분위기에서의 학습과 정확한 정보를 통해서 정확한 성지식을 갖고 건강한 방식으로 성을 수용한다. (19, 20)

19. 클라이언트의 성기능과 관련된 신체부분과 성적 생각, 감정, 태도 그리고 행동에 대해서 자유롭고 존중적인 방식으로 이야기하도록, 커플의 억제된 태도를 완화하고 교육하며 격려한다.

20. 클라이언트가 자신의 성에 관한 생각과 감정 그리고 행동에 대해서, 자유롭고 정확한 지식에 근거하여 긍정적으로 이야기할 수 있도록 강화한다.

16. 종교적 교육, 성에 관한 부정적인 생각, 감정, 행동 등에 관하여, 성장하면서 가족들로부터 어떻게 배우고 이해해 왔는지 설명한다. (21, 22, 23)

21. 클라이언트의 성에 대한 부정적인 태도에 클라이언트의 원가족이 어떤 영향을 주었는지 탐구하고, 변화를 위한 상담을 실시한다.

22. 종교적 교육이 클라이언트의 성적 행동과 생각에 대한 죄책감, 수치심을 갖도록 영향을 미쳤는지 탐구하고, 변화를 위한 상담을 실시한다.

23. 현재 성인기의 성적 역기능에 영향을 미친 어린 시절의 부정적인 성적 태도와 경험에 대한 통찰력을 강화하도록 클라이언트를 돕고, 이로 인한 부정적인 태도와 경험을 과거로 돌리며 또한 그러한 영향으로부터 자유로워지기를 결심하도록 돕는다.

17. 성적 외상이나 학대의 경험에 대한 감정을 해소하고 말로 표현한다. (24, 25)

24. 클라이언트의 성적 외상이나 학대 경험을 탐구한다.

25. 성적인 영역에서 클라이언트의 감정적 외상에 관련된 클라이언트의 여러 감정을 다루는 상담을 진행한다 (이 책의 성적 학대부분을 참조).

18. 어린 시절 성역할 모델의 영향에 대해서 이야기한다. (26)

26. 클라이언트가 어린 시절이나 청소년기에 성역할에 대해서 어떠한 경험을 했는지, 그리고 그것이 클라이언트의 태도와 행동에 어떤 영향을 미

19. 이전의 친밀한 관계에서의 실패의 경험과 현재의 두려움 사이의 연관성에 대해서 이야기한다. (27)

20. 비밀스러운 관계에 대한 감정과 둘 중 한 가지 관계를 정리하기로 결심하는 것에 관한 감정을 이야기한다. (28, 29)

21. 만일 현재 동성연애의 감정을 갖고 있다면 그 문제를 개방적으로 인정하고 이야기한다. (30)

22. 새로운 방식으로 성관계에 대해서 접근할 의지를 표현한다. (31, 32)

23. 성적 흥분에 긍정적인 영향을 줄 수 있는 분위기, 시간, 장소 등에 대한 목록을 작성한다. (33)

쳤는지 탐구한다.

27. 친밀한 관계에 대한 클라이언트의 두려움과, 친밀한 관계에서 거듭되는 실패를 경험했는지에 대해서 탐구한다.

28. 클라이언트가 파트너와의 성적 역기능에 영향을 줄 수 있는 비밀스러운 다른 성관계가 있는지 탐구한다.

29. 파트너에 대한 부정과 불성실에 대한 내적 갈등을 일으키는 이중관계를 정리하는 결심을 하도록 상담을 진행한다.

30. 클라이언트의 이성에 대한 흥미부족의 원인이 될 수 있는 동성에 대한 클라이언트의 관심에 대해서 탐구한다.

31. 갈등해결, 감정 표현, 성교육에 초점을 둔 클라이언트와 파트너와의 연합상담을 실시한다.

32. 클라이언트에게 정확한 성지식을 제공하고 성에 대한 억제된 태도를 해소하며 민감성을 기를 수 있도록 하는 책을 읽도록 과제를 부여한다(예; McCarthy와 McCarthy의 Sexual Awareness, Penner와 Penner의 The Gift of Sex, Barbach의 For Yourself: The Fulfillment of Female Sexuality).

33. 커플에게 성적 흥분에 긍정적 영향을 줄 수 있는 조건과 요소들에 대한 목록을 작성하도록 과제를 부여하고,

그 목록을 가지고 상담을 진행한다.

24. 성관계 중에 부정적인 감정반응을 일으킬 수 있는 부정적인 인지 메시지를 확인하고 대체한다. (34, 35)

34. 성관계 전후나 성관계 중에 두려움, 수치심, 분노, 애도와 같이 클라이언트에게 부정적인 감정을 일으킬 수 있는 자동적 사고를 탐구한다.

35. 클라이언트가 즐거움, 이완, 탈 억제될 수 있도록 건강한 대안적 사고를 가질 수 있게 교육한다.

25. 성기능에 장애가 되는 낮은 자존감에 대해서 이야기하고, 긍정적인 자기 이미지를 말로 표현한다. (36)

36. 클라이언트가 성을 회피하게 하는, 성적 파트너로서의 부적절할 것이라는 클라이언트의 두려움에 대해서 탐구한다.

26. 파트너가 성적으로 너무 공격적이거나 너무 비판적이라는 인식에 기초한 파트너에 대한 위협적인 느낌을 파트너에게 이야기한다. (37)

37. 클라이언트가 자신의 파트너를 성적으로 너무 공격적이라고 받아들이기 때문에 위협적인 느낌을 받고 있는지 탐구한다.

27. 긍정적인 신체상을 말로 표현한다. (38, 39)

38. 클라이언트가 자신이 가진 신체의 장점에 대한 목록을 만들도록 과제를 부여하고, 비현실적인 왜곡과 지나치게 비판적인 의견에 직면한다.

39. 부정적인 생각에 초점을 두면서 클라이언트 자신이 가진 신체상에 대한 감정을 탐구한다.

28. 즐거움과 만족을 증진할 수 있는 새로운 성관계 자세와 세팅을 실행한다. (32, 40)

32. 클라이언트에게, 정확한 성지식을 제공하며 성에 대한 억제된 태도를 해소하고 민감성을 기를 수 있도록 하는 책을 읽도록 과제를 부여한다(예 ; McCarthy와 McCarthy의 Sexual

Awareness, Penner와 Penner의 The Gift of Sex, Barbach의 For Yourself: The Fulfillment of Female Sexuality).

40. 클라이언트의 안정감과 흥분, 만족도를 높일 수 있는 세팅과 성교자세를 실험해 보도록 제안한다.

29. 자신의 성적 욕구, 감정, 소망을 보다 감각적이고 표현적인 방식으로 파트너와 나눌 수 있게, 보다 나은 자기주장적인 행동을 한다. (41, 42)

41. 파트너와 연습과제를 통해서 덜 억제적이고 위축적인 성적 행동을 할 수 있도록 돕는다.

42. 클라이언트가 파트너와 보다 성적으로 자기 주장적이고 자극적이며 자유로운 역할을 점진적으로 탐구할 수 있게 격려한다.

30. 성적 관심이나 행동에 장애가 되는 갈등을 해결하거나 스트레스를 줄이는 대처전략을 개발한다. (43)

43. 클라이언트의 성적 욕구나 행동을 분산시키는 일, 확대가족, 사회관계 등에서의 스트레스를 탐구한다(이 책의 불안, 가족 갈등, 업무 스트레스 부분을 참고).

31. 성행동에 대한 욕구의 증진과 즐거움을 말로 표현한다. (40, 42, 44)

40. 클라이언트의 안정감, 흥분, 만족도를 높일 수 있는 세팅과 성교자세를 실험해 보도록 제안한다.

42. 클라이언트가 파트너와 보다 성적으로 자기 주장적이고 자극적이며 점진적으로 자유로운 역할을 탐구할 수 있게 격려한다.

44. 성행동에 대한 욕구와 즐거움을 클라이언트가 표현하도록 강화한다.

___: ______________________ ___: ______________________
______________________ ______________________
___: ______________________ ___: ______________________
______________________ ______________________
___: ______________________ ___: ______________________
______________________ ______________________

가능한 진단명과 코드

축 1: 302.71 성욕감퇴장애
302.79 성혐오장애
302.72 남성 발기장애
302.74 남성 절정감장애
302.76 성교불쾌증
302.75 조루증
608.89 축 3의 장애로 인한 남성 성욕감퇴장애
607.84 축 3의 장애로 인한 남성 발기장애
608.89 축 3의 장애로 인한 남성 성교불쾌증
302.70 미분류 성적 역기능
995.53 아동 성학대, 피해자
_____ ______________________
_____ ______________________

25 조증 또는 경조증(Mania or Hypomania)

행동적 정의

1. 지나치게 빠르거나 많음.
2. 사고의 비약이나 생각이 꼬리를 물고 이어지는 경우
3. 과장된 생각 또는 박해를 받고 있다고 생각함.
4. 수면욕이 감소됨.
5. 식욕이 거의 또는 전혀 없음.
6. 증가된 행동이나 초조함.
7. 오래 집중할 수 없으며 쉽게 다른 곳으로 주의를 돌림.
8. 정상적인 억제력 상실로 인한 고통스러운 결과에 상관하지 않고 충동적, 쾌락지향적 행동을 함.
9. 이상한 옷을 입거나 외모를 나타냄.
10. 자신이 원하는 것이 벽에 부딪히거나 반대를 만나면 인내하지 못하고 쉽게 분노를 폭발시키는 확장적 기분을 나타냄.
11. 행동이 절제되지 못하고 목적성이 부족하여 많은 에너지가 있음에도 불구하고 과제를 끝까지 수행하지 못함.

___. ______________________________

____

___. ______________________________

____

___. ______________________________

____

장기목표

1. 심리적 에너지를 감소시키고 정상적 활동수준, 좋은 판단력, 안정된 기분, 목적 지향적 행동으로 회복한다.
2. 자신의 행동의 결과를 보다 신중하게 고려하고 보다 현실적인 기대를 하며, 안절부절 하는 것과 충동성 지나치게 빨리 말하는 증상을 경감한다.
3. 낮은 자존감과 죄책감, 거절에 대한 두려움, 의존심, 방임 등의 숨겨진 감정에 대해서 이야기한다.
4. 심리치료와 약물치료를 통해 행동과 기분을 조절하고, 보다 신중하게 말하며 생각한다.

___. ____

____

___. ____

____

___. ____

____

단기 세부목표

1. 기분상태, 에너지 수준, 사고의 통제력, 수면패턴 등을 설명한다. (1, 2)
2. 실제적인 것과 상상속의 상실과 거절, 그리고 방임을 구분한다.

치료적 개입

1. 클라이언트가 빠른 말, 충동적 행동, 도취된 것 같은 기분, 사고의 비약, 수면욕구의 감소, 과장된 자존감, 넘치는 에너지 등과 같은 조증의 대표적 증상을 갖고 있는지 사정한다.
2. 클라이언트의 경조증, 조증, 신경증적인 의기양양한 상태에 대해서 사정한다.
3. 클라이언트를 계속 돕고 이야기를 들어주며 지지하겠다고 약속한다.

(3, 4, 5)

4. 클라이언트가 사랑하는 사람 또는 양육자로부터 버림받는 것에 대한 두려움을 탐구한다.
5. 클라이언트가 실제와 상상속의 상실, 그리고 사실적인 것과 과장된 상실을 구별하도록 돕는다.

3. 실제 또는 상상속의 상실에 대한 애도, 두려움, 분노를 말로 표현한다. (6, 7)

6. 클라이언트가 자신의 삶에서 실제 또는 인식한 상실에 대해서 탐구한다.
7. 클라이언트가 상실에 대처할 방법을 검토하고, 그 방법의 실행을 구체적으로 계획한다.

4. 허풍 속에 숨겨진 낮은 자존감과 거절에 대한 두려움을 인식한다. (8, 9)

8. 클라이언트의 원가족의 역사에서 클라이언트의 낮은 자존감과 방임에 대한 두려움의 원인을 탐구한다.
9. 클라이언트의 과장과 지나친 요구에 조금씩 그러나 단호하게 직면한다(또는 Jongsma의 Adult Psychotherapy Homework Planner 2판에서 What Are My Good Qualities 또는 Acknowledging My Strengths부분을 과제로 부여한다).

5. 기분과 에너지를 안정시키기 위해서 약물을 복용하거나 입원이 필요한지 확인하기 위해서 정신과 검진을 받는다. (10, 11)

10. 클라이언트가 자신이나 타인에게 해가 될 위험이 있거나 자신의 기본적인 욕구를 만족시킬 수 없다고 판단되는 경우, 입원하도록 조치하거나 계속 입원시킨다.
11. 약물치료를 위해서 클라이언트가 정신과 검진을 받도록 돕는다.

6. 의사의 처방에 따라 약을 복용

12. 클라이언트의 약물에 대한 반응을 모

한다. (12, 13)

니터한다(순응성, 부작용, 효과).

13. 클라이언트가 처방된 약물을 잘 복용하는지 지속적으로 평가한다.

7. 심리치료의 참여가 효과적일 수 있을 정도로 증상을 안정시킨다. (14, 15)

14. 클라이언트가 심리치료에 참석할 수 있을 정도로 충분히 클라이언트의 증상이 안정되는지 모니터한다.

15. 가족치료를 실시하거나, 가족치료가 불가능한 경우에는 클라이언트와 개별치료를 적용하여 실시한다(Miklowitz와 Goldstein의 Bipolar Disorder: A Family Focused approach참고).

8. 가족과의 의사소통패턴을 사정하기 위해서 심리검사를 실시한다. (16)

16. 클라이언트가 가족과의 의사소통 패턴, 특히 감정표현에 대해서 사정하기 위해서 심리검사를 실시하고(예 ; Hooley와 Teasdale의 Perceived Criticism Scale), 그 결과를 평가한 후 클라이언트의 가족과 그 결과를 가지고 상담을 진행한다.

9. 조증, 경조증, 혼합증상 또는 우울증의 증상과 원인, 치료에 대해서 이해하고 말로 표현한다. (17, 18, 19)

17. 클라이언트의 기분장애의 증상과 신호, 단계에 대해서 모든 이론적 모델을 사용하여 클라이언트와 가족들에게 설명한다.

18. 조절가능한 스트레스에 취약한 기분장애에 대한 생물학적인 요인의 강한 영향력에 대해 강조하는 양극성 장애의 병적심리소인을 부각하여 클라이언트를 교육한다.

19. 클라이언트에게 재발을 일으킬 수 있는 생물학적 심리학적 취약요소를 발견 및 조절하여 감소시키기 위한 지속적인 약물복용과 심리치료에 대해서 클라이언트에게 설명한다.

10. 재발위험을 증가시키는 스트레스의 원인을 확인한다. (20)

20. 치료의 표적이 될 재발잠재요인이나 스트레스요인을 확인한다(예 ; 혐오적인 의사소통, 건강하지 못한 수면방식, 약물을 처방대로 복용하지 않음 등).

11. 정신과 약물의 복용필요성을 수용하고 약물의 혈액 내 수치를 모니터하면서 처방대로 복용한다. (21, 22, 23)

21. 클라이언트에게 약을 처방대로 복용하는 것의 중요성을 교육하고, 약을 복용하지 않았을 경우의 재발위험성에 대해서 교육하여 처방을 따를 것을 결심하도록 한다.

22. 클라이언트가 약을 처방대로 복용하지 않도록 영향을 미치는 요소들(예 ; 사고, 감정, 스트레스)을 사정하고, 그것을 인식하며 다루기 위한 계획을 세운다(또는 Jongsma의 Adult Psychotherapy Homework Planner 2판에서 Why I Dislike Taking My Medication부분을 과제로 부여한다).

23. 클라이언트가 자신의 약물의 수치를 일정하게 유지하기 위해 필요한 검사를 잘 받도록 교육하고 격려한다.

12. 건강한 위생수면법을 실천한

24. 클라이언트에게 건강한 방식의 수면

다. (24)

위생이 얼마나 중요한지 교육하고 (또는 Jongsma의 Adult Psychotherapy Homework Planner 2판에서 Sleep Pattern Record부분을 과제로 부여한다) 사정하며, 그 결과에 따라 개입한다(이 책의 수면장애 부분을 참고).

13. 재발의 신호가 감지되는 사건이 발생할 경우를 대비한 역할과 책임, 행동전략을 미리 정하여 "재발방지 훈련"계획을 개발한다. (25, 26)

25. 재발의 신호와 증상에 대해서 클라이언트와 가족에게 교육한다.

26. 클라이언트와 가족들이 각자의 구체적인 역할과 책임을 명시한 "재발방지훈련"을 개발할 수 있도록 돕고(예 ; 재발이 예측되는 경우 가족모임을 누가 주선할 것인지, 필요한 경우에 누가 의사에게 전화를 하고 약물복용을 관리하며 응급서비스에 연락할 것인지) 장애물을 제거하며, 계획에 잘 따르도록 한다.

14. 가족 모두가, 혐오적인 대화방식을 긍정적이고 정직하며 존중적인 대화법으로 대체하기로 결심하고 이행한다. (27, 28, 29)

27. 클라이언트와 가족들의 의사소통에 대해서 사정하고, 혐오적 의사소통(예 ; 지나친 감정표현)이 가족에게 많은 고통을 주며 클라이언트의 문제를 재발시킬 수 있다는 사실을 교육한다.

28. 클라이언트에게 긍정적 피드백의 제공, 적극적 경청, 타인에게 긍정적인 방식으로 행동변화를 요구하기, 솔직하고 존중적인 방식으로 부정적 피드백을 제공하기 등과 같은 의사소

통기술을 가르치기 위해서 행동주의 기술(교육, 모델링, 역할극, 교정적 피드백, 긍정적 강화)을 사용한다. EBT

29. 클라이언트와 가족들에게 새로 익힌 의사소통 기술을 사용하고 그것을 기록하도록 과제를 부여하며, 그 결과로 상담을 진행한다. EBT

EBT 15. 가족 모두에게 현재의 갈등을 해결하기 위한 문제해결 접근법을 적용한다. (30, 31, 32)

30. 클라이언트와 가족들이 문제해결기술을 사용하여 해결할 수 있는 갈등을 확인하도록 돕는다. EBT

31. 문제를 건설적이며 구체적으로 정의하고 브레인스토밍 하여 대안을 발견, 평가, 선택하고 계획을 실천하고, 결과를 평가하고 계획을 재평가하는 문제해결기술을 클라이언트와 가족들에게 교육하기 위해 행동주의 전략(교육, 모델링, 역할극, 교정적 피드백, 긍정적 강화)을 사용한다. EBT

32. 새로 배운 문제해결기술을 사용하고 기록하도록 클라이언트와 가족들에게 과제를 부여하며(또는 Jongsma의 Adult Psychotherapy Homework Planner 2판에서 Plan Before Acting 부분을 과제로 부여한다), 그 결과로 상담을 진행한다. EBT

EBT 16. 문란한 성행동, 물질남용, 적대감이나 공격성을 드러내는 표현 등과 같은 자기 파괴적

33. 클라이언트가 생각하지 않고 충동적으로 행동하는 것을 줄이기 위해서 이로 인한 행동의 부정적인 결과에

인 행동을 그만둔다.
(33, 34, 35, 36)

반복적으로 초점을 둔다(또는 Jongsma의 Adult Psychotherapy Homework Planner 2판에서 Recognizing the Negative Consequence of Impulsive Behavior 또는 Impulsive Behavior Journal부분을 과제로 부여한다). EBT

34. 클라이언트가 자신의 행동의 결과에 더 민감해지도록 역할극, 행동예행연습, 역할연습 등의 방법을 사용하여 클라이언트의 충동조절을 돕는다. EBT

35. 클라이언트의 공격적이거나 충동적 행동에 대한 한계를 설정하면서 적대감을 표현하도록 하고 조용히 경청한다. EBT

36. 분명한 규칙을 정하고, 그 규칙을 어길 때의 분명한 결과를 설정하여 클라이언트의 교묘한 속임수나 지나친 행동에 한계를 설정한다. EBT

EBT 17. 보다 천천히 말하고, 보다 주제에 초점을 두어 이야기한다. (37, 38)

37. 대화의 방향을 설정하고 행동계획을 세워서 클라이언트의 사고와 행동에 대한 체계와 초점을 잡도록 돕는다. EBT

38. 클라이언트가 보다 천천히 이야기하고 깊이 생각할 수 있도록 언어적 강화를 실시한다. EBT

EBT 18. 안절부절 못하거나 산만한 행동을 줄인다. 즉, 30분 정도 조용하고 침착히 앉아있을 수

39. 클라이언트가 과잉행동에 대한 조절력을 증진하고 목표를 설정하며, 안절부절 못하는 행동의 한계를 설정

있도록 한다. (39)

하도록 강화하여 행동을 조절할 수 있도록 모델링과 역할극을 실시한다.

19. 충동성과 사고를 더 잘 통제하고, 더 천천히 생각하여 보고한다. (40, 41)

40. 클라이언트의 에너지 수준을 모니터하고 행동과 강박적 언어, 생각의 표현에 대한 통제력의 증진을 강화한다.

41. 클라이언트가 보다 목표 지향적이고 덜 산만한 행동을 하도록 보고하게 강화한다.

20. 정기적으로 사후 보충상담에 참여한다. (42)

42. 클라이언트의 긍정적 변화를 촉진하기 위해서 치료가 끝나고 몇 달 내에 사후 보충상담을 실시하여 발전에 장애가 되는 문제를 해결한다.

21. 양극성 장애에 대한 책을 읽고 이 질병에 대해 더 잘 이해한다. (43)

43. 클라이언트가 양극성 장애에 대한 책을 읽도록 요구한다(예 ; Miklowitz의 The Bipolar Disorder Survival Guide).

__: ______________________________

____

__: ______________________________

____

__: ______________________________

____

__: ______________________________

____

__: ______________________________

____

__: ______________________________

____

가능한 진단명과 코드

축 1:	296.xx	제1 양극성 장애
	296.89	제2 양극성 장애
	301.13	순환성 장애
	295.70	분열정동형 장애
	296.80	미분류 양극성 장애
	310.1	축 3의 장애로 인한 성격의 변화
	_______	_______________________________
	_______	_______________________________

26 의료적 문제(Medical Issues)

행동적 정의

1. 생명에 위협을 주는 것은 아니지만 생활에 변화가 요구되는 만성 질병으로 진단받음.
2. 생명에 위협을 주는 급성의 심각한 질병으로 진단받음.
3. 결국 조기 사망에 이르게 되는 만성적 질병으로 진단받음.
4. 슬픈 감정, 사회적 위축, 불안, 활동에 대한 흥미의 상실, 에너지의 부족
5. 자살생각
6. 의료적 문제의 심각성을 부정함.
7. 추천된 치료에 협조하기를 거부함.
8. HIV(Human Immunodeficiency Virus)검사에서 양성의 결과
9. 후천성 면역결핍 증상(AIDS)
10. 약물의존을 동반하는 복잡한 의료적 문제
11. 치료과정에 영향을 주는 심리적 또는 행동적 문제
12. 건강에 대해 방임적 태도를 보이는 과거력

___. ______________________________

____

___. ______________________________

____

___. ______________________________

____

장기목표

1. 의료적인 방법으로 신체적 문제를 안정화시킨다.
2. 애도의 과정을 적절히 거치며 자신이 죽는다는 사실을 평안하게 받아들인다.
3. 관심을 가져주는 사람들을 밀쳐내지 않고 그들의 정서적인 지지를 수용한다.
4. 시간이 얼마 남지 않았다고 하더라도 삶에서 가능한 누릴 수 있는 모든 것을 누리며 살아간다.
5. 수동 공격적이거나 적극적 저항 없이 치료에 잘 협조한다.
6. 진단받은 질병과 가능한 한 정상적으로 살아가는 것에 대해서 가능한 많은 지식을 얻는다.
7. 의료적 문제와 관련된 두려움, 불안, 걱정을 줄인다.
8. 자신이 병에 걸렸다는 사실을 수용하고 제한되는 생활조건에 적응한다.
9. 질병에 미치는 심리적, 행동적 요인들의 영향을 수용하고 이러한 점들을 해결하는 데에 초점을 둔다.

___. ____

____

___. ____

____

___. ____

____

단기 세부목표

1. 의료적 문제의 역사, 증상, 치료에 대해서 설명한다. (1, 2)

치료적 개입

1. 증상, 치료, 예후를 포함하는 클라이언트의 의료적 문제에 대한 사실들을 조사한다.
2. 클라이언트가 작성한 동의서를 가지고 클라이언트의 진단, 치료 그리고 예후에 대한 부가적 의료정보를 얻기 위해서 담당 의사와 가족들을 접촉한다.

2. 의료적 문제와 관련된 감정을 확인한다. (3)	3. 클라이언트가 자신의 의료적 문제에 대한 다양한 감정을 확인하고 명확히 구분하며 이야기할 수 있도록 돕는다.
3. 클라이언트의 의료적 문제에 의해서 촉발된 가족들의 감정을 서로 함께 나눈다. (4)	4. 클라이언트가 의료적 문제와 관련한 죄책감, 분노, 절망, 형제간의 관심 받지 못하는 것에 대한 질투 등과 같은 발생 가능한 감정들을 명확히 하고 나눌 수 있도록 클라이언트의 가족들과 모임을 갖는다.
4. 의료적 문제 때문에 경험하는 상실이나 한계를 확인한다. (5)	5. 클라이언트에게 의료적 문제로 인하여 초래된 변화와 상실 또는 한계의 목록을 작성하도록 요구한다.
5. 의료적 문제로 인한 상실을 애도하는 단계를 더 잘 이해하고 말로 표현한다. (6, 7)	6. 클라이언트에게 애도의 과정에 대해서 교육하고 클라이언트의 모든 질문에 대답한다. 7. 클라이언트에게 애도와 상실에 대한 책을 읽도록 제안한다(예, Westberg의 Good Grief, Smedes의 How Can It Be Tight When Everything Is All Wrong?, Kushner의 When Bad Things Happen to Good People).
6. 의료적 문제로 인한 상실과 관련된 감정들을 이야기한다. (3, 8)	3. 클라이언트가 자신의 의료적 문제에 대한 다양한 감정을 확인하고 명확히 구분하며 이야기할 수 있도록 돕는다. 8. 클라이언트에게 애도일기를 작성하고 상담 중에 함께 나누도록 과제를 부여한다.
7. 의료적 문제의 부정적인 측면에 초	9. 클라이언트가 매일 자신의 의료적 문

점을 두어 소비하는 시간을 줄인다. (9, 10)

제에 대해서 애도할 시간을 제한하여 정하도록 제안하고, 그 시간이 끝나면 클라이언트가 일상적인 활동으로 돌아가서 다음 애도시간까지 슬픈 생각을 하는 것을 미루도록 한다. 예를 들면, 애도시간에는 어두운 색의 옷을 입고 슬픈 음악을 틀지만 정해진 애도의 시간이 끝나면 옷을 갈아입는다.

10. 클라이언트가 자신의 의료적 문제와 관련된 상실보다 긍정적인 측면에 대해서 더 많이 생각하도록 도전하고 강화한다.

8. 위로와 희망을 줄 수 있는 신앙적 활동에 참여한다. (11)

11. 클라이언트가 자신의 영적 신념과 활동(예 ; 기도, 명상, 경배, 음악)에 의지하고 지지적 관계를 더 많이 갖도록 격려한다.

9. 의료적 문제의 현실과 치료의 필요성을 인정하고 말로 표현한다. (12, 13, 14, 15)

12. 클라이언트가 자신의 질병의 심각성과 치료의 필요성을 부정하는 것에 대해서 조심스럽게 직면하고 현실을 수용하도록 강화한다.
13. 치료와 건강악화, 죽음에 대한 클라이언트의 두려움을 탐구하고 상담한다.
14. 클라이언트가 의료적 문제와 관련된 애도, 슬픔 또는 불안감을 일반화하고 이러한 감정들을 소중한 사람들과 의료인들에게 말로 표현하도록 격려한다.
15. 클라이언트의 우울과 불안증상을 사정하고 치료한다(이 책의 우울증과 불안부분을 참고).

10. 비슷한 질병으로 진단을 받은 사람들의 지지그룹에 참여한다. (16)	16. 클라이언트를 비슷한 질병을 앓고 있는 사람들의 지지그룹에 의뢰한다.
11. 파트너와 가족들이 지지그룹에 참여한다. (17)	17. 클라이언트의 가족들을 지역사회의 비슷한 문제를 갖고 있는 사람들이 모인 지지그룹에 의뢰한다.
12. 치료와 필요한 치료절차에 잘 따르고, 의사나 치료사에게 부작용이나 문제점을 보고한다. (2, 18, 19, 20)	2. 클라이언트가 작성한 동의서를 가지고 클라이언트의 진단, 치료 그리고 예후에 대한 부가적 의료정보를 얻기 위해서 담당 의사와 가족들을 접촉한다. 18. 클라이언트가 치료를 잘 따르고 있는지 모니터하고 강화한다. 19. 치료에 장애가 되는 클라이언트의 오해, 두려움, 상황적 요인들을 탐구하고 다룬다. 20. 치료에 방해가 되는 클라이언트의 모든 교묘한 속임수, 수동공격적인 태도와 부정의 방어기제에 직면한다.
13. 질병을 앓고 있는 중이라도 가능한 사회적, 생산적 그리고 여가 활동에 참여한다. (21, 22)	21. 클라이언트가 혼자 또는 다른 사람과 함께 할 수 있는 활동을 찾는다. 22. 클라이언트가 즐겁고 도전적인 활동에 참여하여 자신의 활동 수준을 증가시키기 위해 노력하도록 촉구하고 강화한다.
14. 긴장으로 인해서 질병이 악화되지 않도록 행동주의적 스트레스 감소 기술을 사용한다. (23, 24, 25)	23. 클라이언트의 긴장과 스트레스를 감소시키기 위해서 클라이언트에게 근육이완과 깊은 호흡 방법을 긍정적 심상과 함께 사용하도록 가르친다. 24. 클라이언트가 이완 정도를 모니터하

고 증진하며 강화하기 위해서 근전도[9] (electromyograph ; EMG) 생체 피드백을 활용한다.

25. 클라이언트가 규칙적으로 할 수 있는 운동을 찾고 실행할 것을 격려한다.

15. 의료적 문제와 관련된 부정적인 자기언어와 재난화를 확인하고 대체한다. (26, 27)

26. 클라이언트가 의료적 문제에 관한 부정적인 태도와 좌절감을 일으키는 인지왜곡과 부정적인 자동적 사고를 확인하도록 돕는다.

27. 클라이언트와 함께 의료적 문제와 치료에 대한 인지왜곡과 재난화를 대체할 수 있는 긍정적이며 현실적인 자기언어의 목록을 작성한다.

16. 마음의 평안을 찾고 긴장을 줄이기 위해서 긍정적 심상을 적용한다. (28, 29)

28. 클라이언트가 스트레스를 줄이고 마음의 평안을 찾도록, 긍정적이며 편안한 치료적인 심상을 사용하도록 교육한다.

29. 클라이언트가 마음의 평안을 가져오는 하나님의 사랑, 임재, 돌봄 그리고 지지 등의 신앙에 기반을 둔 약속에 의지하도록 격려한다.

17. 의료적 상황을 더 현실적으로 이해하고 말로 표현한다. (30, 31)

30. 클라이언트에게 자신의 의료적 상황에 대한 증상, 원인, 치료 그리고 예후에 관한 정확한 정보를 제공한다.

31. 클라이언트와 가족들에게 의료적 문제에 대한 정확한 정보를 (책이나 믿을 만한 인터넷 자료를 통해서) 제공

9) 근전도(electromyograph ; EMG) : 근수축시 발생하는 활동전류를 증폭하여 기록하는 장치. Daum 백과사전에서 인용

한다.

18. 도움이 될 만한 정서적 지지자원과 새로운 도움을 얻을 수 있는 부가적 자원을 확인한다. (32, 33)

32. 클라이언트와 가족들의 정서적 지지자원을 탐구하고 평가한다.
33. 클라이언트와 가족들이 교회지도자들, 확대가족, 병원의 사회서비스, 지역사회의 지지서비스, 하나님 등으로부터의 지원을 구하도록 격려한다.

19. 파트너와 가족들이 클라이언트의 심한 어려움이나 죽을 가능성에 대한 두려움을 표현한다. (34)

34. 클라이언트의 파트너와 가족들은 클라이언트가 죽음에 대한 말하지 못한 두려움을 표현하도록 돕고 패닉, 좌절감, 불안과 같은 그들의 감정을 공감한다. 그들에게 인생의 주관자이며 지원자이신 하나님의 존재를 재확인한다.

20. 질병에서의 회복에 도움이 되도록 금주를 유지한다. (35, 36)

35. 클라이언트의 의료적 문제에 대한 약물남용의 영향을 탐구하고 사정한다.
36. 클라이언트가 약물의존에 대한 치료를 받도록 추천한다(이 책의 약물의존 부분을 참고).

21. 성병(Sexually Transmitted Disease ; STD)과 관련된 모든 고위험 행동에 대해서 인식한다. (37)

37. 클라이언트가 성병, 후천성면역결핍증과 관련된 고위험 행동(예 ; 마약의 사용, 보호되지 않은 성관계, 동성애 생활, 문란한 성관계)을 하는지 사정한다.

22. 성병이나 에이즈에 걸렸다는 사실을 수용하고 적절한 치료를 받는다. (38, 39)

38. 클라이언트를 성병이나 에이즈 검사와 교육 그리고 치료를 위해서 보건소나 의사에게 의뢰한다.
39. 필요한 경우에는 성병과 에이즈에 대한 특별치료 프로그램에 클라이언트

가 참여하여 치료를 받도록 격려하며 모니터한다.

23. 건강에 부정적인 영향을 미칠 수 있는 정서적인 고통의 원인을 확인한다. (40, 41)

40. 클라이언트에게 생활방식과 정서적인 고통이 어떻게 건강에 부정적인 영향을 줄 수 있는지에 대해서 가르치고, 클라이언트의 생활방식과 정서적인 상태가 건강에 부정적인 요소로 작용하는지에 대해서 검토한다.
41. 클라이언트에게 건강을 유지하는데 도움이 될 수 있는 생활방식의 변화 목록을 만들도록 과제를 부여하고, 그 목록으로 상담을 진행한다.

___: ______________________

____

___: ______________________

____

___: ______________________

____

___: ______________________

____

___: ______________________

____

___: ______________________

____

가능한 진단명과 코드

축 1:	316	축 3의 장애에 영향을 미치는 심리학적 증상
	309.0	우울한 기분을 동반하는 적응장애
	309.24	불안을 동반하는 적응장애
	309.28	불안과 우울한 기분을 복합적으로 동반하는 적응장애
	309.3	행동장애를 동반하는 적응장애
	309.4	정서와 행동의 복합적 장애를 동반하는 적응장애
	296.xx	주요 우울 장애
	311	미분류 우울 장애
	300.02	범불안 장애
	300.00	미분류 불안 장애
	______	______________________________
	______	______________________________
축 2:	799.9	진단 보류
	V71.09	진단 없음
	______	______________________________
	______	______________________________

27 강박충동장애(OCD) (Obsessive-Compulsive Disorder)

행동적 정의

1. 클라이언트의 일상생활과 업무나 사회관계에 어려움을 주거나 방해가 되는 반복적, 침범적 그리고 원치 않는 생각이나 상상 또는 충동
2. 이러한 생각이나 충동을 무시하려는 노력이 실패하였거나 다른 생각이나 행동으로 그러한 생각을 중화하려는 노력이 실패함.
3. 강박적인 사고가 자기 자신의 마음속에서 생겨난 것이라는 사실을 인식함.
4. 불편하거나 두려운 결과를 중화시키거나 예방하기 위해서 반복적이고 과도한 생각이나 행동이 행해짐.
5. 자신의 반복적 행동이 과도하며 비합리적인 것이라는 사실을 인식함.

___. ______________________________

____

___. ______________________________

____

___. ______________________________

____

장기목표

1. 강박의 빈도, 강도 그리고 지속시간을 줄인다.
2. 강박적이며 충동적인 행동을 하는 시간을 줄이고, 강박과 충동에 의해서 방해받는 경우를 줄인다.

3. 강박과 충동으로 인한 방해를 최소한의 수준으로 지속시키며 일상적인 기능을 유지한다.
4. 강박 충동적 행동을 자극하는 삶의 핵심 갈등과 정서적 스트레스를 해결한다.
5. 강박증과 충동성에서 벗어나는 시간을 최대화하기 위해서 핵심사고, 신념 그리고 과거의 삶의 사건 등을 떨쳐버린다.

___: ______________________________

____

___: ______________________________

____

___: ______________________________

____

단기 세부목표

1. 강박증과 충동성의 과거력과 상태를 설명한다. (1, 2)
2. 강박증과 충동성의 상태와 심각성을 사정하고 확인하기 위해 고안된 심리검사를 받는다. (3)
3. (EBT) 약물치료를 위해서 전문의의 진료에 협조한다. (4, 5)

치료적 개입

1. 치료적 동맹을 맺기 위해서 클라이언트와 라포를 형성한다.
2. 클라이언트의 강박증과 충동성의 빈도, 강도, 지속기간 그리고 과거력을 사정한다(DiNardo, Brown, Barlow의 The Anxiety Disorders Interview Schedule for the DSM-IV참고).
3. OCD의 정도를 보다 정확히 사정하기 위해서 척도를 사용한다.
4. 약물처방(예 ; serotonergic medications)을 받기 위한 검진을 받도록 돕는다. (EBT)
5. 클라이언트가 약을 잘 복용하는지, 그리고 부작용과 효과에 대해서 모니터

하고, 정기적으로 담당의사와 상의한다. EBT

EBT 4. 소그룹 노출치료에 참여하고 강박증과 충동성에 대한 예방의식 치료에 참여한다. (6)

6. 클라이언트를 집중(예 ; 매일) 또는 비집중(예 ; 일주일에 한 번) 소그룹(비공개) 노출치료와 OCD 예방의식 치료에 참여시킨다(Foa와 Franklin의 Obsessive-Compulsive Disorder참고). EBT

EBT 5. OCD치료의 원리를 이해하고 말로 표현한다. (7, 8)

7. 클라이언트에게 OCD를 치료하기 위한 노출치료의 원리와 예방의식치료, 그리고 인지 재구조화 원리에 대한 책이나 치료 매뉴얼을 읽도록 과제를 부여한다(Kozak과 Foa의 Mastery of Obsessive-Compulsive Disorder, Foa와 Wilson의 Stop Obsessing참고). EBT

8. 클라이언트에게 치료를 통해서 어떻게 학습된 두려움을 없애고, 강박적 두려움과 근본적인 신념에 대한 현실검증을 하며, 충동적이지 않으면서 두려움을 극복하고 자신감을 기를 수 있는지 이야기한다(Kozak과 Foa의 Mastery of Obsessive-Compulsive Disorder참고). EBT

EBT 6. 왜곡된 두려움으로 가득 찬 자기언어와 신념을 확인한다. (9)

9. 클라이언트의 강박적 두려움과 충동적 행동을 일으키는 스키마와 자기언어를 탐구하고, 그러한 편견을 교정하는 사고를 하도록 돕는다(Kozak과 Foa의 Mastery of Obsessive-

Compulsive Disorder와 Salkovskis와 Kirk의 Obsessive-Compulsive Disorder참고). EBT

EBT 7. 두려움을 일으키는 내적 그리고 외적인 요소에 반복적인 심상노출을 실시한다. (10, 11, 12)

10. 클라이언트의 강박과 충동성을 일으키는 모든 내적(예 ; 사고, 상상, 충동), 외적(예 ; 사람, 사물, 상황) 요소들의 특성을 사정한다. EBT
11. 클라이언트가 두려움을 느끼는 내적, 외적 요소를 두려워하는 정도의 순서대로 나열하도록 지도하고 돕는다. EBT
12. 클라이언트가 가장 성공적으로 극복할 가능성이 높은 OCD의 내적 또는 외적 요소를 선택해서 먼저 심상노출을 실시하고, 노출 중과 후에 인지재구조화를 실시한다(Kozak과 Foa의 Mastery of Obsessive-Compulsive Disorder와 McGinn과 Sanderson의 Treatment of Obsessive-Compulsive Disorder참고). EBT

EBT 8. 두려움을 일으키는 내적 그리고 외적 요소들에 대한 실제 노출과제를 수행한다. (13)

13. 클라이언트에게 다음 번 상담에 오기 전까지 재구조화된 인지를 사용해서 내적 그리고 외적 OCD유발요소들에 대한 노출을 반복하고 그 반응을 기록하는 과제를 부여하며(Jongsma의 Adult Psychotherapy Homework Planner 2판에서 Reducing the Strength of Compulsive Behaviors 부분을 참고), 다음 상담시간에 검토

하여 성공을 강화한 후 개선을 위할 교정적 피드백을 제공한다(Kozak과 Foa의 Mastery of Obsessive-Compulsive Disorder참고). EBT

EBT 9. 발생 가능한 미래의 불안 증상을 다루기 위한 재발예방 전략을 실천한다. (14, 15, 16, 17)

14. 어쩌다 한 번 생긴 일과 반복해서 발생하는 걱정, 불안증상 또는 회피하고 싶은 충동으로 인한 문제의 발생, 그리고 회피적 행동양상과 두려움을 지속하게 하는 결정으로 인한 불안의 재발을 클라이언트가 구별할 수 있도록 설명한다. EBT
15. 클라이언트가 재발이 발생할 수 있는 미래의 상황이나 환경을 다룰 수 있도록 문제를 확인하고 예행연습을 실시한다. EBT
16. 클라이언트가 강박 충동적 행동양상의 재발을 예방할 수 있도록 치료 중에 배운 방법을 규칙적으로 사용할 수 있게 지도한다(예 ; 이전에 두려움을 일으킨 내적, 외적 요소들에 지속적으로 노출한다). EBT
17. 클라이언트가 OCD증상이 없이 생활에 적응하고 치료에서 배운 것을 잘 유지하도록 정기적인 "보충"상담 계획을 세운다(OCD의 재발예방전략에 대한 자세한 설명은 1994, Hiss, Foa, Kozak의 논문을 참고). EBT

EBT 10. 강박적 사고의 빈도를 줄이기 위해서 사고중지기술을 사용

18. 클라이언트가 자신에게 "그만"이라고 소리를 치면서 동시에 빨간 신호

한다. (18, 19)

등을 생각한 후 조용한 장면을 생각하는 사고중지기술을 사용하여 강박적 생각을 멈추도록 교육한다.

19. 클라이언트가 상담을 마친 후 돌아가서 매일 사고중지기술을 사용하도록 과제를 부여하고 검토하여 성공을 강화하며 실패한 것을 재지도 한다 (Jongsma의 Adult Psychotherapy Homework Planner 2판에서 Making Use of the Thought-Stopping Technique부분을 참고).

11. 불안을 일으키는 핵심갈등을 확인한다. (20, 21)

20. 클라이언트의 해결되지 못한 핵심갈등을 확인하기 위해서 클라이언트의 상황을 탐구한다.

21. 클라이언트가 OCD를 이해하는데 도움이 되는 책을 읽도록 과제를 부여하고, 그 내용을 가지고 상담을 진행한다.

12. 핵심 갈등과 관련된 감정을 말로 표현하고 명확히 한다. (22)

22. 클라이언트가 해결되지 않은 삶의 핵심문제에 관한 감정을 확인하고 표현하도록 격려하고 지지하며 돕는다.

13. OCD증상을 치료하기 위한 에릭슨 이론을 적용한 과제를 실행한다. (23)

23. 강박이나 충동에 휩싸인 클라이언트에게 에릭슨 이론을 적용한 과제(예; 만일 상실에 대한 강박을 가진 경우라면 클라이언트가 상실한 사람이나 또는 장소를 방문하거나 카드를 보내거나 꽃을 가지고 가도록 한다)를 개발하고 부여하며 그 결과를 클라이언트와 함께 사정한다.

14. OCD충동을 극복하기 위해서 전략적 시련요법을 사용한다. (24)

15. 현재의 충동적인 행동양상을 변화시키기 위해서 매일 수행할 규칙을 만들고 실행한다. (25)

___. ________________________________

____

___. ________________________________

____

___. ________________________________

____

24. 클라이언트의 강박이나 충동성의 치료를 확실히 제공하는 전략적 시련기법을 고안하고 수행한다("치료"는 목적을 달성하기 위한 개입을 제공하는 것을 말하며, 치료의 시작단계에 클라이언트에게 치료를 약속하는 것이 아니라는 Haley의 강조점을 기억할 것. Haley의 Ordeal Therapy 참고).

25. 클라이언트가 자신의 행동양상을 변화시키는데 도움이 될 수 있는 규칙을 개발하고 실천하도록 돕는다(예 ; 클라이언트가 싫어하지만 필요한 일을 한 가지 찾아서 강박적인 생각이 들 때마다 그 일을 하도록 한다). 그 결과를 클라이언트와 함께 확인하고 필요한 부분을 수정한다.

___. ________________________________

____

___. ________________________________

____

___. ________________________________

____

가능한 진단명과 코드

축 1:	300.3	강박충동장애
	300.00	미분류 불안 장애
	296.xx	주요 우울 장애
	_______	_______________
	_______	_______________
축 2:	301.4	강박충동적 성격장애
	_______	_______________
	_______	_______________

28 패닉/광장 공포증(Panic/Agoraphobia)

행동적 정의

1. 예기치 않은 갑작스럽고 건강을 쇠약하게 하는 패닉증상들(예 ; 얕은 호흡, 땀 흘림, 심장이 쿵쾅거림, 어지러움, 이인증 또는 현실감의 상실, 떨림, 가슴이 죄어옴, 죽음에 대한 두려움이나 통제력 상실, 구역질)이 반복적으로 발생하며 따라서 패닉 발생에 대한 지속적인 걱정을 초래하는 경우
2. 심한 패닉증상에 대한 두려움으로 인해 활동이나 관련된 상황을 눈에 띄게 피하여 정상적인 생활에 지장을 받는 경우
3. 그러한 두려움이 비합리적이라는 사실을 인식하고 있음에도 불구하고 지속적으로 두려움을 느낌.
4. 집과 같이 안전한 장소에서 떠나는 것이나 여행에 대한 두려움 때문에 자기 스스로를 점차 고립시킴.
5. 쇼핑몰이나 규모가 큰 상점과 같이 많은 사람이 모이는 장소나 공공장소를 피함.
6. 광장 공포증의 증상이 나타나지 않음.

___. ______________________________

____

___. ______________________________

____

___. ______________________________

____

장기목표

1. 패닉의 빈도, 강도 그리고 지속시간이 감소한다.
2. 감당할 수 없는 패닉증상에 대한 두려움이 감소한다.
3. 패닉에 대한 두려움을 감소시키고, 패닉을 일으킬 수 있다고 생각되는 활동이나 상황을 피하지 않게 된다.
4. 자유롭게 집을 떠나고 공공장소에 가는 것에 대해서 보다 더 편안하게 느낀다.

___. ____

____

___. ____

____

___. ____

____

단기 세부목표

1. 패닉증상의 과거력과 특성을 설명한다. (1, 2)

치료적 개입

1. 클라이언트의 패닉증상과 두려움 그리고 회피의 빈도, 간도, 지속시간, 과거력을 사정한다(DiNardo, Brown, Barlow의 The Anxiety Disorders Interview Schedule for the DSM-IV 참고).
2. 클라이언트의 패닉증상을 악화시킬 수 있는 모든 자극과 사고 또는 상황의 특성을 사정한다(또는 Jongsma의 Adult Psychotherapy Homework Planner 2판에서 Monitoring My Panic Attack Experiences참고).

2. 광장 공포증과 불안의 정도를 사정

3. 광장 공포증의 정도와 범위를 더 자세

하도록 고안된 심리검사를 받는다. (3, 4)

3. 약물처방을 위해서 전문의의 검진을 받는다. (5, 6)

4. 패닉과 광장 공포증 그리고 그 치료에 대해 정확하게 이해하고 그것을 말로 표현한다. (7, 8)

5. 패닉의 치료과정을 이해하고

히 사정하기 위해서 검사를 실시한다 (Chambless, Caputo, Gracely의 The Mobility Inventory for Agoraphobia 참고).

4. 클라이언트의 불안증상의 정도와 범위를 더 자세히 사정하기 위해서 척도를 사용한다(예 ; Reiss Peterson, Gursky의 The Anxiety Sensitivity Index).

5. 클라이언트의 증상을 완화하기 위한 약물처방을 받도록 전문의의 검진을 주선한다.

6. 클라이언트가 약을 잘 복용하는지 부작용과 효과는 어떤지 모니터하고 정기적으로 담당의사와 상의한다.

7. 클라이언트에게 패닉이 의학적인 위험이나 취약성의 신호, 정신이상을 나타내는 것 또는 일상적인 것이 아니라 위험에 대한 거짓 경고이며, 종종 불필요한 회피를 일으키는 것이라는 사실에 대해서 이야기한다.

8. 패닉장애와 광장 공포증에 대한 책이나 치료매뉴얼을 읽도록 클라이언트에게 과제를 부여한다(예 ; Barlow와 Craske의 Mastery of Your Anxiety and Panic, Wilson의 Taking Control of Anxiety Attacks, Marks의 Living with Fear).

9. 클라이언트에게 노출치료가 어떻게

말로 표현한다. (9)

6. 전반적인 불안을 감소시키고 패닉증상을 다루기 위해서 안정과 대처전략을 실행한다. (10, 11)

7. 심각한 문제를 초래하지 않고 불안증상을 견디어 내는 자신의 능력을 확신하도록 긍정적인 자기언어를 적용한다. (12, 13)

8. 왜곡되고 두려움에 가득 찬 자기언어를 확인하고 도전하며 현실에 기초하여 긍정적인 자

학습된 두려움을 감소시키고 자신감을 갖게 하며, 새로운 성공의 경험을 하도록 함으로써 보다 안전하게 느끼게 하는지 설명한다.

10. 클라이언트가 증상을 다룰 수 있도록 대처전략(예 ; 행동목표에 초점을 두기, 근육이완법, 횡격막 호흡법, 긍정적 자기언어)을 사용하면서 일반적인 이완과 훈련을 위해서 점진적인 근육이완법을 매일 연습하도록 가르친다.

11. 클라이언트가 패닉증상이 있는 동안 심리적 변화에 대한 내적인 면에 초점을 두지 말고 외적인 자극과 행동적 책임에 초점을 유지하도록 가르친다.

12. 패닉증상, 심장마비, 행동조절력의 상실 또는 심각한 정신질환 사이에 아무런 관련이 없다는 사실을 클라이언트에게 지속적으로 재보증한다.

13. 클라이언트에게 심각한 문제가 초래되지 않고 불안증상을 견딜 수 있는 능력을 확신하는 긍정적인 자기언어를 가르치기 위해서 모델링과 행동주의 예행연습기술을 사용한다.

14. 클라이언트에게 두려움을 일으키는 스키마와 자기언어를 탐구하고 그 편견에 도전한다. 그리고 왜곡된 메

기언어로 대체한다. (14, 15)

시지를 재난적인 결과가 생길 것이라고 추측하지 않으며, 패닉증상에 대한 자신의 대처능력을 폄하하지 않는 자기언어로 대체하도록 클라이언트를 돕는다.

15. 클라이언트가 두려움이 가득 찬 자기언어를 확인하고 현실에 기초한 대안을 발견하도록 과제를 부여하며(또는 Jongsma의 Adult Psychotherapy Homework Planner 2판에서 Journal and Replace Self-Defeating Thoughts부분을 과제로 부여한다) 검토한 후 실패를 교정하기 위한 피드백을 하면서 성공을 강화한다(Antony와 McCabe의 10 Simple Solutions to Panic, Barlow와 Craske의 Mastery of Your Anxiety and Panic참고).

9. 두려워하는 신체적 감각에 대해서 더 이상 무서워하지 않게 될 때까지 점진적으로 반복 노출을 실시한다. (16, 17)

16. 클라이언트가 연습(예 ; 약간 머리가 어질어질하도록 숨을 빨리 쉬기, 약간 어지러울 때까지 의자를 돌리기)을 통해서 두려워하는 신체적 감각에 노출하여 자신을 안정시키는 대처전략(예 ; 행동목표에 초점을 두기, 근육이완, 횡격막 호흡법, 긍정적 자기언어)을 사용하도록 가르치고, 불안이 줄어들 때까지 반복해서 연습한다(Antony와 McCabe의 10 Simple Solutions to Panic, Craske, Barlow, Meadows의 Mastery of Your An-

xiety and Panic-Therapist Guide참고). EBT

10. 증상이 나타나며 부정적인 결과를 두려워하거나 회피하는 상황에 대해서 점진적으로 반복 노출을 실시한다. (18, 19, 20) EBT

17. 클라이언트에게 감각노출을 연습하고 기록하도록 과제를 부여하며 (Antony와 McCabe의 10 Simple Solutions to Panic, Barlow와 Craske의 Mastery of Your Anxiety and Panic참고) 검토한 후 실패에 대한 교정적 피드백을 하여 성공을 강화한다. EBT

18. 클라이언트가 공포반응을 일으키는 상황을 단계별로 나타내도록 지도하고 돕는다. EBT

19. 클라이언트가 성공의 경험을 할 가능성이 높은 상황에 먼저 노출하도록 하고, 그 증상을 다룰 방법을 계획하고 그 계획을 어떻게 실행할 것인지 머릿속으로 그린다. EBT

20. 클라이언트의 상황적 노출에 대한 반응을 기록하도록 과제를 부여한다 (Jongsma의 Adult Psychotherapy Homework Planner 2판에서 Gradually Reducing Your Phobic Fear 부분과 Antony와 McCabe의 10 Simple Solutions to Panic, Barlow와 Craske의 Mastery of Your Anxi-ety and Panic참고). EBT

11. 미래의 가능한 불안 증상을 다루기 위해서 재발방지전략 EBT

21. 클라이언트가 어쩌다 한 번 생긴 일과 반복해서 발생하는 걱정, 불안증

을 적용한다.
(21, 22, 23, 24)

상 또는 회피하고 싶은 충동으로 인한 문제의 발생과 회피적 행동양상, 두려움을 지속하게 하는 결정으로 인한 불안의 재발을 구별할 수 있도록 설명한다.

22. 클라이언트가 불안이 재발할 수 있는 미래의 상황이나 환경을 확인하고, 잘 다룰 수 있도록 예행연습을 한다.

23. 클라이언트의 삶을 가능한 정상이 되게 하면서 인지 재구조화, 노출과 같이 치료에서 배운 기술을 반복적으로 사용할 수 있도록 가르친다.

24. 클라이언트가 나중에 사용할 수 있도록 대처전략과 다른 유용한 정보들을 적은 "대처카드"(예 ; 숨을 정상적인 속도로 조절한다, 눈앞의 과제에 집중하라, 너는 이것을 감당할 수 있다, 곧 증상이 없어질 것이다)를 만든다.

12. 두려움과 회피적인 태도를 유지하는 것에 대한 비용편익분석을 완수한다. (25)

25. 클라이언트가 도망치거나 회피하는 방식으로 패닉증상을 강화하여 얻는 부차적 이득이 있는지 탐구한다. 그리고 클라이언트가 두려운 상황을 유지하는 것에 대해서 도전하고 그것을 견디어 낼 수 있는 대처기술을 사용하도록 돕는다.

13. 공포 자극으로 인하여 클라이언트가 경험한 과거의 정서적 고통과

26. 클라이언트가 가진 현재의 비합리적인 두려움과 과거의 정서적 고통을

비합리적 두려움을 일으키는 사물이나 상황의 실제적 현실에 대해서 이야기한다. (26, 27)

14. 패닉증상이 삶을 주도하지 않게 하고, 일상적인 책임완수를 지속적으로 회피하지 않겠다고 스스로 결심하고 실행하도록 한다. (28)
15. 진보를 확인하고 성공을 강화하며 장애물을 해결하는 사후상담에 참여한다. (29)

__. ____________________

__. ____________________

__. ____________________

명확히 하고 구분한다.

27. 적극적 경청, 긍정적 관심, 질문 등의 기술을 사용하여 클라이언트가 과거의 상처와 관련된 감정을 나눌 수 있도록 격려한다.
28. 클라이언트가 패닉에 초점을 두어 도망치거나 회피하지 않고 일, 가족 그리고 사회활동을 잘 영위하도록 지지한다.
29. 치료가 끝난 후 1~3개월 동안 클라이언트를 위한 사후관리 상담을 계획한다.

__. ____________________

__. ____________________

__. ____________________

가능한 진단명과 코드

축 1:	300.01	광장 공포증을 동반하지 않는 패닉
	300.21	광장 공포증을 동반하는 패닉
	309.22	패닉장애를 동반하지 않는 광장 공포증
	______	____________________
	______	____________________

29 편집증적 생각(Paranoid Ideation)

행동적 정의

1. 충분한 증거 없이 다른 사람이나 특정한 사람을 전체적으로 심하게 또는 지속적으로 불신함.
2. 다른 사람들에게 착취당하고 있거나 해를 입고 있다고 생각함.
3. 사소한 사건들을 자신의 존재에 대한 위협으로 오해함.
4. 다른 사람들이 자신에 대해 비평하고 있다는 약간의 조짐에도 과민하게 반응함.
5. 자신이 상처받거나 이용당하고 있다고 생각하여 다른 사람들을 멀리하려고 함.
6. 쉽게 상처받거나 빨리 화를 내는 경향 ; 일반적으로 방어적인 태도를 보임.
7. 이유 없이 배우자나 가까운 사람들의 충성심 또는 성실성을 의심함.
8. 일상생활에 지장을 줄 정도로 강박적인 불신감

___: ______________________________

____

___: ______________________________

____

___: ______________________________

____

장기목표

1. 다른 사람들을 보다 신뢰하여 다른 사람에 대해 긍정적으로 이야기하고 사회생활을 편안하게 느낀다.

2. 방어적이거나 분노하지 않고 다른 사람들과 상호작용한다.
3. 가까운 사람들에 대한 신뢰를 말로 표현하며, 그들을 불신하거나 비난하지 않는다.
4. 다른 사람을 의심하고 감시하지 않으며, 보다 편안하고 신뢰적이며 개방적인 상호작용을 한다.
5. 강박적인 의심으로 방해받지 않고 중요한 문제에 집중한다.
6. 강박적인 불신으로 인해서 최소한의 방해를 받으며 직장, 사회활동 그리고 지역사회에서 적절하게 기능한다.

___: ____

____

___: ____

____

___: ____

____

단기 세부목표

1. 감정과 신념을 표현하며 치료자에게 신뢰를 나타낸다. (1, 2)
2. 불신하는 사람이나 단체의 원인을 확인한다. (3, 4)

치료적 개입

1. 클라이언트의 감정을 확인하고 표현하는 능력이 증진되도록 지속적인 눈맞춤, 적극적 경청, 무조건적 긍정적 관심, 따뜻한 수용을 통해서 적극적으로 클라이언트와 신뢰를 형성한다.
2. 클라이언트의 다른 사람에 대한 불신을 감소시키기 위해서 상담 중에 편안하고 참을성 있는 태도를 보여준다.
3. 클라이언트의 편집증상의 특성과 내용을 탐구하며 망상적인 요소가 있는지 확인한다.
4. 클라이언트가 왜곡된 두려움을 느끼

고 있는지 탐구하고, 비합리적인 정도와 클라이언트가 자신의 비합리성을 인식할 수 있는 능력이 있는지 사정한다.

3. 자신이 취약하다고 느끼고 있다는 사실을 확인한다. (5, 6, 7)

5. 클라이언트 자신이 부적절하며 취약하다고 느끼는 두려움을 탐구한다.
6. 클라이언트 자신의 분노에 대한 두려움이 다른 사람에 대한 불신으로 이어진다는 사실을 설명한다.
7. 클라이언트가 자신이 취약하다고 느끼는 원인을 원가족과의 과거 경험에서 찾아본다.

4. 다른 사람들은 믿을 수 없고 악의를 가졌다는 핵심 믿음을 확인하고 대체한다. (4, 8)

4. 클라이언트가 왜곡된 두려움을 느끼고 있는지 탐구하고, 비합리적인 정도와 클라이언트가 자신의 비합리성을 인식할 수 있는 능력이 있는지 사정한다.
8. 클라이언트의 사회적 상호작용을 검토하고 상호작용에서 어떠한 왜곡된 믿음이 작용하고 있는지 탐구하며, 그러한 왜곡되고 편집증적인 감정을 유발하는 핵심믿음을 대체한다.

5. 정신과 진료를 받고 처방된 약을 잘 복용한다. (9, 10, 11)

9. 클라이언트의 왜곡된 사고과정을 바로잡기 위해서 항정신질환 약물 사용의 필요성을 사정한다(이 책의 정신병적 성향 부분을 참고).
10. 클라이언트가 약물처방을 받도록 전문의를 만나 검진을 받게 한다.
11. 클라이언트가 약을 잘 복용하고 있는

지 부작용과 효과에 대해서 모니터하고 담당의에게 보고하며, 만일 처방된 약을 클라이언트가 복용하지 않으면 직면기법을 사용한다.

6. 편집증의 정도를 사정하기 위해서 심리검사를 받는다. (12)

12. 정서질병이 진행되고 있는지 확인하기 위해서 심리검사를 실시하고, 그 결과를 피드백 한다.

7. 신체적인 원인이 있는지 확인하기 위해서 신경심리학적 검사를 받는다. (13)

13. 클라이언트를 신경심리학적 검사에 의뢰하고 만일 신체적인 요소가 발견되면 신경과 전문의에게 의뢰한다.

8. 다른 사람을 위협적으로 생각하는 신념이 객관적인 근거에 의한 것이 아니라 오히려 주관적인 해석일 뿐이라는 사실을 인식한다. (4, 8, 14, 15)

4. 클라이언트가 왜곡된 두려움을 느끼고 있는지 탐구하고 비합리적인 정도와 클라이언트가 자신의 비합리성을 인식할 수 있는 능력이 있는지 사정한다.

8. 클라이언트의 사회적 상호작용을 검토하고, 상호작용에서 어떠한 왜곡된 믿음이 작용하고 있는지 탐구하며, 그러한 왜곡되고 편집증적인 감정을 유발하는 핵심믿음을 대체한다.

14. 클라이언트가 다른 사람을 불신하는 이유가 자신이 부적절하다고 느끼는 것으로 인한 두려움 때문이라는 사실을 깨닫도록 돕는다.

15. 클라이언트가 자신의 구체적인 두려움에 대한 비용편익분석을 하도록 요구하고, 그 결과를 가지고 상담을 진행한다.

9. 가까운 사람을 신뢰하고 그 사람이

16. 연합 상담을 실시하여 사정하고, 클

보이지 않아도 편안하게 느끼며, 그것을 말로 표현한다. (16, 17)

10. 두려움이나 의심 없이 사회관계를 증진한다. (18, 19)

__: ______________________

__: ______________________

__: ______________________

라이언트가 가까운 사람들을 신뢰할 것을 강화한다.

17. 다른 사람이 악의를 가지고 자신을 대한다는 클라이언트의 생각과 반대되는 가까운 사람들의 행동에 대한 대안적 설명을 제공한다.
18. 클라이언트가 다른 사람들에게 자기주장기법을 사용하여 그 사람에 대한 자신의 생각을 확인하도록 격려한다.
19. 클라이언트가 다른 사람들의 마음을 더 잘 공감하고, 자신의 불신적이고 방어적인 행동이 다른 사람들에게 어떤 영향을 미치는지 이해할 수 있도록 역할극, 행동연습, 역할전환기법 등을 사용한다.

__: ______________________

__: ______________________

__: ______________________

가능한 진단명과 코드

축 1:	300.23	사회 공포증
	310.1	축 3의 질병으로 인한 성격의 변화
	295.30	정신분열증, 편집형
	297.1	망상장애
	_______	___________________________
	_______	___________________________
축 2:	301.0	편집성 성격장애
	310.22	분열형 성격장애
	_______	___________________________
	_______	___________________________

30 자녀양육(Parenting)

행동적 정의

1. 자녀와 적절한 경계를 두는 것이 부적절하다는 느낌을 표현함.
2. 자녀의 문제행동을 감당하기가 힘들다고 보고함.
3. 자녀의 잘못된 행동에 대한 감정을 조절하는 것에 자주 어려움을 느낌
4. 배우자와 자녀양육과 훈육에 대해 갈등을 겪음.
5. 자녀보호와 훈육의 부족, 행동한계설정의 부족
6. 자녀가 원하는 것을 과하게 충족시켜줌.
7. 자녀에 대한 심하고 엄격하며 요구적인 부모의 태도
8. 신체적 정서적으로 학대적인 양육방식
9. 자녀의 연령과 발달과정에 적합한 기대수준의 지식 부족
10. 자녀의 행동을 바로잡을 수 있는 지식과 자원의 고갈

___. ______________________________

____

___. ______________________________

____

___. ______________________________

____

장기목표

1. 유능하고 효과적인 자녀양육 수준에 도달한다.

2. 자녀의 문제행동을 효과적으로 다룬다.
3. 자녀의 발달수준에 맞는 현실적인 생각을 하며, 적절한 자녀양육방법을 사용한다.
4. 효과가 없으며 학대적인 자녀양육방식을 그만두고, 긍정적이며 효과적인 방법을 사용한다.
5. 부부갈등을 해소하여 부부가 자녀양육을 위한 팀이 되어 보다 잘 협력하도록 한다.
6. 가족 연대감의 수준을 높인다.

___. ____

____

___. ____

____

___. ____

____

단기 세부목표

1. 부부관계, 자녀의 행동에 대한 기대, 양육스타일 등의 정보를 제공한다. (1)
2. 부부갈등을 구체적으로 확인하고, 그 해결을 위해서 노력한다. (2, 3)
3. 추천받은 검사를 받고 그 결과를

치료적 개입

1. 공감과 그들의 문제에 대한 일반화를 사용해서 부모가 상담에 참여하고, 그들의 부부관계와 자녀행동에 대한 기대 그리고 자녀양육의 스타일에 대한 정보를 얻는다.
2. 부모로부터 얻은 부부관계와 자녀양육에 대한 정보를 분석하고 부부갈등의 유무를 확인한다.
3. 효과적인 자녀양육에 걸림돌이 되는 부부갈등을 해결하기 위해서 부부관계 치료를 시행하거나 의뢰한다.
4. 부모의 장점과 단점을 사정하기 위해

확인한다. (4, 5, 6)

서 검사 도구를 사용한다(예 ; the Parenting Stress Index[PSI], the Parent-Child Relationship Inventory [PCRI]).

5. 검사결과를 부모와 함께 이야기하고, 자녀양육을 위한 팀으로 부부가 더 잘 협조할 수 있도록 문제를 확인한다.
6. 검사 결과를 통해서 부모의 장점을 확인하고 부모의 자신감을 증진하며, 효과적인 자녀양육방식을 습득하도록 한다.

4. 각자가 자녀를 양육하면서 경험한 좌절, 절망, 부적절감 등의 감정을 표현한다. (7, 8, 9)

7. 부모가 충분히 편안하게 느끼고 그들의 마음을 열어 자녀양육의 어려움을 이야기할 수 있는, 따뜻하고 공감적인 분위기를 만든다.
8. 유머와 정상화기법을 사용하여 자녀양육의 모든 면에 대해서 가르친다.
9. 부모들이 자녀양육에 있어서 완벽해야 한다는 지나친 부담감을 갖지 않도록 돕는다.

5. 자녀양육에 영향을 주는 해결되지 않은 어린 시절의 문제를 확인하고, 그것을 해결하도록 노력한다. (10, 11)

10. 현재의 해결되지 않는 모든 문제를 확인하고, 이러한 문제가 어떻게 자녀를 양육하는 데에 영향을 미치고 있는지 확인하기 위해서 각 부모의 어린 시절을 탐구한다.
11. 부모의 해결되지 않은 어린 시절부터의 문제들을 극복하도록 돕는다.

6. 자녀의 행동에 즉각적으로 반응하지 않는다. (12, 13, 14)

12. 아동의 행동에 부모들이 얼마나 즉각적으로 반응하는지 평가하고, 부모들

이 보다 잘 조절하고 생각하며 계획된 방식으로 반응하는 법을 배울 수 있도록 돕는다.

13. 아동의 즉각적이고 부정적인 반응을 얻으려고 자극하는 것이 부모의 "아킬레스건"임을 인식하고 이러한 과민반응이 어떻게 자녀양육의 효과에 부정적인 영향을 미치는지 부모들이 이해하도록 돕는다.
14. 부모가 자녀의 지나친 요구나 부정적인 행동에 대해 자동적으로 반응하기 보다는, 충분히 생각하고 반응하는 법을 배울 수 있도록 반응상황에 대한 역할극을 실시한다.

7. 어려움의 원인이 되는 자녀의 성격이나 기질을 확인하고, 그러한 성격이나 기질을 보다 효과적으로 다룰 수 있는 구체적인 전략을 개발한다. (15, 16, 17)

15. 부모가 자녀양육법에 대한 책을 읽고 (예 ; Greenspan의 The Challenging Child) 그들의 자녀에게 나타나는 문제 행동을 확인하도록 하며, 그러한 행동에 대한 전략을 실천하도록 돕는다.
16. 자녀양육에 대한 책을 읽고 부모가 보다 다양한 방식의 문제 행동에 대한 개입방법을 사용하도록 돕는다 (예 ; Turecki와 Tonner의 The Diffi-cult Child, Greene의 the Explosive Child, Edwards의 How to Handle a Hard-to-Handle Kid).
17. 부모가 자신의 자녀에게 새로운 전략을 사용하도록 피드백을 주고, 필요한 방향을 제시하면서 지지하고 권한

을 부여하며 모니터하고 격려한다.

8. 자녀의 행동에 대한 부모의 반응이 어떤 영향을 미치는지 이해하고 말로 표현한다. (18, 19)

18. 부모와 자녀의 행동적 상호작용이 어떻게 긍정적이거나 부정적 행동을 더 하도록 또는 못하도록 하는지를 교육하며, 긍정적인 변화를 위해 사용될 수 있는 상호작용의 핵심요소들(예 ; 긍정적인 행동을 장려하고 강화하기)을 가르치는 자녀양육 훈련(Parent Management Training)을 실시한다(Forehand와 Long의 Parenting the Strong-willed Child참고).

19. 부모가 구체적으로 문제행동을 정의하고 확인하는 방법과 문제행동에 대한 부모의 반응이 그 행동을 부추기는 결과를 초래하며 그 행동을 더 하게 하는지 확인하는 방법을 가르친다.

9. 효과적이라고 증명된 자녀양육법을 실천한다. (20, 21, 22)

20. 해도 되는 것과 안 되는 것에 대한 현실적이고 나이에 적절한 규칙 설정하기, 환경 속에서 긍정적인 행동을 장려하기, 칭찬 같은 행동을 격려하는 강화를 사용하기, 명확한 방식으로 지도하기, 타임아웃 사용하기, 문제 행동에 대한 벌칙(주로 더 나이가 많은 아이들과), 협상과 재협상 등과 같은 자녀양육의 기술을 지속적으로 적용하는 방법을 부모에게 가르친다.

21. 부모가 배운 자녀양육기술을 실천하

고 기록하도록 과제를 부여하며 상담 중에 검토하여 개선과 적절하고 지속적인 기술의 사용을 위해서 교정적 피드백을 제공한다.

22. 부모가 자녀양육의 구체적인 기술에 관한 책(예 ; Forgatch의 Parenting through Change)을 읽거나 비디오테이프를 보고 효과적인 자녀양육기술을 익히도록 한다(Webster-Stratton, 1994참고).

10. 자녀양육의 기술과 효과, 그리고 자신감을 증진하고 말로 표현한다. (17, 23, 24, 25)

17. 부모가 자신의 자녀에게 새로운 전략을 사용하도록 피드백을 주고 필요한 방향을 제시하면서 지지하고 권한을 부여하며 모니터하고 격려한다.

23. 효과적인 자녀양육 방법을 익힐 수 있는 구조화된 훈련프로그램을 부모에게 실시하거나 의뢰한다.

24. 부모에게 발달, 관점, 충동과 분노조절 등 아들과 딸의 수많은 차이점을 교육하고 어떻게 이러한 차이점들을 자녀양육의 과정에서 다룰 수 있는지 교육한다.

25. 자녀에게 "부모 보고카드(Berg-Gross의 Parent Report Card)"를 작성하고 부모에게 피드백을 제공한다. 그리고 부모의 장점을 지지하고 강화될 필요가 있는 단점을 확인한다.

11. 부모가 자녀양육과정에서 상대방을 언어적으로 지지한다. (26, 27)

26. 자녀양육에 있어서 단점이 무엇인지 부모 팀이 확인하도록 돕고, 그들의

기술을 개선하고 자신감을 증진하도록 도우며 사후관리를 한다.

27. 부모가 자녀들이 자신이 원하는 것을 얻기 위해서 부모의 협력을 어떻게 방해하는지를 알아차리고, 서로를 지지할 수 있는 구체적인 방법을 확인하고 실행한다.

12. 가족으로부터 시간과 에너지를 빼앗은 외부의 압력이나 요구, 그리고 주의를 분산시키는 요소들을 줄인다. (28, 29)

28. 부모가 그들의 자녀와 그들 스스로가 너무 지나치게 많은 활동이나 조직, 스포츠에 관여하지 않도록 약속한다.

29. 부모가 전 가족이 참여하는 주변 활동계획을 작성하고 그 계획을 평가하여 활동들이 할 만한 가치가 있는 것인지 확인해보고, 휴식을 취하는 시간을 갖기 위해서 어떤 활동을 취소하는 것이 좋을지 확인하도록 한다.

13. 자녀들과 개방적이고 효과적으로 이야기를 나누는 기술을 개발한다. (30, 31)

30. 부모가 자녀에게 이야기를 하기보다는, 더 많이 들어주고 개방적이고 함께 생각과 감정을 나누며, 지속적인 대화를 촉진하는 개방형 질문을 사용하는 방법을 가르치기 위해서 모델링과 역할극을 사용한다.

31. 자녀와의 대화방법에 대한 책(예 ; Faber와 Mazlish의 How to Talk So Kids Will Listen and Listen So Kids Will Talk, Gordon의 Parent Effectiveness Training)을 읽도록 과제를 부여하고, 자녀와의 일상적인 대화에서 새로 습득한 대화방법을 적용하도록 도우며, 각 자녀의 긍정

적인 반응을 확인하도록 돕는다.

14. 자녀에 대한 완벽주의적 기대를 수정하고 말로 표현한다. (32, 33)

32. 부모들의 자녀에 대한 비현실적이고 완벽주의적 기대를 지적하고 그들이 이러한 것을 수정할 수 있도록 돕는다.

33. 부모가 그들의 자녀들과의 관계에 있어 완벽주의적 기대로 인한 부정적인 영향을 확인하도록 돕는다.

15. 청소년기의 자녀양육의 독특성과 어려움을 인식하고 이해하며 말로 표현한다. (34, 35, 36)

34. 부모가 청소년기의 자녀들이 그들의 친구들로부터 받는 영향에 대해 균형 있는 입장을 갖도록 돕는다.

35. 부모에게 청소년기는 질풍노도의 시기이며, 이 변화를 모두가 잘 이겨내야 하는 것임을 가르친다(Pittman의 Turning Points, Dobson의 Preparing for Adolescence: How to Survive the Coming Years of Change참고).

36. 부모가 자녀양육 문제에 대처하고 자녀들의 부정적인 친구들과 그들로부터의 부정적인 영향에 대한 두려움을 줄이며, 이러한 자녀들의 친구그룹에 미치는 부모의 영향력을 잃는 것에 대한 두려움을 줄이도록 돕는다.

16. 건설적이고 긍정적인 방식으로 그들의 청소년 자녀들을 점차로 떠나보낸다. (37)

37. 부모가 그들의 청소년 자녀들과의 건강한 독립을 허락하고 지지할 수 있는, 건설적이며 긍정적인 방법을 확인하고 실행할 수 있도록 돕는다.

17. 부모와 자녀사이의 연대감을 증진하고 보고한다. (38, 39)

38. 부모가 가족 구성원들 사이의 연합을 방해하거나 제한하는 모든 장애물을 제거하거나 해결하고, 가족 연합을

증진할 수 있는 활동을 확인하도록 돕는다(예 ; 가족게임, 일대일 가족시간).

39. 부모에게 단지 "집에 있는 것" 또는 "곁에 있어주는 것"이 자녀에게 소중한 시간이라는 사실을 이야기한다.

__: ______________________

__: ______________________

__: ______________________

__: ______________________

__: ______________________

__: ______________________

가능한 진단명과 코드

축 1:	309.3	행동장애를 동반한 적응장애
	309.4	정서와 행동장애가 복합된 적응장애
	V61.21	아동방임
	V61.20	부모-자녀 관계에서의 문제
	V61.10	배우자 관계에서의 문제
	V61.21	아동에 대한 신체적 학대
	V61.21	아동에 대한 성적 학대
	313.81	적대적 반항장애
	312.9	미분류 파괴적 행동장애
	312.8	행동장애, 청소년기 발현
	314.01	주의력결핍 과잉행동장애, 복합적 형태
	______	______________________
	______	______________________
축 2:	301.7	반사회적 성격장애
	301.6	의존적 성격장애
	301.81	자기애적 성격장애
	799.9	진단 유예
	V71.09	진단 없음
	______	______________________
	______	______________________

31 인간발달 주기적 문제
(Phase of Life Problems)

행동적 정의

1. 결혼에 따르는 책임과 상호의존성에 대한 적응에 어려움을 느낌.
2. 부모 역할을 수행해야 하는 부담으로 인한 불안과 우울
3. 자녀가 가족으로부터 독립하는 것에 대한 애도(빈 둥지 스트레스)
4. 퇴직으로 인한 자아정체감, 의미의 상실감과 안절부절 못함.
5. 부모가 되어 전업주부가 되며 직업을 그만두는 것과 관련된 고립감, 슬픔 그리고 지루함.
6. 나이 들고 아프며 의존적인 부모를 돌보고 보살피는 것과 관련된 좌절과 불안

___. ____

____

___. ____

____

___. ____

____

장기목표

1. 마음속의 갈등을 해결하고 인생에서의 새로운 상황에 적응한다.
2. 현재의 상황의 장점을 인지하도록 인생의 방향을 다시 설정한다.
3. 의존적이고 도움이 필요한 가까운 사람을 섬기고, 부양하며 지지하는 것에서 만족감을 느낀다.

4. 타인에 대한 배려와 자신의 흥미를 개발하는 것 사이에서 균형 있는 삶을 살아 간다.

___: ______________________________

____

___: ______________________________

____

___: ______________________________

____

단기 세부목표

1. 스트레스, 불안, 만족감 결핍을 유발하는 삶의 상황을 설명한다. (1, 2, 3)

2. 인생에서 중요한 결정과 만족감을 결정하는 가치관을 확인한다. (4, 5)

3. 만족감을 증진할 수 있는 새로운 활동을 실천한다. (6, 7)

치료적 개입

1. 좌절, 불안, 만족감 결핍을 일으키는 클라이언트의 현재의 상황을 탐구한다.
2. 클라이언트에게 걱정을 일으키는 상황의 목록을 작성하고 각각의 상황이 어떻게, 왜 불만스러운지 적도록 과제를 부여한다.
3. 클라이언트가 자신의 만족감을 증진할 수 있도록 자신의 삶에서 부족하거나 바라는 것들의 목록을 작성하도록 돕는다.
4. 클라이언트가 자신의 가치관을 명확히 하고 우선순위를 파악하도록 돕는다.
5. 클라이언트가 가치관에 대한 책을 읽도록 과제를 부여하고, 그 내용과 중요하다고 여기는 가치의 목록으로 상담을 진행한다.
6. 클라이언트가 자신의 만족감을 증진하고 가치를 실현하며 삶의 질을 증

진할 수 있는 활동을 계획하도록 돕는다.

7. 자기만족을 위한 활동을 포함하는 클라이언트의 삶을 수정하기 위해 클라이언트의 노력을 검토하고 성공을 강화하며 실패를 재지도 한다.

4. 가족을 돌봐야 하는 책임으로 인한 부담감을 줄일 수 있는 방법을 확인하고 실행한다. (8, 9)

8. 클라이언트를 부담스럽게 하는 책임으로부터 휴식을 취하거나 지원할 수 있는 가능한 자원(예 ; 부모지지그룹, 자녀양육에 대한 배우자의 보다 적극적인 참여, 노부모부양자에 대한 휴식 프로그램, 형제자매와 부모부양의 책임 분담, 가정으로 제공되는 건강관리 자원 사용하기, 부모교실에 참여하기)을 찾기 위해서 브레인스토밍을 실시한다.

9. 클라이언트가 책임감으로 인한 부담을 덜 수 있는 변화를 시도하도록 격려하고, 그 진전을 모니터하며 성공을 강화하여 실패를 재지도 한다.

5. 갈등을 잘 다룰 수 있도록 자기주장기술을 더 많이 사용한다. (10, 11, 12)

10. 클라이언트가 갈등이나 불만족을 줄일 수 있도록 역할극, 모델링, 행동예행연습 등을 사용하여 자기주장기술을 가르친다.

11. 자기주장 훈련 프로그램에 클라이언트를 의뢰한다.

12. 클라이언트가 자기주장과 경계설정에 대한 책을 읽도록 하고, 그 내용을 클라이언트의 삶속에서 어떻게 적용할 수 있는지에 대해 상담을 진

행한다.

6. 현재 상황에 문제 해결기술을 적용한다. (13, 14)

13. 클라이언트에게 문제 해결기술을 가르친다(예 ; 문제를 명확히 정의하기, 다양한 해결법을 브레인스토밍하기, 각 해결방법의 장·단점을 목록으로 작성하기, 다른 사람의 조언 듣기, 행동계획을 작성하고 적용하기, 결과 평가하기, 계획에 필요한 수정을 가하기).
14. 클라이언트의 현재의 상황에 대한 문제 해결 접근법을 적용하기 위해 클라이언트와 모델링, 역할극을 실시한다.

7. 현재 삶의 스트레스 요인들에 대해서 가까운 사람들과 더 많은 대화를 나눈다. (15, 16)

15. 클라이언트의 현재 삶의 스트레스 요인들에 적용하도록 의사소통기술을 가르친다(예 ; "I Message", 적극적 경청, 눈 맞춤).
16. 클라이언트의 걱정거리를 다루는 연합 상담을 클라이언트의 배우자와 다른 가족들이 함께 실시하고, 개방적 의사소통을 격려하며 함께 문제를 해결하도록 돕는다.

8. 현재 삶의 상황에서 다섯 가지 좋은 점을 확인한다. (17)

17. 그 동안 간과했었거나 생각하지 못했던 현재 삶의 상황에서 최소한 다섯 가지의 좋은 점을 클라이언트가 확인하도록 돕는다(예 ; 스스로 결정을 내릴 수 있는 기회, 배우자와 친밀감을 갖고 마음을 나눌 수 있는 기회, 개인적으로 관심이 있었던 일을 할

수 있는 시간이 주어졌거나 가까운 사람의 욕구를 충족시킬 수 있는 기회).

9. 균형 잡힌 삶을 회복하기 위해서 시간과 노력을 투자한다. (18)

18. 클라이언트가 삶의 균형을 회복할 수 있는 변화의 영역을 확인하도록 돕고 실천계획을 작성한다(예 ; 적당한 운동, 적절한 영양섭취와 수면, 사회활동, 영적인 개발, 배우자와 함께하는 활동, 개인적 활동과 취미생활, 자신뿐 아니라 다른 사람에 대한 봉사).

10. 긍정적 자아정체감을 강화할 수 있는 활동을 증진한다. (19, 20)

19. 클라이언트가 자신의 장점과 긍정적인 특징, 재능을 사회에 기여할 수 있는 잠재성, 관심분야, 개발되지 않은 능력 등의 목록을 작성하면서 자아정체감을 명확히 하고 삶의 의미를 찾도록 돕는다.

20. 클라이언트가 자신이 속한 인간 발달단계에서의 변화 속에서 의미를 찾고 정체감을 명확히 하는 활동을 증진하기 위한 행동계획을 세우며, 그 실천을 모니터한다.

11. 고립감을 줄이기 위해서 사회접촉을 증진한다. (21, 22)

21. 클라이언트가 고립감을 극복할 수 있는 기회(예 ; 지역사회의 여가나 학습그룹에 참여하기, 교회에 적극적으로 참여하기, 공시적인 교육과정을 수강하기, 스포츠그룹에 참여하기, 취미그룹에 참여하기 등)를 탐색하고 이러한 활동을 실행할 수 있도록 격려한다.

22. 클라이언트에게 새로운 관계를 맺기 위해 필요한 기술(예 ; 대화를 시작하기, 자신을 소개하기, 다른 사람들에게 그들에 대해 질문하기, 미소 짓고 친절하게 대하기, 집에 새로운 사람을 초대하기, 새로 사귄 사람과 사회활동이나 취미생활을 시작하기 등)을 역할극과 모델링을 사용해서 가르친다.

12. 현재의 적응 스트레스와 관련된 정서적 어려움에 대해서 이야기한다. (23, 24)

23. 클라이언트가 현재 삶의 스트레스 요소들에 적응할 수 있도록 클라이언트의 감정과 대처방법, 지지체계를 탐구하고, 우울증의 정도, 불안 또는 애도와 이러한 문제에 대한 추천된 치료방법 등을 사정한다(이 책의 우울증, 불안 그리고 애도 부분을 참고).

24. 우울증, 좌절, 고립감 등의 감정이 있으면 자살 가능성을 사정하고, 필요한 경우에는 자살방지 대책을 세운다(이 책의 자살생각 부분을 참고).

13. 클라이언트의 스트레스를 줄일 수 있도록 가까운 사람들이 돕는다. (25)

25. 가족 치료를 실시하여 가족들이 클라이언트를 지지하고 클라이언트의 스트레스를 줄이기 위한 조언을 할 기회를 제공하며, 클라이언트가 자신의 욕구를 자기주장적으로 이야기하여 가족들이 클라이언트를 지원하기 위해 책임을 나누도록 돕는다(예 ; 배우자가 자녀양육에 보다 많이 참여하기, 클라이언트의 사회활동에 대한

욕구와 지지받고 싶은 욕구를 채울 수 있도록 배우자가 지지하기, 가족들이 노부모 부양의 책임을 보다 많이 분담하기).

__: ____________________

__: ____________________

__: ____________________

__: ____________________

__: ____________________

__: ____________________

가능한 진단명과 코드

축 1:

V62.89	인생발달 주기적 문제
313.82	정체성 문제
V61.1	부부관계의 문제
V61.20	부모와 자녀관계의 문제
309.0	우울한 기분을 동반한 적응장애
309.28	불안과 우울한 기분이 복합된 적응장애
309.24	불안을 동반한 적응장애
____	____________________
____	____________________

축 2:

799.9	진단 유예
V71.09	진단 없음
____	____________________
____	____________________

32 공포증(Phobia)

행동적 정의

1. 즉각적으로 불안 반응을 일으키는 공포 자극으로 인해서 회피하는 특정 대상이나 상황에 대한 지속적이고 비합리적인 두려움.
2. 공포를 일으키는 자극이나 두려워하는 상황을 회피하고 고통스러워하여 일상생활에 장해가 초래됨.
3. 두려움이 비합리적이라는 사실을 인정함에도 불구하고 두려움을 지속적으로 느낌.
4. 패닉장애를 나타내지 않음.

___. ____

____

___. ____

____

___. ____

____

장기목표

1. 이전에 공포 불안을 일으킨 특정한 자극이나 상황에 대한 두려움을 감소시킨다.
2. 특정한 자극이나 상황의 공포로 인한 회피를 감소시켜서 집 밖에서 활동할 때에도 편안하고 독립적으로 기능할 수 있게 된다.
3. 일상적 활동에서의 장애를 제거하고, 두려워하는 대상이나 상황으로 인한 고통

을 경감한다.

___. ____

____

___. ____

____

___. ____

____

단기 세부목표

1. 공포증의 과거력과 특성을 설명하고, 그것이 자신의 기능에 어떠한 영향을 미치며 그것을 극복하기 위해 어떠한 시도를 했었는지 모두 설명한다. (1, 2)

2. 공포증을 사정하기 위해서 고안된 심리검사를 받는다. (3)

EBT 3. 약물복용을 위해서 의사에게 검진을 받는다. (4, 5)

치료적 개입

1. 클라이언트의 공포적 두려움을 일으키는 대상과 상황을 탐구하고 확인한다.
2. 두려움의 초점과 회피, 변화, 장애 등의 형태(예 ; 신경의 분산, 도망, 타인에게 의존)를 포함하여 클라이언트의 두려움과 회피를 사정한다(Di-Nardo Brown, Barlow가 저술한 The Anxiety Disorders Interview Schedule for the DSM-IV를 참고).
3. 클라이언트의 공포반응의 정도와 범위를 사정하기 위해서 자가 측정을 실시한다(Antony의 Measures for Specific Phobia를 참고).
4. 클라이언트가 원하거나 또는 점진적 노출 기법에 클라이언트가 잘 응하지 않으면 약물복용을 위해서 의사에게 클라이언트를 의뢰한다. EBT
5. 클라이언트가 약을 잘 복용하는지, 부작용은 없는지, 효과가 있는지 모니터

하고 의사와 정기적으로 논의한다. EBT

EBT 4. 공포증과 그 치료방법에 대한 정보를 정확히 이해하고 말로 표현한다. (6, 7, 8)

6. 공포증이 매우 흔하게 발생하며, 어떤 문제에 대해 자연적이지만 비합리적인 표현방식으로 불필요한 고통과 장애를 초래한다는 사실을 설명한다. EBT
7. 공포적 두려움이 두려워하는 대상이나 상황에 대해 긍정적이고 교정적인 표현을 어떻게 방해하며 막연한 두려움과 회피의 "공포의 악순환"으로 유지되는지, 그리고 어떻게 치료를 통해서 이러한 긍정적인 표현을 촉진하여 그 악순환을 없애는지 설명한다(Craske, Antony, Barlow의 Mastery of Your Specific Phobia-Therapist Guide, Bruce와 Sanderson의 Specific Phobias참고). EBT
8. 클라이언트가 특정 공포증에 대한 책이나 매뉴얼을 읽도록 과제를 부여한다(예 ; Craske, Antony, Barlow의 Mastery of Your Specific Phobia-Client Manual, Bourne의 The Anxiety and Phobia Workbook, Marks의 Living with Fear). EBT

EBT 5. 불안과 그 치료의 인지적, 생리학적, 행동적 요소들에 대한 이해를 말로 표현한다. (9, 10)

9. 비현실적인 위협과 두려움에 대한 신체적 표현, 그리고 문제를 지속시키는 위협적인 것에 대한 회피가 공포증과 어떻게 관련되어 있는지 설명한다(Craske, Antony, Barlow의 Mastery of Your Specific Phobia-Therapist

Guide, Bruce와 Sanderson의 Specific Phobias참고). EBT

10. 노출기법이 어떻게 학습된 두려움을 없애고 자신감을 심어주며 새로운 성공의 경험을 통해서 더 안전하게 느낄 수 있게 하는지 설명한다(Craske, Antony, Barlow의 Mastery of Your Specific Phobia-Therapist Guide, Bruce와 Sanderson의 Specific Phobias참고). EBT

EBT 6. 공포를 일으키는 대상이나 상황에 대한 불안증상을 감소시키고 조절하기 위한 안정 기술을 교육받고 실천한다. (11, 12, 13)

11. 공포를 일으키는 대상이나 상황에 대한 불안증상을 다루기 위해서 불안조절기술(예 ; 행동 목표에 초점 맞추기, 근육이완, 횡격막 호흡 조절법, 긍정적 자기언어)을 클라이언트에게 가르친다. EBT
12. 클라이언트에게 매일 안정기술을 실천하도록 과제를 부여하고 개선하도록 피드백을 제공하면서 검토하여 성공을 강화한다. EBT
13. 클라이언트가 안정기술을 익히는데 도움이 되도록 바이오피드백[10] 기술을 사용한다. EBT

EBT 7. 긴장적용기술을 배우고 실천한다. (14, 15)

14. 클라이언트가 피, 주사, 상처 등과 같이 공포를 일으키는 대상이나 상황에 직면했을 때 쓰러지지 않도록 하기 위해서 뇌의 혈액이 빠져나가는 것을

10) 바이오피드백이란 자신의 생체신호(bio-)를 스스로에게 알려줌(feedback)으로써 자신의 생리상태를 조절하고 이완효과를 얻는 것을 의미한다.

줄이기 위해 목과 상체의 근육을 긴장시키는 긴장적용기술을 가르친다(Ost, Fellenius, Sterner의 Behaviour Research and Therapy에서 Applied tension, exposure in vivo, tension-only부분을 참고.) EBT

8. 왜곡되고, 두려움에 가득 찬 자기언어를 확인하고 도전하며, 긍정적이고 현실적이며 권한부여적인 자기언어로 대체한다. (16, 17, 18) EBT

15. 클라이언트에게 매일 긴장적용기술을 실천하도록 과제를 부여하고 개선하도록 피드백을 제공하면서 검토하여 성공을 강화한다. EBT
16. 클라이언트의 두려움에 기인하여 반응을 일으키는 그의 스키마와 자기언어를 탐구하고 왜곡에 대해서 반박한다. 그리고 그 왜곡된 메시지를 현실에 기초한 대안들과 긍정적인 자기언어로 대체하도록 돕는다. EBT
17. 클라이언트가 두려움에 가득 찬 자기언어를 확인하고, 현실에 기초한 대안을 찾아내도록 과제를 부여하며(또는 Jongsma의 Adult Psychotherapy Homework Planner 2판에서 Journal and Replace Self-Defeating Thoughts부분을 과제로 부여한다), 개선을 위한 피드백을 제공하면서 검토하여 성공을 강화한다. EBT
18. 클라이언트가 심각한 결과를 초래하지 않고 불안증상을 극복할 수 있도록 긍정적인 자기언어를 훈련하기 위해 행동주의적 기술을 사용한다

(예 ; 모델링, 교정적 피드백, 심상연습, 사회적 강화).

9. 두려워하거나 회피하는 공포의 대상이나 상황에 대한 반복적 노출을 실시한다. (19, 20, 21)

19. 클라이언트가 공포반응과 관련된 불안을 일으키는 상황을 단계별로 목록을 작성하도록 돕는다.

20. 증상을 다룰 계획을 작성하고 그 계획을 예행연습 해본 후, 클라이언트가 성공적으로 경험할 가능성이 가장 높은 것부터 노출을 실시한다.

21. 클라이언트가 상황노출을 실시하고 그 반응을 기록하도록 과제를 부여하며(Jongsma의 Adult Psychotherapy Homework Planner 2판에서 Gradually Reducing Your Phobic Fear부분과 Antony, Craske, Barlow의 Mastery of Your Specific Phobia-Client Manual과 Marks의 Living with Fear참고) 검토한 후, 성공한 것을 강화하여 개선을 위한 피드백을 제공한다.

10. 미래에 발생 가능한 불안증상을 다루기 위한 재발방지전략을 적용한다. (22, 23, 24, 25)

22. 어쩌다 한 번 생긴 일과 반복해서 발생하는 걱정, 불안증상, 또는 회피하고 싶은 충동으로 인한 문제의 발생과 회피적 행동양상, 그리고 두려움을 지속하게 하는 결정으로 인한 불안의 재발을 클라이언트가 구별할 수 있도록 설명한다.

23. 클라이언트가 불안이 재발할 수 있는

미래의 상황이나 환경을 확인하고 잘 다룰 수 있도록 예행연습을 한다.

24. 클라이언트의 삶을 가능한 정상이 되게 하도록 치료에서 배운 인지 재구조화, 노출기술 등을 일상적으로 사용할 수 있게 가르친다.

25. 클라이언트가 나중에 사용할 수 있도록 대처전략과 다른 유용한 정보들을 적은 "대처카드"(예 ; 당신은 안전합니다, 눈앞의 과제에 초점을 두라, 감당할 수 있다, 그 상황에서 도망치지 말라, 불안을 그냥 지나가도록 하라)를 만든다.

11. 두려워하고 회피하는 상태를 유지하는 것에 대한 장·단점을 말로 표현한다. (26)

26. 도망치거나 회피하는 방식으로 클라이언트의 공포증이 강화됨으로써 발생하는 부차적인 이득이 있는지 탐구한다.

12. 공포증을 발생시킨 과거의 고통스러운 감정적 경험과, 비합리적인 두려움을 일으키는 대상이나 상황의 현실적 실체에 대해서 이야기한다. (27, 28)

27. 클라이언트의 현재의 비합리적인 두려움과 과거의 감정적인 고통사이의 차이점을 명확히 하고 구분한다.

28. 적극적 경청, 긍정적 관심, 질문 등을 통해서 클라이언트가 과거의 상처로 인한 감정을 나누도록 격려한다.

13. 공포증적인 두려움에 의해서 삶이 좌우되도록 하거나 계속해서 자신의 책임과 행동을 회피하지 않을 것을 결심하고 노력한다. (29, 30)

29. 클라이언트가 도망치거나 회피하지 않고 직업, 가족, 그리고 사회활동에 참여하도록 지지한다.

30. 클라이언트가 자신의 패닉증상을 조절하고 정상적인 책임을 완수하면서

자신의 삶을 보다 만족스럽게 살아갈 수 있는 방법을 목록으로 작성하도록 요구한다.

14. 나아지는지 확인하고 성과를 강화하며 문제해결의 장애물을 확인하는 사후회기에 참여한다. (31)

__: ______________________________
____
__: ______________________________
____
__: ______________________________
____

31. 치료가 끝난 후 1~3개월 동안 클라이언트와 "원조회기"를 계획한다.

__: ______________________________
____
__: ______________________________
____
__: ______________________________
____

가능한 진단명과 코드

축 1: 300.29 특정 공포증
______ ______________________________
______ ______________________________

33 외상 후 스트레스 장애(PTSD) (Posttraumatic Stress Disorder)

행동적 정의

1. 두려움, 절망감 또는 공포와 같은 강렬한 감정반응을 일으키는 실제적이거나 위협적인 죽음 또는 심각한 손상에 노출됨.
2. 외상 사건을 회상시키는 침범적인 고통스러운 생각이나 이미지가 떠오름.
3. 외상 사건과 연관된 고통스러운 꿈을 꿈.
4. 환상이나 회상장면이 떠오르는 것처럼 그 사건이 반복적으로 발생하는 느낌
5. 외상 사건을 연상시키는 경우에 노출될 때 강한 고통을 느낌.
6. 외상 사건을 상징하는 내적 또는 외적 요소에 노출될 때 생리학적인 반응을 보임.
7. 외상 사건에 관한 생각, 감정, 대화를 피함.
8. 외상 사건과 연관되는 활동, 장소, 사람을 피함.
9. 외상 사건의 몇 몇 중요한 점들을 기억할 수 없음.
10. 의미 있는 활동에 대한 관심과 참여의 부족
11. 다른 사람들로부터의 고립감을 느낌.
12. 사랑을 포함하는 다양한 감정을 경험할 수 없음.
13. 미래에 대한 비관적인 태도
14. 수면장애
15. 짜증스러움
16. 집중력 장애
17. 과잉경계
18. 과도한 놀람.
19. 슬픔이나 죄책감 그리고 우울증의 다른 징후가 나타남.
20. 알코올/마약 남용

21. 자살생각
22. 특히 친밀한 관계에서의 갈등적 대인관계의 양상
23. 언어적/신체적인 폭력에 위협행동을 나타냄.
24. 불안증상으로 인한 슈퍼바이저나 동료들과의 갈등 때문에 직업을 유지할 수 없음.
25. 증상이 1개월 이상 지속됨.

___. ____

____

___. ____

____

___. ____

____

장기목표

1. 삶의 많은 측면에 영향을 준 외상적 사건의 부정적인 영향을 줄이고 외상 이전의 기능으로 회복한다.
2. 정상적으로 반응할 수 있게 효과적인 대처기술을 개발하고 적용하며, 대인관계에 건설적인 태도로 참여한다.
3. 부정적인 생각, 감정, 충동 등에 압도당하지 않고 외상 사건을 회상할 수 있다.
4. 치료를 증진하고 과거의 사건을 수용하며, 책임감 있는 삶의 방식을 영위할 수 있는 행동을 실천하면서, 동시에 부정과 회피를 유지하는 자기 파괴적인 행동을 그만둔다.

___. ____

____

___. ____

____

___. ____

____

단기 세부목표

1. PTSD증상의 과거력과 상태를 설명한다. (1, 2)

2. PTSD증상을 사정하기 위해서 고안된 심리검사를 실시하고, 그 상태와 심각성을 확인한다. (3)

3. 가능한 구체적인 세부사항으로 외상사건을 설명한다. (4)

4. 모든 자살생각을 포함한 우울증상을 말로 표현한다. (5)

치료적 개입

1. 치료적 동맹관계를 갖기 위해서 클라이언트와 라포를 형성한다.
2. PTSD증상의 빈도, 강도, 지속시간, 과거력과 클라이언트의 기능에 미치는 영향을 사정한다(Jongsma의 Adult Psychotherapy Homework Planner에서 How the Trauma Affects me 부분과 DiNardo, Brown, Barlow의 The Anxiety Disorders Interview Schedule for the KSM-IV를 참고).

3. PTSD증상이 어느 정도인지 사정하기 위해서 클라이언트가 심리검사를 받도록 하거나 의뢰한다(예 ; Minnesota Multiphasic Personality Inventory-2 [MMPI-2], Impact of Events Scale, PTSD Symptom Scale, 또는 Mississippi Scale for Combat Related PTSD).

4. 외상사건과 그 때 클라이언트의 감정반응을 조심스럽고 민감한 태도로 탐구한다(또는 Jongsma의 Adult Psychotherapy Homework Planner 2판에서 Share the Painful Memory부분을 참고).

5. 클라이언트의 우울증 정도와 자살 가능성을 사정하고 정해진 필수적인 안전조치를 취하면서 적절하게 치료한다(이 책의 우울증과 자살생각부분을 참고).

5. 약물의존의 생물심리사회적 과거력에 대한 정보를 솔직하게, 빠뜨리지 않고 제공한다. (6, 7, 8)

6. 클라이언트가 외상에 관련된 약물의존 문제를 갖고 있는지 사정한다.
7. 클라이언트가 약물의존을 초래할 수 있는 가족적, 감정적, 사회적 요소들을 이해할 수 있도록 생물심리사회력을 사용한다.
8. 클라이언트가 약물의존에 대한 치료를 받도록 의뢰한다(이 책의 약물의존 부분을 참고).

6. 약물복용을 위해서 의사의 검진을 받는다. (9, 10)

9. 약물복용의 필요성을 사정하고(예 ; selective serotonin reuptake inhibitors) 적절한 약물처방을 받도록 돕는다.
10. 클라이언트가 약물을 처방대로 잘 복용하고 있는지 클라이언트의 기능에 약물이 어떤 효과를 미치는지 모니터하고 평가한다.

7. PTSD와 그것의 발생과정에 대한 정확한 이해를 말로 표현한다. (11, 12)

11. 고통스러운 기억의 회상, 이유없는 두려움, 불안 그리고 수치감, 분노, 죄책감과 같은 다른 부정적인 감정에 대한 취약성을 초래하는 PTSD가 어떻게 외상경험으로부터 발생하는지 이야기한다.
12. PTSD의 특징과 발병원인을 설명하는 책이나 치료매뉴얼을 읽도록 클라이언트에게 과제를 부여한다.

8. PTSD치료과정에 대한 이해를 말로 표현한다. (13, 14)

13. 대처기술, 인지재구조화, 노출치료가 어떻게 자신감을 얻고 두려움을 극복하여 자기 자신과 타인 그리고 세

상을 덜 두려워하게 도우며 우울증에 도움이 되는지 설명한다.

14. 클라이언트가 PTSD에 대한 책이나 치료 매뉴얼에서 스트레스 예방, 인지재구조화 또는 노출치료에 대하여 읽도록 과제를 부여한다(예 ; Rothbaum과 Foa의 Reclaiming Your Life After Rape 또는 Matsakis의 I Can't Get Over It 참고).

9. 외상에 관련된 어려운 상황을 다룰 수 있는 안정과 대처전략을 배우고 적용한다. (15, 16)

15. 두려움을 조절할 수 있도록 충분히 숙달되었다고 느낄 때까지 클라이언트에게 이완, 호흡조절, 은닉모델링(예 ; 기술을 성공적으로 사용하는 것을 상상하기)과 같은 스트레스 예방법과 역할극을 사용하여 가르친다(Meichenbaum의 A Clinical Handbook for Treating PTSD참고).

16. 외상에 관련된 두려움을 일으키는 클라이언트의 스키마와 자기언어를 탐구하고, 클라이언트가 부정적인 편견을 반박하여 바로잡아 확신을 얻을 수 있는 평가를 내리도록 돕는다.

10. 편견과 두려움의 자기언어를 확인하고 도전하며, 현실에 기초하여 긍정적인 자기언어로 대체한다. (16, 17)

16. 외상에 관련된 두려움을 일으키는 클라이언트의 스키마와 자기언어를 탐구하고, 클라이언트가 부정적인 편견을 반박하여 바로잡아 확신을 얻을 수 있는 평가를 내리도록 돕는다.

17. 클라이언트가 두려움의 자기언어를 확인하고, 현실에 기초한 대안을 생각하도록 연습과제를 부여하여 검토하며, 실패를 극복하도록 피드백을 제공하며 성공을 강화한다(Jongsma의 Adult Psychotherapy Homework Planner 2판에서 Negative Thoughts Trigger Negative Feelings부분과 Rothbaum과 Foa의 Reclaiming Your Life After Rape을 참고).

11. 외상이 심각한 고통을 일으키지 않는다고 말하고 생각할 때까지 상상과 실제노출에 참여한다. (18, 19, 20)

18. 클라이언트가 두려워하고 회피해온 외상관련 자극요인들의 두려움과 회피단계를 구조화하도록 지시하고 돕는다.

19. 클라이언트가 노출치료를 사용하고 그 반응을 기록하도록 과제를 부여하여(Jongsma의 Adult Psychotherapy Homework Planner 2판에서 Gradually Reducing Your Phobic Fear 부분과 Resick과 Calhoun의 Post-traumatic Stress Disorder를 참고) 검토한다. 그리고 문제해결의 장애물을 확인하여 치료의 진전을 강화한다.

20. 클라이언트가 자신이 선택한 정도의 구체적인 사항을 점진적으로 외상경험을 설명함으로써 그 외상을 상상하면서 노출될 수 있도록 하며, 연관된 불안이 줄어들고 안정될 때까지

반복한다. 그 상담회기를 녹음하여 클라이언트가 상담이 마친 후 들을 수 있도록 한다(Resick과 Calhoun의 Posttraumatic Stress Disorder를 참고).

12. 원치 않는 생각을 다루는 사고중지기술을 배우고 적용한다. (21)

21. 클라이언트가 원치 않는 외상이나 다른 부정적인 생각을 알아차리면 속으로 "그만"이라고 외치고, 다른 멈춤을 나타내는 것(예 ; 정지신호나 사인)을 상상하는 사고중지기술을 가르친다(또는 Jongsma의 Adult Psycho-therapy Homework Planner 2판에서 Making Use of the Thought-Stopping Technique부분을 과제로 낸다).

13. 외상에 관련된 자극을 받을 때 발생하는 생각, 감정, 충동을 다루는 자기대화기법을 배우고 적용한다. (22)

22. 클라이언트가 부적응적 자기언어를 인식하고 반박하는 등 회피하고 싶은 마음을 극복하고 발생한 감정에 대처하며, 자신이 성취한 것을 강화하는 법을 배우도록 자기대화기술을 가르친다(Resick과 Calhoun의 Posttraumatic Stress Disorder를 참고). 이것을 검토하여 문제해결에 장애가 되는 것을 찾아서 해결하도록 도우며 진보를 강화한다.

14. 가능한 미래의 외상관련 증상을 다루기 위한 재발방지 전략을 적용한다. (23, 24, 25, 26)

23. 클라이언트가 처음 발생한 문제와 증상의 악화, 두려움 또는 회피하고 싶은 충동, 두려움과 회피의 행동패턴으로 되돌아가려고 결심한 경우의 재

15. 외상사건의 감정적 반응을 줄이기 위해서 눈 운동 민감소실과 재처리(EMDR)기술의 사용에 협력한다. (27)
16. 분노조절기술 적용의 필요성을 인정하고 배우며 적용한다. (28, 29)
17. 스트레스 감소기술로서 규칙적인 운동을 한다. (30, 31)

발을 구별할 수 있도록 설명한다. EBT

24. 악화될 수 있는 미래의 상황이나 환경을 클라이언트가 다룰 수 있도록 하기 위해서 그러한 가능성을 확인하고 예방을 위해 예행연습을 한다. EBT
25. 클라이언트가 사회적 상호작용과 인간관계를 하면서 치료에서 배운 전략들을 일상적으로 사용할 수 있도록 지도한다. EBT
26. 클라이언트가 나중에 사용할 수 있도록 대처전략과 다른 유용한 정보들을 적은 "대처카드"(예 ; 숨을 고르라, 눈앞의 과업에 초점을 두라, 이 일을 감당할 수 있다, 시간이 지나면 해결될 것이다 등)나 다른 메모장을 만든다. EBT
27. 클라이언트의 외상사건에 대한 감정반응을 줄이는 EMDR기술을 사용한다.
28. 위협이나 재산손해, 상해를 유발한 클라이언트의 분노조절 실패의 경우를 사정한다.
29. 클라이언트에게 분노조절기술을 가르친다(이 책의 분노조절부분을 참고).
30. 클라이언트를 위해서 규칙적인 운동을 개발하고 격려한다.

31. 클라이언트가 운동치료법에 관한 책을 읽고 적용하도록 추천한다.

18. 외상과 관련된 꿈으로 방해받지 않고 수면을 취한다. (32)

32. 클라이언트의 수면패턴을 모니터하고 숙면을 돕도록 이완, 긍정적 심상 그리고 수면 위생[11] 사용을 격려한다(이 책의 수면장애부분을 참고).

19. 연합/가족치료 상담에 참여한다. (33)

33. 클라이언트의 PTSD증상을 유발하는 상처의 치유를 촉진하기 위해 가족과 연합 상담을 실시한다.

20. PTSD에 초점을 둔 그룹상담에 참여한다. (34)

34. 클라이언트가 외상사건을 공유하고 다른 PTSD 생존자들과 그 영향에 대해서 이야기를 나누는 것에 초점을 두는 그룹상담에 의뢰하거나 직접 실시한다.

21. PTSD가 업무수행기능에 미친 부정적인 영향에 대한 이해를 말로 표현한다. (35)

35. 클라이언트의 직업력을 탐구하고 적절한 직업관련 문제를 치료한다(이 책의 업무 스트레스부분을 참고).

22. 미래에 대한 희망적이고 긍정적인 말을 한다. (36)

36. 자기 확신을 강화하고 적응적 행동을 증진하는 클라이언트의 긍정적이고 현실에 기초한 인지 메시지를 강화한다.

__. ______________________________
____

__. ______________________________
____

__. ______________________________
____

__. ______________________________
____

__. ______________________________
____

__. ______________________________
____

11) 수면 위생(sleep hygiene)은 숙면을 위한 방법들을 말한다. 예를 들면, 기상시간을 일정하게 유지하거나 담배를 끊거나 줄이는 것과 같이 수면에 도움이 되는 방법을 말한다.

가능한 진단명과 코드

축 1:	309.81	외상 후 스트레스 장애
	300.14	해리적 정체성 장애
	300.6	이인화 장애
	300.15	미분류 해리장애
	995.54	아동기의 신체적 학대, 피해자
	995.81	성인기의 신체적 학대, 피해자
	995.53	아동기의 성적 학대, 피해자
	995.83	성인기의 성적 학대, 피해자
	308.3	급성 스트레스 장애
	304.80	복합물질 의존
	305.00	알코올 남용
	303.90	알코올 의존
	304.30	마리화나 의존
	304.20	코카인 의존
	304.00	아편 의존
	296.xx	주요 우울 장애
	______	____________________
	______	____________________
축 2:	301.83	경계선 성격장애
	301.9	미분류 성격장애
	______	____________________
	______	____________________

34 정신증(Psychoticism)

행동적 정의

1. 기이한 생각(과대망상, 박해, 관계망상, 영향, 통제, 신체화 또는 배신 등의 사고 내용)
2. 비논리적인 생각이나 말(말에 있어서 생각이 서로 잘 연결되지 않음, 지리멸렬, 비논리적인 사고, 모호하거나 추상적·반복적인 말, 신조어의 사용, 보속증[12]), 소리에 따라 말 이어하기)
3. 지각의 장애(청각, 시각 또는 후각적 환각)
4. 정서의 장애(무감, 둔감, 부적절한 감정)
5. 자아 상실(자아경계의 상실, 자기정체감의 부족, 눈에 띄게 드러나는 혼란)
6. 의지박약(부적절한 관심, 충동 또는 논리적으로 생각하여 결과를 생각하고 행동하는 능력의 부족, 목적지향적인 행동의 결핍이나 명백한 양가감정)
7. 관계의 위축(외부세계에 참여하려고 하지 않음, 자아중심적인 생각과 환상에 몰두, 소외감)
8. 정신운동이상(환경에 대한 반응성의 눈에 띄는 감소 ; 무감각, 강직성, 흥분, 가식적인 태도 또는 부정주의와 같은 다양한 긴장형적 양상 ; 비정상적 매너리즘이나 얼굴 찌푸림)
9. 심한 짜증, 분노, 예측불가능 또는 충동적인 행동 등과 같이 극단적으로 안절부절 못하는 행동
10. 기이한 옷차림이나 몸단장

---

12) 보속증 : 바로 전에 한 말이나 동작을 계속 반복하는 정신 이상 증상(Daum 국어사전에서 인용)

___: ____

____

___: ____

____

___: ____

____

장기목표

1. 정신증적 증상을 통제하거나 제거하여 보호자의 지도를 받으며 긍정적으로 기능하고 지속적으로 약을 복용한다.
2. 급성, 반응적, 정신증적 증상을 제거하고 정서, 사고, 관계에서 정상적으로 기능한다.
3. 목표지향적인 행동을 증가한다.
4. 현실에 사고의 초점을 둔다.
5. 조리 있게 말하고 사회적인 상황에 주의를 기울이며 과업을 완수할 수 있도록 정상적으로 말한다.

___: ____

____

___: ____

____

___: ____

____

단기 세부목표

1. 정신증적 증상의 형태와 경험을 설명한다. (1, 2, 3)

치료적 개입

1. 클라이언트에게 평안함, 돌보는 태도, 눈 맞춤과 적극적 경청 등의 수용적 태도를 나타낸다.

2. 면담과 심리검사를 통해서 클라이언트의 사고 장애의 정도를 사정한다.
3. 클라이언트의 정신증이 단기 반응적인 것인지, 전구증[13]적이며 반응적인 요소를 포함하는 장기적인 것인지를 결정한다.

2. 클라이언트와 가까운 사람들은 심각한 정서 질병의 가족력을 제공한다. (4)

4. 클라이언트의 심각한 정서 질병에 대한 가족력을 조사한다.

3. 고통스러운 증상들이 정서 질병으로 인한 것이라는 사실을 받아들이고 이해한다. (5, 6)

5. 클라이언트의 두려움을 경감하고 소외감을 줄일 수 있는 지지적 치료를 제공한다.
6. 클라이언트에게 정신증의 진행과정과 생물화학적인 요소, 그리고 그 질병이 합리적인 사고를 어떻게 방해하는지를 설명한다.

4. 보호 하에 또는 보호 없이 지속적으로 항정신증 약물을 복용한다. (7, 8)

7. 클라이언트가 정신증 증상과 항정신증 약물의 처방 가능성에 대해서 즉각적인 진단을 받도록 전문의에게 의뢰한다.
8. 클라이언트가 약을 처방대로 복용하고 있는지, 그리고 그 효과와 부작용에 대해서 모니터하고 만일 클라이언트가 약을 잘 복용하지 않으면 다시 지도한다.

5. 보호를 제공받을 필요가 있다는 사실을 수용한다. (9, 10)

9. 클라이언트가 안정적이며 보호받을 수 있는 환경에서 지내도록 돕는다

13) 전구증 : 의학에서 특정한 증상이 나타나기 전에 그 질병의 시작을 나타내는 초기의 비특정적 증상을 말한다(Wikipedia 백과사전 참고).

(예 ; 위기성인 위탁보호시설이나 친구 또는 가족의 집).

10. 만일 클라이언트가 자신의 기본욕구를 충족시킬 수 없거나 자신이나 타인에게 해를 미칠 가능성이 있다고 사정되는 경우에는 클라이언트의 의견에 상관없이 정신병원에 입원시키도록 한다.

6. 최근에 지각하는 급성 정신증을 유발했을 가능성이 있는 심각한 스트레스 요인들에 대해서 설명한다. (11, 12, 13)

11. 클라이언트의 반응적 정신증의 원인을 탐구한다.
12. 클라이언트의 정신증을 촉발한 스트레스 요인과 관련된 클라이언트의 감정을 탐구한다.
13. 클라이언트가 살아가는 환경에서 위협적인 요소를 줄이도록 돕는다(예 ; 보다 안전한 주거장소 찾기, 케이스워커의 정기적인 방문을 주선하기, 가족들이 보다 자주 전화하도록 돕기).

7. 환각 또는 망상이 줄거나 사라졌음을 보고한다. (7, 8, 14, 15, 16)

7. 클라이언트가 정신증 증상과 항정신증 약물의 처방 가능성에 관해서 즉각적인 진단을 받도록 전문의에게 의뢰한다.
8. 클라이언트가 약을 처방대로 복용하고 있는지 그리고 그 효과와 부작용에 대해서 모니터하고 만일 클라이언트가 약을 잘 복용하지 않으면 다시 지도한다.
14. 클라이언트가 현실검증과 오해를 확인함으로써 자신의 비합리적인 신념을 재구조화하도록 돕는다.

15. 클라이언트가 외부세계의 현실과 자신의 왜곡된 환상을 비교하는 것에 초점을 두도록 격려한다.
16. 클라이언트가 자기 스스로 만들어낸 메시지와 외부세계의 현실을 구분하여 자극 요소들을 이해하도록 설명한다.

8. 우호적인 일에 대해서 적절히 반응하여 제한적인 정도의 사회기능을 나타내기 시작한다. (14, 17)

14. 클라이언트가 현실검증과 오해를 확인함으로써 자신의 비합리적인 신념을 재구조화하도록 돕는다.
17. 클라이언트의 타인에 대한 적절한 사회적, 정서적 반응을 강화한다.

9. 보다 명확하게 생각하고 논리적으로 일관성 있게 이야기한다. (7, 18, 19)

7. 클라이언트가 정신증 증상과 항정신증 약물을 처방 가능성에 관해서 즉각적인 진단을 받도록 전문의에게 의뢰한다.
18. 클라이언트의 비논리적 사고와 언어를 부드러운 방식으로 직면하여 왜곡된 사고에 다시 초점을 맞추어 개입한다.
19. 클라이언트가 명확하고 합리적으로 생각하고 말할 수 있도록 강화한다.

10. 비합리적인 신념을 일으키는 숨겨진 욕구, 갈등, 정서 등을 이해하고 말로 표현한다. (14, 20)

14. 클라이언트가 현실검증과 오해를 확인함으로써 자신의 비합리적인 신념을 재구조화하도록 돕는다.
20. 비합리적 사고를 촉발하는 클라이언트의 숨겨진 욕구와 감정을 탐구한다(예 ; 부적절감, 거절감, 불안감, 죄책감).

11. 클라이언트의 정신증이 갑자기 악화되지 않도록 가족들의 긍정적 지지를 증가시킨다. (21, 22)	21. 클라이언트의 질병, 치료, 예후 등에 대해서 교육하기 위한 가족치료를 실시한다. 22. 클라이언트에게 불안과 정신증적 증상을 악화시킬 수 있는 이중 구속적 메시지를 가족들이 사용하지 않도록 돕는다.
12. 클라이언트의 정서질병에 대한 가족들의 죄책감, 좌절감, 두려움 등의 감정을 함께 나눈다. (23, 24)	23. 클라이언트의 정서질병에 관한 가족들의 좌절감, 죄책감, 두려움 또는 우울감 등의 감정을 서로 나누도록 격려한다. 24. 정신증적 환자들의 가족들을 위해서 고안된 지역사회 지지그룹에 가족들을 의뢰한다.
13. 질병 이전의 기능의 수준을 점차로 회복하고, 약물복용을 포함하여 자신의 기본적인 욕구를 잘 관리할 책임을 수용한다. (8, 25)	8. 클라이언트가 약을 처방대로 복용하고 있는지 그리고 그 효과와 부작용에 대해서 모니터하고 만일 클라이언트가 약을 잘 복용하지 않으면 다시 지도한다. 25. 클라이언트의 일상적 기능 수준(예 ; 현실감, 개인위생, 사회 상호작용, 정서의 적절성)을 모니터하고 재지도하거나 진전을 강화하는 피드백을 제공한다.
__. ______________________	__. ______________________
__. ______________________	__. ______________________
__. ______________________	__. ______________________

가능한 진단명과 코드

축 1:	297.1	망상장애
	298.8	단기 정신증적 장애
	295.xx	정신분열증
	295.30	정신분열증, 편집형
	295.70	분열정동형 장애
	295.40	정신분열형 장애
	296.xx	제1 양극성 장애
	296.89	제2 양극성 장애
	296.xx	주요 우울 장애
	310.1	축 3의 장애로 인한 성격의 변화
	______	______________________________
	______	______________________________

35 성적 학대(Sexual Abuse)

행동적 정의

1. 가까운 사람으로부터 확증될 수 있는 어린 시절의 부적절한 성적인 접촉에 대한 희미한 기억
2. 명확하고 구체적인 기억이 있는 성적 학대에 대한 자가보고
3. 어린 시절의 몇 년간에 대해 기억할 수 없음.
4. 타인과 친밀한 관계를 갖는데 심한 어려움을 겪음.
5. 좋아하는 파트너와 성적접촉을 즐길 수 있는 능력의 결핍
6. 가까운 가족이나 친척과 만날 때 분노, 두려움 등의 설명할 수 없는 감정을 느낌.
7. 성적인 방종이나 인간관계에 있어서 지나치게 성적인 면에 초점을 두는 행동패턴

___. ______________________________

____

___. ______________________________

____

___. ______________________________

____

장기목표

1. 관계에서 친밀감을 형성하는 능력을 증진할 수 있도록 성적 학대와 관련된 문제를 해결한다.
2. 적절한 성적 접촉을 즐길 수 있도록 노력하면서 성적 학대에 대한 치료과정을

시작한다.
3. 자신의 감정을 이해하고 조절하면서 지금의 문제를 초래한 성적 학대 관련 이슈들을 성공적으로 극복할 수 있게 노력한다.
4. 인간관계에 있어서 지나치고 부적절하게 성적인 면에 초점을 두지 않고 과거의 성적 학대 사실을 인지하고 수용한다.
5. 성적 학대의 발생유무를 확실히 밝힌다.
6. 성적 학대의 피해자라는 입장에서 벗어나서 성적 학대를 극복한 사람이 되도록 극복과정을 시작한다.

___: ____
____

___: ____
____

___: ____
____

단기 세부목표

1. 학대의 상황, 빈도, 지속기간 등을 이야기한다. (1, 2, 3)

치료적 개입

1. 클라이언트가 감정을 확인하고 표현할 수 있도록 지속적인 눈 맞춤, 무조건적 긍정적 관심, 따뜻한 수용을 통하여 개별 상담에서 클라이언트와 신뢰관계를 수립한다.
2. 불필요한 구체적인 사항에 대해서 빨리 이야기하도록 재촉하지 말고, 클라이언트의 성적 학대경험에 대해서 조심스럽게 탐구한다.
3. 클라이언트가 자랐던 집의 구조를 어디서 누가 자는지를 정확하게 그리도록 클라이언트에게 요청한다.

2. 그 문제를 해결하는 과정에서 도움이 되고 격려를 제공할 수 있는 지지체계가 될 핵심인물이 누구인지 확인한다. (4, 5)

4. 클라이언트가 자신을 이해해줄 수 있는 사람들을 확인하고, 그들로부터 어떠한 지지를 받을 수 있을지 목록으로 작성하도록 격려한다.

5. 클라이언트가 성적 학대를 극복한 사람들의 지지그룹에 참여하도록 격려한다.

3. 성적 학대와 그 영향에 대한 지식을 증진하고 말로 표현한다. (6)

6. 성적 학대에 대한 책을 읽도록 클라이언트에게 과제를 부여하고 그 핵심개념을 가지고 상담을 진행한다(예 ; Bass와 Davis의 The Courage to Heal, Forward와 Buck의 Betrayal of Innocence, Gil의 Outgrowing the Pain).

4. 학대에 관련된 감정을 확인하고 표현한다. (7, 8)

7. 학대에 관련된 감정을 클라이언트가 말로 표현하고 명확히 하도록 탐구하고 격려하며 지지한다.

8. 클라이언트가 마치 자신이 그 학대에 대한 책임이 있는 것처럼 수치스러워하거나 당황하지 않고 학대에 대해서 개방적으로 이야기할 수 있도록 격려한다.

5. 발생한 학대에 대해서 학대를 하지 않은 가족들에게 알려주어서 가족 간의 비밀을 없앤다. (9, 10, 11)

9. 클라이언트가 학대와 관련된 핵심인물에게 성적 학대와 그 영향에 대해서 이야기하는 빈 의자 기법을 사용하도록 지도한다.

10. 클라이언트가 배우자에게 학대에 대해서 이야기하도록 연합 상담을 실시한다.

11. 클라이언트가 부모에게 학대에 대해서 이야기하도록 돕고 지지하는 가족 상담을 실시한다.

6. 성학대 경험이 신체적 접촉이나 언어적 암시를 통한 가족의 깨어진 경계 패턴을 나타내는 부분적 사실이라는 것을 이해하고 설명한다. (12)

12. 클라이언트와 함께 가계도를 그리고, 성과 친밀감으로 인한 가족의 깨어진 경계 패턴을 이해하도록 돕는다.

7. 성적 학대가 어떻게 삶에 영향을 미치고 있는지 이야기한다. (13, 14)

13. 클라이언트에게 성적 학대가 자신의 삶에 어떻게 영향을 주는지 종이에 쓰도록 요구하고 그 글의 내용을 가지고 상담을 진행한다.

14. 클라이언트와 함께 학대와 증상이 어떻게 관련되어 있는지 이야기한다.

8. 학대에 대한 기억을 명확히 한다. (15, 16)

15. 학대의 특징과 내용을 확인하고 명확히 하기 위해서 클라이언트를 의뢰하거나 무의식 속의 숨겨진 내용을 탐구한다.

16. 클라이언트가 그 사건에 대한 일기를 쓰고, 이야기하고 생각하면서 학대의 구체적인 사항을 기억하도록 돕는다. 클라이언트가 책, 비디오, 드라마에 나오는 내용을 자신의 경우라고 생각하지 않도록 주의하도록 하며 클라이언트에게 치료자가 의심한 그대로를 사실로 유도하지 않도록 특별히 조심한다.

9. 개인적인 역량 강화를 반영하는 말을 더 많이 하며, 동시에 학대에 대한 책임이나 희생자가 된 책임이

17. 클라이언트가 수치심을 극복할 수 있는 책을 읽도록 과제를 부여한다(예 ; Bradshaw의 Healing the Shame

자신에게 있다고 생각하거나 수치심을 표현하는 말을 하는 횟수를 줄인다. (17, 18, 19, 20)

10. 학대와 관련된 모든 사람들을 스스로 용서할 수 있게 되는 경우의 장점을 확인한다. (21, 22, 23)

That Binds You, Kaufman의 Shame, Fossum과 Mason의 Facing Shame).

18. 클라이언트가 그 사건으로 인한 신체적 쾌락, 정서적인 만족감 또는 책임감들로 인한 죄책감을 확인하고 표현하여 처리하도록 격려하고 지지하고 돕는다.
19. 학대에 대한 책임이 자신에게 있다거나 자신이 희생자라고 하는 생각을 반영하는 모든 클라이언트의 말에 직면하고 개입하며, 클라이언트가 그 문제를 극복하고 학대에 관련된 기억과 감정 등을 정리하여 더 이상 연연해하지 않음으로서 역량이 강화되도록 돕는다.
20. 클라이언트가 스스로를 희생자라고 생각하는 것과 생존자라고 생각하는 것을 비교하거나, 마음에 담고 있는 것과 용서하는 경우를 비교하는 비용편익 분석(예 ; Burns의 Then Days to Self-Esteem!) 또는 이와 유사한 연습을 해보도록 과제를 부여하고 그 결과를 가지고 상담을 진행한다.
21. 클라이언트가 어린 시절 학대 받은 사람의 이야기를 담고 있는 책을 읽도록 하고 상담을 진행한다(Wallas의 Stories for the Third Ear에서 The Seedling부분을 참고).
22. 클라이언트가 학대에 책임이 있는 사람들을 용서하는 것의 장점을 확인할

수 없게 하는 모든 장애요인들을 제거하도록 돕는다.

23. 클라이언트에게 용서하고 잊어버리는 것에 대한 책을 읽도록 추천한다(예 ; Smedes의 Forgive and Forget).

11. 학대가 발생했을 당시와 현재에 학대가 미치는 영향을 포함하여 가해자에 대한 감정을 표현한다. (24, 25, 26)

24. 클라이언트에게 가해자에 대한 분노를 표현하는 편지를 쓰도록 과제를 부여하고 상담 중에 그 편지를 가지고 상담을 진행한다.

25. 클라이언트가 그 사건에 대한 감정을 처리하고 역할극을 하여 학대의 가해자와 대면할 수 있도록 준비시킨다.

26. 클라이언트가 학대 가해자를 직면할 수 있는 연합 상담을 하고 그 후에 클라이언트의 직면 경험에 대한 감정과 생각을 가지고 상담을 진행한다.

12. 학대와 관련된 자신과 가해자, 다른 사람들을 더 많이 용서한다. (27)

27. 클라이언트가 용서의 편지를 쓰거나 용서하는 연습을 하도록 과제를 부여하고 그 결과로 상담을 진행한다(Simon과 Simon의 Forgiving참고).

13. 다른 사람들을 더 많이 신뢰하고 사회에 더 적극적으로 참여하며 보다 친밀한 인간관계를 갖는다. (28, 29)

28. 클라이언트에게 인간관계에서 신뢰를 쌓을 수 있는 나눔과 확인 기법을 가르친다(예 ; 자신에 대해서 조금만 이야기를 하고 그 후에 이야기한 내용이 존중되며 친절한 반응을 얻어 비밀이 지켜졌는지 등을 확인한다. 그 사람이 신뢰할 만하다고 확인되면 더 많은 이야기를 자유롭게 나눈다).

29. 클라이언트에게 너무 침범되지도 않고 너무 엄격하지도 않은 합리적인 개인적 경계를 설정하는 법을 가르치기 위해서 역할극과 모델링을 사용한다.

14. 다른 사람과 적절한 신체적 접촉을 수용하고 먼저 할 수 있는 능력을 증진하며 보고한다. (30, 31)

30. 클라이언트가 적절한 신체적 접촉을 하고 수용할 수 있도록 격려하며 클라이언트가 어떠한 것이 적절한지 구별할 수 있도록 돕는다.

31. 클라이언트가 일주일에 한두 번 적절한 신체적 접촉 또는 접촉이 있는 활동을 할 수 있도록 요구한다(예 ; 배우자와 신체적 접촉, 마사지 전문가의 마사지 받기, 친구를 껴안아 주기 등).

15. 자신을 성적 학대의 생존자라 정의하고 말로 표현한다. (32, 33)

32. 클라이언트가 자신을 희생자라기보다는 생존자라고 여기는 것의 장점을 강조하고, 그렇게 생각하는 데에 장애가 되는 모든 요소를 제거한다.

33. 클라이언트가 자신을 생존자라고 할 때 긍정적인 강화를 제공한다.

__. ______________________________
____

__. ______________________________
____

__. ______________________________
____

__. ______________________________
____

__. ______________________________
____

__. ______________________________
____

가능한 진단명과 코드

축 1:	303.90	알코올 의존
	304.80	복합물질 의존
	300.4	기분부전 장애
	296.xx	주요 우울 장애
	300.02	범불안 장애
	300.14	해리 정체성 장애
	300.15	미분류 해리 장애
	995.53	아동 성학대, 피해자
	995.83	성인 성학대, 피해자
	______	______________________
	______	______________________
축 2:	301.82	회피성 성격장애
	301.6	의존적 성격장애
	______	______________________
	______	______________________

36 수면장애(Sleep Disturbance)

행동적 정의

1. 잠들기가 어려움.
2. 수면상태를 유지하기가 어려움.
3. 적당히 자는데도 잠을 깨고 나서 개운하거나 휴식을 취한 것 같지 않음.
4. 낮 시간에 졸리거나 너무 쉽게 잠에 빠지는 현상을 나타냄.
5. 정상적인 수면 스케줄이 역전됨으로 인해서 불면증이나 과다 수면증으로 불평함.
6. 자신에 대한 위협적인 매우 무서운 꿈을 구체적으로 기억하면서 반복적으로 잠을 깨는 것으로 인해서 고통스러워함.
7. 비명을 지르며 갑자기 잠에서 깨어 강한 두려움과 자동적 흥분상태를 경험하고, 꿈을 구체적으로 기억하지 못하며 혼란스럽거나 방향감각을 잃어버리는 경험을 함.
8. 반복적으로 수면상태에서 걸어 다니며 그 사건을 기억하지 못함.

___. ______________________________

___. ______________________________

___. ______________________________

장기목표

1. 충분한 휴식이 되는 수면패턴을 회복한다.
2. 낮 시간동안 개운하고 에너지가 넘치는 기분을 갖는다.
3. 잠에서 깨어나게 하는 불안을 유발하는 꿈을 꾸지 않는다.
4. 무서워서 갑자기 잠을 깨는 일이 없어지고, 평화롭고 충분히 휴식을 취할 수 있는 수면패턴을 회복한다.
5. 자다가 걸어 다니는 일이 줄어들며, 휴식을 충분히 취할 수 있는 수면패턴을 회복한다.

___. ____

___. ____

___. ____

단기 세부목표

1. 수면패턴의 과거력과 구체적인 사항을 설명한다. (1, 2)

치료적 개입

1. 잠자는 시간, 수면관련 행동, 낮 시간의 활동 수준, 흥분제의 사용을 포함하는 영양섭취 습관, 낮잠, 실제로 수면을 취하는 시간, 자고 일어나는 수면리듬 등 수면패턴의 정확한 특징을 사정한다.
2. 클라이언트가 잠자는 패턴, 스트레스 요소, 잠들기 직전의 생각, 감정, 활동, 그리고 수면문제와 관련된 가능한 다른 클라이언트의 특정 요소 등의 일지를 쓰도록 과제를 부여하고, 일지에 적힌 수면패턴의 구체적인 내용을

2. 약물 남용이나 약의 복용 경험에 대해서 이야기한다. (3)

3. 우울하거나 불안한 감정을 이야기하고, 가능한 원인에 대해서 이야기를 나눈다. (4)

EBT 4. 수면장애에 어떤 신체적 요소가 있는지 그리고 정신과 약물을 복용할 필요가 있는지를 사정하기 위해서 전문의의 진찰을 받는다. (5)

EBT 5. 약을 복용하면서 수면에 도움이 되는지 확인한다. (6)

EBT 6. 일정한 수면 리듬을 갖도록 자극통제기술을 배우고 실천한다. (7, 8, 9, 10)

가지고 상담을 진행한다.

3. 클라이언트가 복용하는 약이나 약물 남용이 수면장애에 영향을 주고 있는지 사정한다. 만일 약물 남용이 문제라면 약물의존 치료를 위해서 클라이언트를 의뢰한다(이 책의 약물의존부분을 참고).

4. 클라이언트의 수면장애의 원인이 될 수 있는 우울증이나 불안 증상의 영향을 사정한다(이 책의 우울증이나 불안 부분을 참고).

5. 클라이언트의 수면장애에 어떤 신체적 요소가 있는지, 수면 실험 검사를 받는 것이 좋은지, 그리고 정신과 약물처방이 필요한지를 사정하기 위해서 클라이언트를 전문의에게 의뢰한다. EBT

6. 클라이언트가 처방된 약을 잘 복용하는지, 그 효과와 부작용은 어떠한지 모니터한다. EBT

7. 일정한 수면 리듬을 갖도록 자극통제기술의 원리를 클라이언트와 이야기한다(Bootzin과 Nicassio의 Behavioral Treatments for Insomnia참고). EBT

8. 클라이언트에게 자극통제기술을 가르치고 지속적으로 실천하도록 과제를 부여한다(예 ; 잠이 올 때만 눕는다 : TV시청, 독서, 음악듣기 등과 같은 활동을 위해서 침대를 사용하지 않는

다. 빨리 잠이 들지 않으면 침대에서 일어난다. 잠이 오면 다시 잠자리에 든다. 잠이 든 시간이나 수면의 질에 상관없이 무조건 매일 같은 시간에 알람을 맞추어 놓고 일어난다. 낮에 낮잠을 자지 않는다). EBT

9. 클라이언트가 흥분을 일으킬 수 있는 활동이나 자기 전에 습관적으로 하는 일을 낮에 다른 시간에 하도록 지도한다(예 ; 자극적인 내용의 독서, 낮에 있었던 일을 검토하기, 다음 날을 계획하기, TV시청). EBT

10. 클라이언트의 수면패턴과 자극통제 기술의 사용을 모니터하고 문제를 해결하는데 장애요소를 제거하며 성공과 지속적인 적용을 강화한다. EBT

EBT 7. 훌륭한 수면 위생을 실천한다. (11)

11. 클라이언트에게 과도한 음주를 삼가기, 밤늦게 간식을 먹거나 과식하지 않기, 규칙적인 운동하기, 잠자기 서너 시간 전에는 운동하지 않기, 카페인, 알코올, 담배 그리고 자극적인 물질을 줄이거나 피하기와 같은 수면위생에 대해서 지도한다(또는 Jong-sma의 Adult Psychotherapy Home-work Planner 2판에서 Sleep Pattern Record부분을 과제로 부여한다). EBT

EBT 8. 자기 전에 활동하도록 안정기술을 배우고 실천한다. (12, 13)

12. 클라이언트에게 이완기술을 가르치고, 이러한 기술을 자기 전에 이완하고 잠들 수 있기 위해서 어떻게 적

용하는지 지도한다.

13. 클라이언트의 성공적인 이완반응을 강화하기 위한 생체피드백 프로그램에 클라이언트를 의뢰하거나 실시한다.

9. 수면장애와 관련된 자기언어를 확인하여 도전하고 긍정적이면서 현실적이고 재보증적인 자기언어로 대체한다. (14, 15)

14. 수면에 악영향을 주는 감정반응(예 ; 두려움, 불면에 대한 걱정)을 유발하는 클라이언트의 스키마와 자기언어를 탐구하고 그 왜곡을 반박하며, 그것을 현실적인 대안과 좋은 수면패턴을 갖도록 할 가능성이 높은 긍정적인 자기언어로 대체할 수 있게 돕는다.

15. 클라이언트에게 자기언어를 확인하고 현실적인 대안을 생각하도록 과제를 부여하여 검토하며 개선을 위한 교정적 피드백을 제공하면서 성공을 강화한다(또는 Jongsma의 Adult Psycho-therapy Homework Planner 2판에서 Negative Thoughts Trigger Negative Feelings부분을 과제로 부여한다).

10. 수면에 방해가 되는 생각을 없애버리기 위해서 사고중지 기술을 적용한다. (16)

16. 클라이언트가 일상적으로 그리고 상담 후 집으로 돌아가서 밤에 사고중지 기술을 사용하도록 과제를 부여하고 (또는 Jongsma의 Adult Psychotherapy Homework Planner 2판에서 Making Use of the Thought-Stopping Technique부분을 과제로 부여

한다) 검토하며 성공을 강화하여 실패한 것을 재지도 한다. EBT

EBT 11. 재발방지 방법을 배우고 적용한다. (17, 18, 19, 20, 21)

17. 클라이언트가 어쩌다 한 번 생긴 일과 수면장애를 일으키는 오랜 습관으로 되돌아가는 것, 즉 재발을 구별할 수 있도록 설명한다. EBT
18. 클라이언트가 불안이 재발할 수 있는 미래의 상황이나 환경을 확인하고 잘 다룰 수 있도록 예행연습을 한다. EBT
19. 클라이언트의 수면장애와 관련된 습관으로 되돌아가는 것을 예방하기 위해서 치료에서 배운 기술(예 ; 좋은 수면 위생, 자극 통제)을 반복적으로 사용할 수 있도록 가르친다. EBT
20. 클라이언트가 나중에 사용할 수 있도록 대처전략과 다른 재발방지전략을 적은 "대처카드"를 만든다. EBT
21. 클라이언트가 치료를 통해서 배운 것을 유지할 수 있도록 보수 상담을 정기적으로 받을 수 있게 스케줄을 짠다. EBT

EBT 12. 수면에 장애가 될 수 있는 현재의 스트레스 요인들을 확인한다. (22, 23)

22. 클라이언트의 수면에 방해가 될 수 있는 스트레스나 불안의 원인이 되는 클라이언트의 현재 삶의 환경적인 요소를 탐구한다. EBT
23. 클라이언트가 악몽을 꾸는지, 그 특징이 어떠한지, 그리고 클라이언트의 삶의 스트레스와 어떤 관계가 있는지

탐구하고, 필요한 경우에는 꿈을 일지로 기록하여 다음 상담에서 논의할 수 있도록 과제를 부여한다.

13. 스트레스 요인들을 적극적으로 다룰 수 있게 계획을 세우고 말로 표현한다. (24)

24. 클라이언트가 스트레스와 불안을 줄일 수 있도록 자신의 삶의 상황을 조절하는 계획을 세우도록 돕고, 그 계획이 잘 실천되는지 모니터하여 성공을 강화하며 실패를 재지도 한다.

14. 수면에 방해가 될 수 있는 정서적 외상경험을 이야기한다. (25)

25. 클라이언트의 수면에 방해가 되고 있을지도 모르는 최근의 외상사건을 탐구한다.

15. 자기 통제력을 잃어버리는 것에 대한 두려움을 이야기한다. (26)

26. 클라이언트가 통제력을 상실하는 것에 대한 두려움을 가지고 있는지 탐구한다.

16. 수면장애에 영향을 주는 죽음에 대한 두려움에 대해서 이야기한다. (27)

27. 클라이언트의 수면장애에 영향을 줄 수 있는 죽음에 대한 두려움에 대해서 탐구한다.

17. 잠과 관련된 어린 시절의 외상경험을 이야기한다. (28, 29)

28. 잠자는 것과 관련된 클라이언트의 어린 시절 외상을 탐구한다.

29. 클라이언트가 악몽을 꾸는지, 그 특징이 어떤지 탐구하고, 현재나 과거의 외상과 관련이 있는지도 확인한다.

18. 수면장애를 지속시킬 수 있는 성적 학대에 대해서 이야기한다. (29, 30)

29. 클라이언트가 악몽을 꾸는지, 그 특징이 어떤지 탐구하고, 현재나 과거의 외상과 관련이 있는지도 확인한다.

30. 클라이언트가 성적 학대를 이제까지 숨겨온 것은 아닌지 확인한다(이 책의 성적 학대부분을 참고).

___: ________________________ ___: ________________________

________________________ ________________________

___: ________________________ ___: ________________________

________________________ ________________________

___: ________________________ ___: ________________________

________________________ ________________________

가능한 진단명과 코드

축 1:	307.42	일차성 불면증
	307.44	일차성 수면과다증
	307.45	일과성 주기 수면장애
	307.47	악몽장애
	307.46	야경증
	307.46	몽유병
	309.81	외상 후 스트레스 장애
	296.xx	주요 우울 장애
	300.4	기분부전 장애
	______	________________________
	______	________________________

37 사회성 장애(Social Discomfort)

행동적 정의

1. 대부분의 사회적 상황에서 나타나는 전반적인 사회적 불안, 부끄러움 또는 겁먹음과 같은 행동패턴
2. 타인의 비판이나 거절에 대해 과민함.
3. 친구가 없거나 가족 이외에는 아무도 신뢰하지 않음.
4. 다른 사람을 만나야 하는 상황을 회피함.
5. 바보 같은 말이나 행동을 하거나 다른 사람들 앞에서 자신의 감정이 드러나는 것이 두려워서 사람들을 만나는 것을 꺼림.
6. 불안으로 인해서 행동에 지장을 받거나 꼭 해야 하는 일을 회피함.
7. 사람들 앞에만 서면 심장박동이 빨라지고, 입이 바짝바짝 마르고 근육이 긴장되며 떨림.

___. ______________________________

____

___. ______________________________

____

___. ______________________________

____

장기목표

1. 과도한 두려움이나 불안을 느끼지 않고 다른 사람들과 상호작용한다.

2. 과도한 두려움이나 불안을 느끼지 않고 요구되는 사회활동에 참여한다.
3. 인간관계의 질을 증진할 수 있는 필수적인 사회기술을 개발한다.
4. 회복을 지지하는 체계를 강화할 수 있는 인간관계를 형성하는 능력을 개발한다.
5. 혼자 있는 시간과 다른 사람과 함께하는 시간 사이의 균형을 잘 맞춘다.

___. ______________________________

____

___. ______________________________

____

___. ______________________________

____

단기 세부목표

1. 사회적 두려움, 회피의 과거력과 특징을 설명한다. (1, 2, 3)

2. 사회적 불안과 회피의 특성 그리고 심각성을 사정하도록 고안된 심리검사를 받는다. (4)

치료적 개입

1. 클라이언트와 치료적 동맹을 맺을 수 있도록 라포를 형성한다.
2. 클라이언트의 패닉증상, 두려움과 회피의 빈도, 강도, 지속시간 등과 과거력을 사정한다(DiNardo, Brown, Barlow의 The Anxiety Disorders Interview Schedule for the DSM-IV참고).
3. 클라이언트의 사회적 두려움과 회피증상을 악화시킬 수 있는 모든 자극과 사고 또는 상황의 특성을 사정한다.
4. 사회적 두려움과 회피의 정도, 범위를 더 자세히 사정하기 위해서 사회적 불안 척도를 사용한다(예 ; Mattick과 Clarke의 The Social Interaction Anxiety Scale and/or Social Phobia

Scale).

3. 약물처방을 위해서 전문의의 검진을 받는다. (5, 6)

5. 클라이언트의 증상을 완화하기 위한 약물처방을 받도록 전문의의 검진을 주선한다.

6. 클라이언트가 약을 잘 복용하는지, 부작용과 효과는 어떤지 모니터하고 정기적으로 담당의사와 상의한다.

4. 사회적 불안을 치료하기 위한 소그룹 상담에 참여한다. (7)

7. 클라이언트가 사회적 불안을 치료하기 위한 소그룹(비개방 그룹)에 등록하도록 돕는다(Paleg와 Jongsma의 The Group Therapy Treatment Planner 2판에서 Shyness부분, Barlow가 편집한 Clinical Handbook of Psy-chological Disorders에서 Turk, Heim-berg와 Hope의 Social Anxiety Dis-order부분을 참고).

5. 사회적 두려움과 회피의 악순환을 정확하게 이해하고 그것을 말로 표현한다. (8, 9)

8. 사회적 불안증상이 다른 사람들의 부정적인 평가에 대한 과도한 추측과 자신에 대한 낮은 가치의 부여, 그리고 고통을 초래하는 인지왜곡으로 인해서 발생하며 종종 이것이 불필요한 회피로 이어진다는 것에 대해서 논의한다.

9. 사회적 불안과 회피의 악순환, 그리고 그 치료원리에 대해서 설명하는 책이나 치료매뉴얼을 읽도록 클라이언트에게 과제를 부여한다(예 ; Rapee의 Overcoming Shyness and Social Phobia, Butler의 Overcoming Social

Anxiety and Shyness, Antony and Swinson의 The Shyness and Social Anxiety Workbook).

6 패닉의 치료과정을 이해하고 말로 표현한다. (10)

10. 클라이언트에게 인지재구조화와 노출치료가 어떻게 학습된 두려움을 감소시키고, 사회기술을 증진하며, 자신감을 갖게 하여, 왜곡된 생각을 현실검증을 통해서 바로잡을 수 있는지 설명한다.

7. 사회적 불안을 느낄 때 불안증상을 다루기 위한 안정과 대처 전략을 배우고 실행한다. (11)

11. 클라이언트가 사회적 불안증상을 다루도록 이완과 주의집중기술(예 ; 행동목표와 외부에 초점 두기, 근육이완법, 횡격막 호흡법, 불안의 흐름 타기)을 가르친다.

8. 왜곡되고 두려움에 가득 찬 자기언어를 확인하고 도전하며, 현실에 기초하여 긍정적인 자기언어로 대체한다. (12, 13)

12. 클라이언트에게 사회적 두려움을 일으키는 스키마와 자기언어를 탐구하고 그 편견에 도전한다(또는 Jongsma의 Adult Psychotherapy Homework Planner 2판에서 Journal and Replace Self-Defeating Thoughts부분을 과제로 부여한다). 그리고 왜곡을 교정하고 자신감을 가질 수 있도록 칭찬하면서 클라이언트를 돕는다.

13. 클라이언트가 자신의 두려움에 가득 찬 자기언어를 확인하고 현실에 기초한 대안을 발견하도록 과제를 부여하여 검토한 후 실패를 교정하기 위한 피드백을 하면서 성공을 강화한다(Jongsma의 Adult Psychothe-

rapy Homework Planner 2판에서 Restoring Socialization Comfort, Antony and Swinson의 The Shyness and Social Anxiety Workbook, Rapee의 Overcoming Shyness and Social Phobia참고). (EBT)

(EBT) 9. 상담 중에 두려워하는 사회적 상황에 대한 점진적 반복 노출을 실시한다. (14, 15)

14. 클라이언트가 공포반응을 일으키는 상황을 단계별로 나타내도록 지도하고 돕는다. (EBT)

15. 클라이언트가 성공의 경험을 할 가능성이 높은 상황부터 먼저 노출하도록 실제나 역할극을 선택하고 노출을 촉진하기 위해서 노출 중과 후에 인지재구조화를 실시하며 행동적 전략을 사용한다(예 ; 모델링, 예행연습, 사회적 강화). (Barlow가 편집한 Clinical Handbook of Psychological Disord -ers에서 Turk, Heimberg와 Hope의 Social Anxiety Disorder부분을 참고) (EBT)

(EBT) 10. 일상생활에서 두려워하는 사회적 상황에 대한 점진적 반복 노출을 실시한다. (14, 15, 16)

16. 클라이언트에게 노출을 연습하고 기록하도록 과제를 부여하여(Jongsma의 Adult Psychotherapy Homework Planner 2판에서 Gradually Reducing Your Phobic Fear부분, Antony and Swinson의 The Shyness and Social Anxiety Workbook, Rapee의 Overcoming Shyness and Social Phobia참고) 검토한 후 실패

에 대한 교정적 피드백을 하며 성공을 강화한다.

11. 사회적 상호작용에서 불안을 줄이고 자신감을 갖기 위해서 사회기술을 배우고 적용한다. (17, 18)

17. 클라이언트의 일반적, 사회적 또는 의사소통 기술을 증진하기 위해서 모델링과 역할극을 사용한다(Turner, Beidel과 Cooley의 Social Effectiveness Therapy참고).

18. 클라이언트에게 일반적, 사회적 또는 의사소통 기술에 관한 책이나 매뉴얼을 읽도록 과제를 부여한다(예 ; Alberti와 Emmons의 Your Perfect Right, Garner의 Conversationally Speaking).

12. 미래의 가능한 불안증상을 다루기 위해서 재발 방지 전략을 적용한다. (19, 20, 21, 22)

19. 클라이언트가 어쩌다 한 번 생긴 일과 반복해서 발생하는 걱정, 불안증상 또는 회피하고 싶은 충동으로 인한 문제의 발생과 회피적 행동양상, 두려움을 지속하게 하는 결정으로 인한 불안의 재발을 구별할 수 있도록 설명한다.

20. 불안이 재발할 수 있는 미래의 상황이나 환경을 확인하고 잘 다룰 수 있도록 예행연습을 한다.

21. 사회적 상호작용과 인간관계를 잘하면서 인지 재구조화, 사회기술, 노출과 같은 치료에서 배운 기술을 반복적으로 사용할 수 있도록 가르친다.

22. 클라이언트가 나중에 사용할 수 있도

록 대처전략과 다른 유용한 정보들을 적은 “대처카드”(예 ; 숨을 정상적인 속도로 조절한다, 눈앞의 과제에 집중하라, 너는 이것을 감당할 수 있다, 곧 증상이 없어질 것이다)를 만든다.

13. 낮은 자존감과 현재의 사회적 불안의 원인이 될 수 있는 과거의 경험을 탐구한다. (23, 24)

23. 낮은 자존감과 수치심을 일으킬 수 있는 어린 시절의 비난, 방임, 학대 등의 경험을 탐구하고 이에 대한 상담을 진행한다.
24. 클라이언트가 수치심을 다룰 수 있는 책을 읽도록 과제를 부여하고 핵심개념을 가지고 상담을 진행한다(예 ; Bradshaw의 Healing the Shame That Binds You, Fossum과 Mason의 Facing Shame).

14. 가까운 관계를 회피하기 위해서 사용하는 방어기제를 설명한다. (25)

25. 클라이언트가 다른 사람들과 거리를 유지하고 신뢰적 관계를 형성하는 것을 막는 방어기제를 확인하며, 그것을 최소화할 수 있는 방법을 찾도록 돕는다.

15. 사회적 불안과 고립을 일으키는 신념, 의사소통 형태를 탐구한다. (26, 27)

26. 클라이언트의 신념과 두려움을 발견하고 확인할 수 있는 교류분석(TA) 접근법을 사용한다. 그리고 신념과 행동을 변화시키도록 TA기술을 사용한다.
27. TA를 사용하여 사회관계를 개선할 수 있는 책을 읽도록 클라이언트에게 과제를 부여한다(예 ; Steiner의

Achieving Emotional Literacy).

15. 진보를 확인하고 성공을 강화하며 장애물을 해결하는 사후상담에 참여한다. (28)

__: ______________________________
____
__: ______________________________
____
__: ______________________________
____

28. 치료가 끝난 후 1~3개월 동안 클라이언트를 위한 사후관리 상담을 계획한다.

__: ______________________________
____
__: ______________________________
____
__: ______________________________
____

가능한 진단명과 코드

축 1:

300.23	사회 공포증
300.4	기분부전 장애
296.xx	주요 우울 장애
300.7	신체변형 장애
______	______________________________
______	______________________________

축 2:

301.82	회피성 성격장애
301.0	편집성 성격장애
310.22	분열형 성격장애
______	______________________________
______	______________________________

38 신체화 장애(Somatization)

행동적 정의

1. 심리적 갈등을 일으키는 심리사회적 스트레스 요인으로 인해 발생된 것으로 보이는 신체적 질병으로 인한 어려움.
2. 걱정할 만한 의료적인 원인이 없음에도 불구하고 신체적 질병에 대한 심각한 두려움에 사로잡힘.
3. 의학적으로 아무런 이유가 없음에도 불구하고 삶에 큰 영향을 주는 여러 가지 신체적 문제를 호소함(예 ; 병원을 자주 찾음, 약을 복용함, 자신이 해야 할 일을 하지 않음).
4. 해당 신체 질병에 비해 지나치게 심하거나 아무런 이유 없는 만성적 통증
5. 아무런 이유 없이 한 가지 이상의 (대개 모호한) 신체적 문제를 호소하며 정도 이상의 생활기능의 손상을 초래함.
6. 심리적 요소와 의료적 조건 모두로 인한 한 군데 이상의 신체부위의 통증에 집착함.
7. 약간의 결함에 대한 매우 과장된 걱정이나 자신의 외모에 대한 공상적인 신체적 결함에 집착함.

___. ____

____

___. ____

____

___. ____

____

장기목표

1. 신체적 문제에 대해서 불평하는 횟수를 줄이고 독립기능의 수준을 높인다.
2. 생산적 활동을 증진하면서 통증에 대해서 이야기하는 횟수를 줄인다.
3. 작은 결함이 있지만 자신의 외모가 평범하다는 사실을 수용한다.
4. 특별한 질병이나 결함이 없이 자신이 비교적 건강하다는 사실을 수용한다.
5. 스트레스 관리를 위한 적절한 대처기술을 개발하여 신체기능을 증진한다.

___. ____

___. ____

___. ____

단기 세부목표

1. 자신의 신체에 대한 부정적인 감정을 이야기하고, 자신의 몸에 이상이 있다고 생각하여 큰 문제가 생길 거라고 자기예언을 하는 것에 대해서 논한다. (1)
2. 신체적 불만사항의 원인이 되는 삶 속의 정서적 스트레스에 대해서 이야기한다. (2, 3, 4)

치료적 개입

1. 클라이언트의 불만사항들을 거절하거나 직면하지 않고 경청하며, 클라이언트와 신뢰를 쌓고 클라이언트의 마음을 이해한다.
2. 클라이언트의 이야기의 초점을 신체적 불평으로부터 정서적 갈등과 감정의 표현으로 옮긴다.
3. 두려움, 부적절감, 거절 또는 학대와 같은 클라이언트의 정서적 고통을 탐구한다.
4. 클라이언트가 신체적인 문제에 집중하는 것이 정서적인 갈등의 직면을

회피하려는 것과 관계가 있다는 사실을 수용하도록 돕는다.

3. 신체질병에 과도한 초점을 두는 가족의 행동패턴을 확인한다. (5)

5. 신체적인 문제를 불평하는 행동을 모델링하고 강화하는 클라이언트의 가족력을 탐구한다.

4. 신체적인 문제를 강조함으로써 얻어지는 부수적인 이득에 대해서 이야기한다. (6)

6. 클라이언트가 신체적 질병과 불평, 그리고 그런 것들을 통해서 얻을 수 있는 부수적 이득에 대한 통찰력을 갖도록 돕는다.

5. 분노의 원인을 확인한다. (7)

7. 클라이언트의 분노의 원인을 탐구한다.

6. 분노의 감정을 자기 주장적이며 직접적으로 표현한다. (8, 9, 10)

8. 클라이언트에게 분노를 자기 주장적이며 존중적인 방식으로 표현하는 법을 역할극과 행동예행연습을 사용하여 가르친다.

9. 클라이언트에게 자기주장기술을 훈련하거나 자기주장 훈련클래스에 의뢰한다.

10. 클라이언트에게 어쩔 수 없다고 징징거리는 것과 대조적으로, 자기주장을 하는 것은 자신의 욕구를 건강한 방법으로 만족시키는 수단이라는 것을 강조한다.

7. 부정적인 자아상과 전반적으로 낮은 자존감 사이의 관계를 확인한다. (11, 12)

11. 클라이언트가 낮은 자존감의 원인과 부적절감에서 오는 두려움을, 자신의 어린 시절의 경험에서 찾을 수 있도록 돕는다.

12. 클라이언트에게 낮은 자존감과 자신의 신체 이미지에 집착하는 것 사이의 관계를 설명한다.

8. 자신과 자신의 신체적인 불평에 집착하기보다는, 사회적이며 생산적인 활동을 더 많이 한다. (13, 14)

13. 클라이언트가 자신의 신체에 초점을 두지 않고 보상이 될 수 있는 즐거운 활동의 목록을 작성하도록 과제를 부여한다.

14. 클라이언트가 자신에게서 눈을 돌려 취미, 사회활동, 봉사, 과업의 완수, 직업 갖기 등에 관심을 갖고 실천하도록 과제를 부여한다.

9. 이완기술을 사용하며 스트레스로 인한 긴장을 감소시키는 연습을 한다. (15, 16)

15. 클라이언트에게 생체피드백, 깊이 숨쉬기, 긍정적 심상훈련과 같은 기술을 사용하여 이완기술을 가르친다.

16. 클라이언트에게 매일 운동을 할 것을 과제로 부여한다.

10. 자신이 정상적이며 생산적으로 기능할 수 있다고 말하는 횟수를 증진하면서 신체적인 불평과 병원방문, 약에 대한 의존을 줄인다. (17, 18, 19)

17. 클라이언트가 고통을 참고 자신의 책임을 수행하여 자존감을 높이고, 보람을 느끼도록 도전한다.

18. 클라이언트가 자신의 신체적 문제를 생각하고 말하며 적는 시간을 정하여 그 시간 이외에는 자신의 신체적 문제에 신경을 쓰지 말도록 하고 개입의 효과를 모니터해서 상담한다(Jongsma의 Adult Psychotherapy Homework Planner 2판에서 Controlling the Focus on Physical Problems).

19. 클라이언트가 불평하는 (신체적)증상이 매번 일어나는 그 고통스러운 일(클라이언트가 매일 해야 하지만 좋아하지 않는 구체적인 일)을 하도록 하고, 이 과제의 효과를 클라이언트

11. 신체적 불평에 대해 가족과 친구들이 얼마나 걱정하는지 조사한다. (20)

12. 신체증상이 발생할 때 실천할 수 있는 대처행동의 목록을 작성한다. (21)

13. 자신이 외부적 사건에 대해서 적극적으로 대처하여 통제력을 발휘한 경우와 피해자처럼 수동적으로 반응한 경우를 대조하여 이야기한다. (22)

14. 신체적 어려움을 가지고 변명하면서 문제를 회피하거나 불평하지 않고 직업적 사회적으로 정상적인 자신의 책임을 수행한다. (23, 24, 25)

에게 인식시키며, 클라이언트가 잘하는지 그리고 결과는 어떤지 모니터한다.

20. 클라이언트가 배우자, 친구, 이웃, 목사님 등등의 사람들과 정기적으로 이야기를 나누고, 그들이 클라이언트를 얼마나 걱정하고 어떻게 해야 하며 몸이 아프거나 걱정스러운 경우에 어떻게 했으면 좋겠다고 느끼는지 그들의 생각을 듣도록 과제를 부여한다.

21. 클라이언트에게 다음에 언제 그 신체적 증상이 발생할지 물어보고, 그 때 어떻게 대처할 것인지 계획을 세우도록 요구한다.

22. 클라이언트가 좌절, 무기력, 분노 그리고 자기연민 등의 태도를 지속하기보다는 자신의 환경을 통제하도록 empowerment 기법을 사용한다.

23. 클라이언트의 걱정을 "자신의 건강을 계속 잘 유지하라"는 뜻으로 재해석하고, 운동과 성생활 또는 즐거운 활동을 더 많이 하도록 조언하며 실천계획을 수립한다.

24. 클라이언트가 증상이 없고 자신의 신체가 정상이며 건강하다는 것을 수용할 때 긍정적인 피드백을 한다.

25. 지속적으로 불평을 하는 것이나 신체

의 부정적인 면에만 초점을 두는 것이 친구들과 가족에게 미치는 파괴적인 영향에 대해서 클라이언트와 논의한다.

15. 통증관리 기술을 배우기 위해서 통증클리닉에 참여한다. (26)

26. 클라이언트를 통증클리닉에 의뢰한다.

16. 신체변형장애에 대한 약물 복용을 위해서 전문의의 진료를 받는다. (27, 28)

27. 약물 복용을 위해 진료를 받도록 한다(예 ; SSRIs: 선택적 세로토닌 재흡수 억제제).

28. 클라이언트가 처방된 약을 잘 복용하는지, 그 효과와 부작용은 어떠한지 모니터하고 정기적으로 담당의사와 상의한다.

17. 신체변형장애에 대한 노출과 정기적 예방치료에 참여한다. (29)

29. 클라이언트가 신체변형장애에 대한 소규모의 폐쇄 노출 예방치료에 참여하도록 하거나 개별 상담을 진행한다(Behavior Research and Therapy에서 Wilhelm, Otto, Lohr 외의 Cognitive Behavior Group Therapy for Body Dysmorphic Disorder: A Case Series, 1999, Vol. 37, pp. 71-75참고).

18. 치료원리를 이해하고 말로 표현한다. (30)

30. 클라이언트에게 신체변형장애를 지속시키는 왜곡된 두려움과 회피의 영향에 대해서 설명하고, 치료를 통해서 어떻게 두려움이 없어지고 두려움과 근본적인 신념을 현실검증하며 자신의 외모를 수용하면서 자신감을 갖게 되는지를 논의한다.

19. 왜곡된 두려움에 가득 찬 자기언어와 신념을 확인하고 대체한다. (31)

31. 클라이언트의 자기 의식적인 두려움과 회피행동을 일으키는 스키마, 자기언어를 탐구하고 그것에 도전하며 왜곡을 바로잡을 수 있는 생각을 할 수 있도록 클라이언트를 돕는다(또는 Jongsma의 Adult Psychotherapy Homework Planner 2판에서 Negative Thoughts Trigger Negative Feelings부분을 과제로 부여한다).

20. 두려워하는 내 · 외적 대상이나 상황에 대한 반복적 노출을 실시한다. (32, 33, 34)

32. 클라이언트의 두려움의 외적 촉진요소(예 ; 사람이나 상황)를 사정하고, 눈에 드러나거나 드러나지 않는 회피전략(예 ; 자신을 숨기기 위한 옷차림, 밤에만 외출하기)을 사정한다.

33. 클라이언트가 공포반응과 관련된 불안을 일으키는 상황에 대해 단계별로 목록을 작성하도록 하고, 클라이언트가 숨는 정도가 높은 상황으로 점차 강도를 높여서 노출을 실시한다.

34. 클라이언트가 성공적으로 경험할 가능성이 가장 높은 것부터 노출을 실시하고 참여 모델의 역할을 하며, 노출 중과 후에 인지 재구조화를 실시한다.

21. 두려움을 일으키는 내 · 외적 요소들에 대한 실제노출 과

35. 클라이언트에게 다음 번 상담에 오기 전까지 노출을 반복하고 그 반응을

제를 수행한다. (35)

기록하는 과제를 부여하여(Jongsma의 Adult Psychotherapy Homework Planner 2판에서 Gradually Reducing Your Phobic Fear부분을 참고) 다음 상담시간에 검토한 후 성공을 강화하고 개선을 위한 교정적 피드백을 제공한다. EBT

EBT 22. 강박적 사고의 빈도를 줄이기 위해서 사고중지기술을 사용한다. (36, 37)

36. 클라이언트가 자신에게 "그만"이라고 소리치면서 동시에 빨간 신호등을 생각한 후 조용한 장면을 생각하는 사고중지기술을 사용하여 비판적 자기의식과 생각을 멈추도록 교육한다. EBT

37. 클라이언트가 상담을 마친 후 돌아가서 매일 사고중지기술을 사용하도록 과제를 부여하고 검토하여 성공을 강화하며 실패한 것을 재지도 한다(Jong-sma의 Adult Psychotherapy Home-work Planner 2판에서 Making Use of the Thought-Stopping Technique 부분을 참고). EBT

EBT 23. 발생 가능한 미래의 불안증상을 다루기 위한 유지 전략을 실천한다. (38, 39, 40)

38. 클라이언트가 재발할 수 있는 미래의 상황이나 환경을 다룰 수 있도록 문제를 확인하고 예행연습을 실시한다. EBT

39. 클라이언트가 비판적인 자기인식적 두려움과 회피적 행동양상의 재발을 예방할 수 있게 치료 중에 배운 방법을 규칙적으로 사용할 수 있도록

지도한다(예 ; 이전에 두려움을 일으킨 내·외적 요소들에 지속적으로 노출한다). EBT

40. 클라이언트가 치료에서 배운 것을 잘 유지하도록 정기적인 "보충"상담계획을 세운다. EBT

가능한 진단명과 코드

축 1:

300.7	신체변형장애
300.11	전환장애
300.7	건강염려증
300.81	신체화 장애
307.80	심리적 요소와 관련 있는 통증장애
307.89	심리적 요소와 일반적 의료적 조건과 관련 있는 통증장애
300.81	미분류 신체형 장애
300.4	기분부전 장애

39 자살생각(Suicidal Ideation)

행동적 정의

1. 죽음에 몰두하는 반복적인 생각
2. 구체적 계획 없이 지속되거나 반복되는 자살생각
3. 구체적인 계획을 가지고 진행되는 자살생각
4. 최근의 자살 시도
5. 어느 정도 수준의 전문가나 가족, 친구의 개입이 요구되었던 자살 시도들의 과거력(예 ; 입원, 요양원, 외래치료 또는 보호)
6. 자살생각에 대한 몰두나 우울증이 명백한 가족력
7. 자살을 뒷받침하는 최근의 삶의 사건들과 연결되는, 삶에 대한 적막하고 희망이 없는 태도들(예 ; 이혼, 친구나 가족의 죽음 또는 실직)
8. 죽고 싶다는 표현들과 함께 나타나는 사회적 철회, 무기력 그리고 무관심
9. 클라이언트가 갈등을 일으키는 문제에 대한 아무런 실제적인 해결책이 없는데도 자신의 집안을 정리하는 행동을 하거나 우울한 상태에서 낙천적이고 평화로운 상태로의 갑작스런 변화를 보임.
10. 죽음을 자초하는 것처럼 보이는 자기 파괴적이거나 위험한 행동(예 ; 마약이나 알코올 남용, 난잡하고 무방비한 성, 무모한 운전 등)을 함.

___. ______________________________

____

___. ______________________________

____

___. ______________________________

____

장기목표

1. 자살생각을 경감시키고, 이전 일상의 기능들의 최상의 수준으로 돌아간다.
2. 자살위기를 안정시킨다.
3. 자살의 위기에 안전하게 대처하기 위한 적절한 수준의 케어를 한다.
4. 자신과 미래에 대한 희망을 회복한다.
5. 삶 속에서 위험한 방식을 선택하지 않으며 자살패턴의 원인이 되는 잠재적인 감정적 갈등들을 해결한다.

___. ____

____

___. ____

____

___. ____

____

단기 세부목표

1. 자살생각의 강도, 빈도, 구체적 계획에 대해서 이야기한다. (1, 2, 3, 4)

치료적 개입

1. 클라이언트의 자살생각에 대해서 그 내용, 정도, 계획, 과거의 시도, 가족력 등을 고려해서 사정한다.
2. 지속적으로 클라이언트의 자살 가능성을 사정하고 모니터한다.
3. 클라이언트의 가족과 가까운 사람들에게 클라이언트의 자살생각에 대해서 알리고 위기가 사라질 때까지 24시간 보호하도록 요청한다.
4. 클라이언트가 자살척도를 이용한 검사를 받도록 하고(예 ; Minnesota Multiphasic Personality Inventory, Beck Depression Inventory, Modif-

ied Scale for Suicide Ideation) 우울증의 정도와 자살위험을 평가한다.

2. 자신에게 해를 가하고자 하는 심각한 충동을 느끼는 경우에는 치료자나 다른 응급 전화로 도움을 요청할 것을 약속한다. (5, 6, 7, 8)	5. 클라이언트가 자살충동을 강하게 느끼거나 자신에게 해를 가하기 전에 치료자나 응급전화로 연락하여 도움을 요청하도록 약속 받는다. 6. 클라이언트에게 24시간 도움을 받을 수 있는 응급전화번호를 가르쳐준다. 7. 클라이언트가 자살충동을 느끼거나 생각할 때 어떤 행동을 하고 하지 말 것인지를 확인하는 계약을 한다. 8. 생명이 위협받는 경우에는 전화로 클라이언트가 연락할 수 있도록 한다.
3. 집에 무기류나 치명적일 수 있는 물건을 쉽게 접근할 수 있는 곳으로부터 옮겨서 안전을 확보한다. (3, 9)	3. 클라이언트의 가족과 가까운 사람들에게 클라이언트의 자살생각에 대해서 알리고 위기가 사라질 때까지 24시간 보호하도록 요청한다. 9. 클라이언트가 위험한 무기나 물건에 쉽게 접근할 수 없도록 가족들에게 그런 것을 치우도록 권한다.
4. 가까운 가족이나 원조전문가에게 자살충동을 보고한다. (3, 5, 10)	3. 클라이언트의 가족과 가까운 사람들에게 클라이언트의 자살생각에 대해서 알리고 위기가 사라질 때까지 24시간 보호하도록 요청한다. 5. 클라이언트가 자살충동을 강하게 느끼거나 자신에게 해를 가하기 전에 치료자나 응급전화로 연락하여 도움을 요청하도록 약속 받는다. 10. 클라이언트가 자살충동에 대해서 개

방적이며 정직하게 이야기하도록 하고 치료자나 가족의 지속적인 관심과 보호를 확실히 한다.

5. 자살충동을 통제할 수 없는 경우에는 입원하도록 협조한다. (4, 11)

4. 클라이언트가 자살척도를 이용한 검사를 받도록 하고(예 ; Minnesota Multiphasic Personality Inventory, Beck Depression Inventory, Modified Scale for Suicide Ideation) 우울증의 정도와 자살위험을 평가한다.

11. 클라이언트가 자해충동을 통제할 수 없다고 판단되면 입원 조치한다.

6. 자살생각이 들기 전에 삶에 어떤 일이 있었는지 확인한다. (12, 13, 14)

12. 클라이언트의 정서적 고통과 좌절의 원인을 탐구한다.

13. 클라이언트가 자살생각을 명확히 하고 그 원인에 대한 통찰력을 증진하도록 자살생각과 관련된 감정을 표현하도록 격려한다.

14. 클라이언트가 자살생각을 하기 시작했을 때 삶에서 어떤 일을 겪었는지 인식하도록 돕는다.

7. 가까운 가족과 의사소통을 증진하여 이해받고 공감을 얻으며 관심받고 있다는 느낌을 갖도록 한다. (15, 16, 17)

15. 클라이언트의 가족관계에 대한 절망감을 탐구한다.

16. 클라이언트의 슬픔, 상처, 분노 등의 감정을 표현하고 서로 의사소통하도록 가족치료를 실시한다.

17. 클라이언트의 고통의 원인을 가까운 가족들이 얼마나 이해하고 있는지 사정하기 위해서 그들을 만난다.

8. 클라이언트의 소외감과 절망감을

16. 클라이언트의 슬픔, 상처, 분노 등의

가까운 가족들이 이해하고 말로 표현한다. (16, 17)	감정을 표현하고 서로 의사소통하도록 가족치료를 실시한다. 17. 클라이언트의 고통의 원인을 가까운 가족들이 얼마나 이해하고 있는지 사정하기 위해서 그들을 만난다.
9. 항우울제가 필요한지 평가받기 위해서 전문의를 만난다. (18)	18. 클라이언트의 항우울제 처방의 필요성을 사정하고, 필요한 경우에 전문의를 만나도록 한다.
10. 의사의 처방에 따라 시간을 잘 맞추어 약을 복용하고 부작용을 보고한다. (19)	19. 클라이언트가 약물을 처방대로 잘 복용하고 있는지 효과가 있는지 부작용이 있는지를 모니터하고 평가하고 담당의사와 정기적으로 상담한다.
11. 고립감과 거절당한 감정을 갖게 된 이전의 인간관계에서 발생한 문제를 해결하려고 시도했다가 어떻게 실패를 경험했는지 확인한다. (14, 20, 21)	14. 클라이언트가 자살생각을 하기 시작했을 때 삶에서 어떤 일을 겪었는지 인식하도록 돕는다. 20. 클라이언트가 깨어진 관계에 대한 애도의 감정을 이야기 하도록 격려한다. 21. 클라이언트가 이전에 어떻게 문제를 해결하려고 시도했는지 검토하고, 가능한 새로운 대안에 대해서 논의한다.
12. 규칙적인 식사와 수면습관을 기른다. (22)	22. 클라이언트가 정상적인 식사와 수면습관을 갖도록 격려하고 모니터한다.
13. 자신의 삶을 포기하고 싶은 기분이 없어졌다고 보고하고, 마음속에 희망이 생겼다는 것을 나타낸다. (2, 23, 24)	2. 지속적으로 클라이언트의 자살가능성을 사정하고 모니터한다. 23. 클라이언트가 자살생각에 대한 대처전략을 개발하도록 돕는다(예 ; 운동을 더 많이 하기, 내면에 초점 두는 시간의 감소, 사회활동에 보다 많이 참여하기, 감정을 보다 많이 표현하

기).

24. 클라이언트가 현재 자신의 삶 속에서 긍정적이고 희망적인 요소를 찾도록 돕는다.

14. 자신의 삶에서 긍정적인 면과 관계, 그리고 성취한 것을 확인한다. (24, 25)

24. 클라이언트가 현재 자신의 삶 속에서 긍정적이고 희망적인 요소를 찾도록 돕는다.

25. 클라이언트가 성공한 점과 사랑하는 것들, 그리고 자신의 삶 속에서 관심을 두는 것들에 대해서 함께 검토하고, 자신의 삶에서 긍정적인 면들을 적어보도록 요구한다.

15. 절망과 무력감을 일으키는 부정적인 사고패턴을 확인하고 대체한다. (26, 27, 28, 29)

26. 클라이언트가 절망감과 무력감을 강화하는 인지적 메시지를 인식하도록 돕는다.

27. 클라이언트가 고통스러운 상황에 직면했을 때, 보다 현실적인 관점으로 희망을 갖도록 하면서 자신의 인지과정 속에서 재난화 경향을 확인하고 직면한다.

28. 클라이언트가 인지 재구조화 기술을 사용하여 핵심 스키마를 수정하도록 훈련한다.

29. 클라이언트가 자기 패배적인 생각(예; 절망감, 무력감, 무가치, 재난화, 미래에 대한 부정적 예견 등의 생각)을 매일 기록하도록 요구하고 각 생각의 정확성에 대해서 도전하며, 긍정적이고 자신에게 도움이 되는 것으로 각각의 역기능적인 생각을 대체한다.

16. 다른 사람의 생명에 치명적이었던 사건에서 자신이 살아난 것에 대한 죄책감을 해소하고, 피해자에 대한 애도를 표현하는 참회의식을 개발하고 실천한다. (30)
17. 신앙을 통해서 얻게 된 지지받는 느낌을 말로 표현한다. (31, 32)

__: ____________________

__: ____________________

__: ____________________

30. 생존자가 된 것과 관련하여 자살생각을 가진 클라이언트를 위한 참회의 의식을 개발하고 클라이언트와 함께 실천한다.
31. 수용과 마음의 평화의 원천이 되는 클라이언트의 신앙체계를 탐구한다.
32. 클라이언트가 지지받을 수 있는 영적인 지도자를 만나도록 돕는다.

__: ____________________

__: ____________________

__: ____________________

가능한 진단명과 코드

축 1:	296.xx	제1 양극성 장애
	300.4	기분부전 장애
	296.2x	주요 우울 장애, 단일 에피소드
	296.3x	주요 우울 장애, 재발성
	296.89	제2 양극성 장애
	____	____________
	____	____________
축 2:	301.83	경계선 성격장애
	____	____________
	____	____________

40 A유형 성격(Type A Behavior)

행동적 정의

1. 자신과 다른 사람들을 항상 시간이 부족하다고 하면서 보다 많을 일을 하도록 압박하는 행동패턴을 나타냄.
2. 모든 일에서 강한 경쟁심을 나타냄.
3. 어떤 일이든 누구든 상관하지 않고 어떤 희생을 치르더라도 무조건 이겨야 한다는 강한 충동을 나타냄.
4. 너무 직접적이거나 거만하게 모든 사회적 또는 업무적 상황을 주도하려는 경향을 나타냄.
5. 자신의 생각이나 취향에 맞지 않는 다른 사람들의 행동에 쉽게 기분이 상함.
6. 기다리거나 늦는 것, 방해받는 모든 것을 전혀 참지 못함.
7. 앉아있거나 조용히 쉬는 것, 곰곰이 생각하는 것을 힘들어 함.
8. 강하고 압박적인 심리의 변화가 얼굴에 나타남(예 ; 근육경직, 언짢은 표정, 노려봄, 틱 등).
9. 심리적 변화가 목소리를 통해서 나타남(예 ; 화를 돋우는 억압적 말투나 웃음, 빠르고 강한 말투, 잦은 욕설의 사용).

___: ______________________________

___: ______________________________

___: ______________________________

장기목표

1. 인생에 대해서 보다 여유있는 새로운 태도를 갖고 실천한다.
2. 일상생활에서 경쟁적 업무와 비경쟁적 사회생활 사이에 균형을 맞춘다.
3. 억압적이고 내모는 식의 행동을 전반적으로 줄인다.
4. 정기적으로 할 수 있는 사회활동과 여가활동을 개발한다.
5. 시간에 쫓기고 불안에 시달리며 분노와 자기 파괴적인 행동을 경감한다.

___. ____

____

___. ____

____

___. ____

____

단기 세부목표

1. 억압적이고 내몰리는 생활방식을 설명한다. (1, 2)
2. 심리검사를 받는다. (3, 4)
3. 성취 지향적이며 내모는 행동을 일으키는 신념을 확인한다. (5, 6, 7)

치료적 개입

1. 억압적인 생활스타일의 예를 사정한다.
2. 클라이언트가 자신을 객관적으로 바라볼 수 있도록 돕는다.
3. 클라이언트의 A유형 행동의 정도와 범위를 보다 정확히 사정하기 위해서 척도를 사용한다(예 ; Jenkins, Zyzan-ski, Rosenman의 Jenkins Activity Survey).
4. 클라이언트와 검사결과를 검토하고 상담을 진행한다.
5. 클라이언트가 성취 지향적이며 충동적인 역할모델이나 압력과 관련한 클라이언트의 과거력과 가족력을 탐구

한다.

6. 클라이언트에게 자신과 타인의 가치에 대한 신념을 적어서 목록을 작성하도록 요구한다.

7. 클라이언트가 자신의 과도한 성취 지향적이며 내모는 행동과 부모를 만족시키고자 하는 소망을 서로 연결하여 이해하도록 돕는다.

4. 자신에게 초점을 두는 것을 지향하고, 보다 내적이며 타인 중심적인 가치에 우선순위를 두며 그것을 말로 표현한다. (8, 9)

8. 클라이언트의 가치체계를 조사하고 명확히 하며 인간관계와 여가, 영적 성장, 생각하는 시간, 나눔 등에 보다 우선순위를 두도록 돕는다.

9. 클라이언트에게 영적으로 존경받는 사람들에 대한 자서전이나 위인전을 읽도록 과제를 부여한다(예 ; 성 어거스틴, 토마스 머튼, 앨버트 슈바이처, C.S. 루이스). 그리고 그 인물의 핵심 신념을 가지고 상담을 진행한다.

EBT 5. 내적 그리고 타인 지향적인 가치를 지향하고 그것에 헌신할 것을 말로 표현한다. (10)

10. 더 건강하고 A유형 생활스타일에서 벗어나며 자신과 시간과 인간관계를 다루는 새로운 접근 방식을 익히도록 클라이언트에게 자신의 태도와 행동의 변화를 시도하며 노력할 것을 요청한다. EBT

EBT 6. 너무 빨리하려고 하지 않으면서 한 번에 한 가지 과업을 수행한다. (11)

11. 클라이언트가 급하게 서두르지 않고 한 번에 한 가지 활동에 초점을 두도록 격려하고 강화한다. EBT

EBT 7. 일하는 시간과 집으로 일을 가지고 와서 하는 빈도를 줄인

12. 클라이언트의 (집과 사무실에서) 일하는 시간을 검토하고 선택적으로 일

다. (12)

하는 시간을 줄이도록 조언한다.

8. 압박감을 느끼는 상황을 다룰 수 있는 안정 기술을 배우고 실천한다. (13, 14)

13. 클라이언트에게 압박감을 느낄 때 적절히 반응할 수 있는 맞춤전략의 일환으로 안정 기술을 가르친다(예 ; 근육이완, 숨 고르기, 안정을 위한 심상).

14. 문제를 촉발시키는 상황에 직면했을 때 일상적으로 안정 기술을 사용하도록 과제를 부여하고, 그 결과를 상담하며 성공을 강화하여 실패를 재지도 한다.

9. 매일 휴식을 취하는 시간을 증가시킨다. (15, 16, 17, 18)

15. 클라이언트에게 일주일에 하루만 한 가지 비경쟁적인 활동을 하도록 과제를 부여하고, 그 경험을 가지고 상담을 진행한다.

16. 클라이언트가 한 달 동안 매주 두 번 업무 외에 다른 관심분야의 활동을 하도록 요구한다.

17. 클라이언트에게 코미디 영화를 보도록 과제를 부여하고 그 경험에서 긍정적인 면을 확인하도록 한다.

18. 클라이언트가 자신의 삶 속에서 보다 균형을 잡아가는 모든 변화를 강화한다.

10. 압박감을 느끼며 살아가도록 영향을 미치는 왜곡된 자동적 사고를 확인하고 대체한다. (19)

19. 클라이언트가 뭔가를 이루어야만 한다는 압박감을 느끼도록 하는 왜곡된 자동적 사고를 확인하도록 하며, 그것을 긍정적이고 현실적인 생각으

로 대체하도록 돕는다.

11. 다른 사람들에 대한 적개심과 인내심 부족을 인식하고 말로 표현한다. (20, 21)

20. 클라이언트의 다른 사람들과의 상호작용에서 편협함과 인내심 부족의 양상을 탐구한다.

21. 클라이언트가 다른 사람들에 대한 비판적인 신념을 확인하고, 그러한 신념이 일상생활에서 적대적인 말투와 행동으로 연결된다는 사실을 이해하도록 돕는다.

12. 존중적인 자기주장과 다른 사람의 감정을 배려하지 않는 직설적인 말이나 다른 사람을 통제하려고 하는 공격적인 말 사이의 차이점을 이해하고 이야기한다. (22, 23)

22. 클라이언트에게 타인의 권리를 공격적으로 무시하는 행동을 인식하고 억제할 것을 강조하면서 자기주장적 의사소통방법을 훈련한다.

23. 자기중심적이거나 타인에게 비공감적인 태도를 반영하는 클라이언트의 행동이나 말을 모니터하고 지적하며 재구조화 하여 모델링, 역할극, 역할 예행연습과 같은 행동주의적 방법을 사용하여 대안을 실천하도록 돕는다.

13. 대인관계 문제를 다루기 위한 문제해결이나 갈등해결 기술을 적용한다. (24)

24. 현재의 몇 가지 갈등을 극복하기 위해 모델링, 역할극, 행동 연습을 사용하여 클라이언트에게 갈등해결 기술(예 ; 공감, 적극적 경청, "I 메시지", 존중적 의사소통, 공격적이지 않은 자기주장, 타협)과 문제해결 기술(예 ; 문제를 건설적이며 구체적으로 정의하기, 대안을 찾기 위한 브레인스토밍, 대안을 평가하기, 타협, 대

안을 선택하기, 계획을 실천하기, 결과를 평가하기)을 가르친다. EBT

EBT 14. 분노를 조절하기 위해서 새로운 안정과 의사소통, 문제해결 기술을 적용한다.
(25, 26, 27)

25. 클라이언트가 자신의 욕구와 관련된 모든 신체적, 인지적, 의사소통, 문제해결, 갈등해결 기술을 통합하여 압박감을 다루는 맞춤 전략을 세우도록 돕는다. EBT
26. 클라이언트가 분노를 조절하기 위한 새로운 전략을 쉬운 상황에서부터 점차로 어려운 상황으로 적용해가도록 한다. EBT
27. 클라이언트가 새로운 분노조절기술을 통합하여 사용하도록 이완, 심상훈련, 행동연습, 모델링, 역할극, 실제노출, 행동주의적 실험 등의 기술을 사용한다(Jongsma의 Adult Psychotherapy Homework Planner 2판에서 Alternatives to Destructive Anger부분을 참조). EBT

EBT 15. 타인의 장점을 이해하고 칭찬하면서 다른 사람들에 대한 참을성을 키운다.
(28, 29, 30, 31)

28. 클라이언트에게 다른 사람의 말에 귀를 기울이고 그 사람의 장점을 발견하면서 다른 사람이나 아동과 이야기를 하도록 과제를 부여하며 그 경험을 상담한다. EBT
29. 자기인식을 증진하며 협동하는 경험을 할 수 있는 주말활동에 참여하도록 클라이언트와 가족들에게 과제를 부여하고 그 경험을 상담한다. EBT
30. 클라이언트에게 야외 캠핑이나 단체

16. 다른 사람들의 삶에 대한 관심을 증진하여, 다른 사람들의 인생경험에 대한 이야기에 귀를 기울이고 매일 한 가지씩 친절한 행동을 한다. (32, 33)

17. 성취를 위해 노력하면서 아름다운 삶을 살아가는 균형있는 일상을 영위한다. (34, 35)

여행, 적십자 구호활동과 같은 그룹 활동을 하도록 과제를 부여하고 그 경험을 상담한다.

31. 클라이언트가 1년 정도 사람들과 직접 부딪히며 일하는 비영리 사회기관이나 학교 같은 곳에서 자원봉사(예 ; 사회복지기관의 식당봉사, 저소득 아이들에 대한 방과 후 학습도우미)를 하도록 격려하고 긍정적인 결과에 대하여 이야기한다.

32. 매일 한 가지씩 임의의 자발적인 친절한 행동을 하도록 클라이언트를 격려하고 모니터하며 그 긍정적인 결과를 탐구한다.

33. 클라이언트가 다른 사람들에게 따뜻하고 감사하며 다정한 태도를 표현하도록 격려한다.

34. 클라이언트가 A유형 행동에 대한 책을 읽도록 과제를 부여하고 그 결과를 가지고 상담을 진행한다(예 ; Friedman과 Ulmer의 Treating Type A Behavior and Your Heart).

35. 클라이언트가 순순하게 아름다운 세상을 즐길 수 있는 활동(예 ; 예술 박물관을 방문하기, 심포니 콘서트에 가기, 숲 속을 하이킹하기, 그림 그리는 법을 배우기)의 목록을 작성하고, 이것을 자신의 삶에서 조화시킬 수 있도록 요구한다(또는 Jongsma의

Adult Psychotherapy Homework Planner 2판에서 Identify and Sche-dule Pleasant Activities부분을 과제로 부여한다). EBT

__. ______________________

__. ______________________

__. ______________________

__. ______________________

__. ______________________

__. ______________________

가능한 진단명과 코드

축 1:	300.3	강박충동장애
	300.02	범불안 장애
	296.89	제2 양극성 장애(경조증)
	______	______________________
	______	______________________
축 2:	301.4	강박충동적 성격장애
	______	______________________
	______	______________________

41 업무 스트레스(Vocational Stress)

행동적 정의

1. 심각한 업무상의 상실에 따라 대인관계의 갈등(부적절감, 두려움, 패배감을 인식)이 초래되고 이로 인해서 불안과 우울증을 겪음.
2. 성공이나 승진 후에 따르는 더 큰 성공에 대한 높아진 기대를 충족시키지 못하고 실패할 것에 대한 두려움.
3. 직장에서 상사에 대적하거나 갈등을 겪음.
4. 실직하게 되어 불안과 우울증을 겪음.
5. 자신의 자리가 실제로 위태롭거나 그렇게 인식하는 것으로 인한 불안감
6. 직업 불만족이나 업무상의 책임감으로 인해 발생하는 스트레스와 관련된 우울증과 불안감

___. ____

___. ____

___. ____

장기목표

1. 직장 동료들과의 관계에서 보다 만족스럽고 편안하게 느낀다.
2. 업무상의 책임을 다루는데 있어서 보다 자신감 있게 느끼고 자신의 능력을 충

분히 발휘한다.
3. 직장에서 상사의 지시를 수용하고 협조한다.
4. 실직상태라도 자존감을 증진하고 좋은 기분을 유지한다.
5. 상사의 보다 긍정적인 업무수행 평가를 받아서 직업 안정성을 높인다.
6. 합리적으로 희망적이고 긍정적인 태도로 지속적으로 직업을 구한다.
7. 자기주장과 스트레스 관리 기술을 적용하여 직업 만족도와 업무 수행능력을 향상한다.

___. ____

____

___. ____

____

___. ____

____

단기 세부목표

1. 직장 동료나 상사와의 갈등에서 자신의 역할은 어떠한지 확인한다. (1, 2)

2. 직장에서 갈등의 원인이 될 수 있는 자신의 모든 개인적 문제를 확인한다. (3, 4)

3. 업무 분위기에 영향을 주고 있는 대인관계의 갈등원인이 원가족의 과거력에 뿌리를 두고 있는지 검

치료적 개입

1. 직장에서 클라이언트의 갈등이 어떠한 것인지 명확히 한다.
2. 클라이언트가 다른 사람의 입장을 이해하려고 노력하면서 갈등 속에서 자신의 역할을 확인하도록 돕는다.
3. 클라이언트에게 직장에서의 갈등에 물질 남용이 영향을 미치고 있는지 알아본다.
4. 클라이언트의 개인적인 문제가 직장에도 영향을 미치고 있는지 알아본다.
5. 클라이언트의 현재 대인관계에서의 갈등원인을 클라이언트의 원가족의 과거력에서 찾아본다.

토한다. (5)

4. 직장 외의 사람들과도 비슷한 양상의 갈등을 겪고 있는지 확인한다. (6)

6. 클라이언트의 직장에서 반복되며 직장 이외의 곳에서도 발생하는 클라이언트의 대인관계 갈등의 양상을 탐구한다.

5. 갈등과 감정, 행동에 대한 책임을 다른 사람에게 투사하지 않고 자신의 행동과 갈등에서의 역할에 대한 책임을 수용한다. (7, 8)

7. 클라이언트가 자신의 행동과 감정의 책임을 다른 사람에게 투사하는 것에 대해서 직면한다.
8. 클라이언트가 자신의 감정과 행동에 대해서 책임을 인정하도록 강화한다.

6. 직장 동료들이나 상사들과의 갈등을 해결할 수 있도록 직장에서의 상호작용에 어떠한 변화를 줄 수 있는지 확인하고 적용한다. (9, 10)

9. 클라이언트에게 직장 동료나 상사를 대하는 다양한 대안이 되는 건설적인 행동계획(예 ; 지시에 예의를 갖추어 순응하기, 웃으며 먼저 인사하기, 다른 사람들의 업무와 조화를 이루기, 비난하지 않기)을 세워서 적도록 과제를 부여한다.
10. 클라이언트가 직장에서나 직업을 구할 때 다른 사람을 만나는 것에 대한 불안을 감소시키고 긍정적인 만남을 할 가능성을 높일 수 있도록 역할극, 행동예행연습, 역할연습 등의 기술을 사용한다.

7. 다른 사람에게 공격적이거나 방어적이지 않은 태도로 자신의 욕구와 감정을 효과적으로 표현할 수 있게 자기주장기술을 사용한다. (11)

11. 클라이언트에게 자기주장기술을 가르치거나 자기주장기술 클래스에 의뢰한다.

8. 다른 사람과 조화를 이루고 자기수용과 자기 확신을 증진하는, 보

12. 클라이언트가 불안과 우울증을 경감할 수 있도록, 보다 현실적이고 건강

다 건강하고 현실적인 인지 메시지를 말로 표현한다. (12, 13)	한 인지 메시지를 개발하는 방법을 가르친다. 13. 클라이언트가 매일 자기패배적인 생각(예 ; 절망적인 생각, 무가치하다는 생각, 거절, 재난화, 미래에 대한 부정적인 예견)을 기록하도록 요구하고 각 생각의 정확성에 대해서 도전하여 긍정적이며 자신에게 도움이 되는 것으로 대체하도록 돕는다.
9. 업무 스트레스와 관련된 왜곡된 인지 메시지를 확인하고 대체한다. (14, 15, 16)	14. 클라이언트의 업무 스트레스와 관련된 정서를 탐구하고 명확히 한다. 15. 클라이언트의 업무 스트레스를 일으키는 왜곡된 인지 메시지와 스키마를 사정하고 긍정적인 것으로 대체한다. 16. 클라이언트를 무력화시키며 불안을 일으키는 상황을 재난화하는 클라이언트의 사고패턴에 직면한다.
10. 업무 스트레스가 가까운 가족과의 관계와 자신에 대한 감정에 어떤 영향을 미치고 있는지 확인한다. (17, 18)	17. 클라이언트의 업무 스트레스가 친구와 가족들과의 관계, 그리고 상호작용에 있어서의 역동에 어떤 영향을 미치는지 탐구한다. 18. 가족 구성원들의 감정이 표현되고 클라이언트의 직장에서의 상황이 명확히 드러나도록 가족치료를 진행한다.
11. 업무 스트레스를 줄이기 위한 건설적인 행동을 개발하고 그 계획을 이야기한다. (19)	19. 클라이언트가 자신의 직장에서의 상황에 대해서 긍정적으로 반응할 수 있는 계획을 세우도록 돕는다.
12. 직장을 그만두게 된 상황을 이해	20. 클라이언트가 어쩔 수 없었을지도 모

하고 말로 표현한다. (20)	르는 실직의 원인을 탐구한다.
13. 직장에서 실패했다고 자신을 비하하지 않는다. (21, 22, 23, 24)	21. 어린 시절부터의 뿌리 깊은 부적절감, 실패에 대한 두려움, 또는 성공에 대한 두려움을 탐구한다. 22. 클라이언트가 직장에서의 성공과 실패에 대해서 스스로 현실적이게 평가하도록 강화한다. 23. 클라이언트가 자신의 장점, 재능, 성취한 것들의 목록을 만든 후에, 자신에게 관심을 가지고 존중하며 가치를 높이 평가해주는 사람들의 목록을 따로 작성하도록 과제를 부여하고, 진심으로 감사하며 자신의 가치를 인정하기 위해서 그 목록을 가지고 상담을 진행한다. 24. 클라이언트에게 한 사람의 궁극적인 가치는 물질이나 직업적 성공으로 잴 수 있는 것이 아니라, 하나님과 다른 사람들에게 어떻게 했느냐에 달려있다는 사실을 가르친다.
14. 구직계획을 세운다. (25, 26, 27)	25. 클라이언트가 구체적으로 구직을 위한 세부목표를 서면으로 세우도록 돕는다. 26. 클라이언트에게 구인광고, 친구, 가족들을 통해서 취업 가능성을 찾아보도록 과제를 부여한다. 27. 클라이언트에게 구직교육이나 이력서 작성 세미나에 참석하도록 과제를 부여한다.

15. 구직 경험과 그 때의 감정을 이야기한다. (28)

__: ______________________________
____
__: ______________________________
____
__: ______________________________
____

28. 클라이언트의 구직 과정을 모니터하고 격려하며 상담을 진행한다.

__: ______________________________
____
__: ______________________________
____
__: ______________________________
____

가능한 진단명과 코드

축 1:

309.0	우울증을 동반한 적응장애
300.4	기분부전 장애
296.xx	주요 우울 장애
V62.2	직업 문제
309.24	불안을 동반한 적응장애
303.90	알코올 의존
304.20	코카인 의존
304.80	복합물질 의존
______	______________________
______	______________________

축 2:

301.0	편집성 성격장애
301.81	자기애적 성격장애
301.7	반사회적 성격장애
301.9	미분류 성격장애
______	______________________
______	______________________

부록 A

BIBLIOTHERAPY SUGGESTIONS

GENERAL

Many references are made throughout the chapters to a therapeutic homework resource that was developed by the authors as a corollary to this *Complete Adult Psychotherapy Treatment Planner,* Fourth Edition (Jongsma and Peterson). This frequently cited homework resource book is:

Jongsma, A. E. (2006). *Adult Psychotherapy Homework Planner, Second Edition.* New York: Wiley.

ANGER MANAGEMENT

Carter, L. (2003). *The Anger Trap.* San Francisco: Jossey-Bass.

Deffenbacher, J. L., and McKay, M. (2000). *Overcoming Situational and General Anger: Client Manual (Best Practices for Therapy).* Oakland, CA: New Harbinger.

Lerner, H. (1985). *The Dance of Anger: A Woman's Guide to Changing the Patterns of Intimate Relationships.* New York: Harper Perennial.

McKay, M., and Rogers, P. (2000). *The Anger Control Workbook*. Oakland, CA: New Harbinger.

McKay, M., Rogers, P., and McKay, J. (1989). *When Anger Hurts.* Oakland, CA: New Harbinger.

Potter-Etron, R. (2001). *Stop the Anger Now: A Workbook.* Oakland, CA: New Harbinger.

Rosellini, G., and Worden, M. (1986). *Of Course You're Angry.* San Francisco: Harper Hazelden.

Rubin, T. I. (1969). *The Angry Book.* New York: Macmillan.

Smedes, L. (1991). *Forgive and Forget: Healing the Hurts We Don't Deserve.* San Francisco: HarperCollins.

Tavris, C. (1989). *Anger: The Misunderstood Emotion.* New York: Touchstone Books.

Weisinger, H. (1985). *Dr. Weisinger's Anger Work-Out Book.* New York: Quill.

ANTISOCIAL BEHAVIOR

Carnes, P. (1983). *Out of the Shadows: Understanding Sexual Addictions.* Minneapolis, MN: CompCare.

Katherine, A. (1998). *Boundaries: Where You End and I Begin.* New York: MJF Books.

Pittman, F. (1998). *Grow Up!* New York: Golden Books.

Williams, R., and Williams, V. (1993). *Anger Kills.* New York: Time Books.

ANXIETY

Benson, H. (1975). *The Relaxation Response.* New York: William Morrow.

Bernstein, D. A., and Borkovec, T. D. (1973). *Progressive Relaxation Training.* Champaign, IL: Research Press.

Bourne, E. (2005). *The Anxiety and Phobia Workbook.* Oakland, CA: New Harbinger.

Burns, D. (1993). *Ten Days to Self-Esteem!* New York: William Morrow.

Davis, M., Eshelman, E., and McKay, M. (1988). *The Relaxation and Stress Reduction Workbook.* Oakland, CA: New Harbinger.

Hauck, P. (1975). *Overcoming Worry and Fear.* Philadelphia: Westminster Press.

Jeffers, S. (1987). *Feel the Fear and Do It Anyway.* San Diego, CA: Harcourt Brace Jovanovich.

Marks, I. (1980). *Living with Fear: Understanding and Coping with Anxiety.* New York: McGraw-Hill.

McKay, M., Davis, M., and Farming, P. (1998). *Thoughts and Feelings: Taking Control of Your Moods and Your Life.* Oakland, CA: New Harbinger.

Zinbarg, R. E., Craske, M. G., Barlow, D. H., and O'Leary, T. (1993). *Mastery of Your Anxiety and Worry—Client Guide.* San Antonio, TX: The Psychological Corporation.

ATTENTION DEFICIT DISORDER (ADD)—ADULT

Hallowell, E., and Ratey, J. (1994). *Driven to Distraction.* New York: Simon & Schuster.

Kelly, K., and Ramundo, P. (1994). *You Mean I'm Not Lazy, Stupid, or Crazy?! A Self-Help Book for Adults with Attention Deficit Disorder.* Cincinnati, OH: Tyrell and Jerem Press.

Nadeau, K. (1996). *Adventures in Fast Forward.* Levittown, PA: Brunner/Mazel.

Quinn, D., and Stern, J. (1991). *Putting on the Brakes.* New York: Magination Press.

Weis, Lynn. (1994). *The Attention Deficit Disorder in Adults Workbook.* Dallas, TX: Taylor Publishing.

Wender, P. (1987). *The Hyperactive Child, Adolescent, and Adult.* New York: Oxford University Press.

BORDERLINE PERSONALITY

Cudney, M., and Handy, R. (1993). *Self-Defeating Behaviors.* San Francisco: HarperCollins.

Herman, J. (1997). *Trauma and Recovery*. New York: Basic Books.

Katherine, A. (1998). *Boundaries: Where You End and I Begin.* New York: MJF Books.

Kreisman, J., and Straus, H. (1989). *I Hate You—Don't Leave Me.* New York: Avon.

Linehan, M. (1993). *Skills Manual for Treating Borderline Personality Disorder.* New York: Guilford.

Miller, D. (1994). *Women Who Hurt Themselves: A Book of Hope and Understanding*. New York: HarperCollins.

O'Neil, M., and Newbold, C. (1994). *Boundary Power.* Fort Smithy, AR: Sonlight Publishing.

Peurito, R. (1997). *Overcoming Anxiety.* New York: Henry Holt.

Reiland, R. (2004). *Get Me Out of Here: My Recovery from Borderline Personality Disorder*. Center City, MN: Hazeldon Foundation.

Spadlin, S. (2003). *Don't Let Your Emotions Run Your Life: How Dialectical Behavior Therapy Can Put You in Control*. Oakland, CA: New Harbinger.

CHEMICAL DEPENDENCE

Alcoholics Anonymous. (1975). *Living Sober.* New York: A. A. World Service.

Alcoholics Anonymous. (1976). *Alcoholics Anonymous: The Big Book.* New York: A. A. World Service.

Carnes, P. (1989). *A Gentle Path Through the Twelve Steps.* Minneapolis, MN: CompCare.

Gorski, T. (1992). *Staying Sober Workbook.* Independence, MO: Herald House Press.

Gorski, T., and Miller, M. (1986). *Staying Sober: A Guide to Relapse Prevention.* Independence, MO: Herald House Press.

Johnson, V. (1980). *I'll Quit Tomorrow.* New York: Harper & Row.

Kasl-Davis, C. (1992). *Many Roads, One Journey.* New York: HarperCollins.

Nuckals, C. (1989). *Cocaine: From Dependence to Recovery.* Blue Ridge Summit, PA: TAB Books.

Wilson, B. (1967). *As Bill Sees It.* New York: A. A. World Service.

CHEMICAL DEPENDENCE—RELAPSE

Alcoholics Anonymous. (1975). *Living Sober.* New York: A. A. World Service.

Alcoholics Anonymous. (1976). *Alcoholics Anonymous: The Big Book.* New York: A. A. World Service.

Burns, D. (1993). *Ten Days to Self-Esteem!* New York: William Morrow.

Carnes, P. (1989). *A Gentle Path Through the Twelve Steps.* Minneapolis, MN: CompCare.

Doe, J. (1955). *The Golden Book of Resentments.* Minneapolis, MN: CompCare Publishing.

Gorski, T. (1992). *The Staying Sober Workbook.* Independence, MO: Herald House Press.
Gorski, T., and Miller, M. (1986). *Staying Sober: A Guide to Relapse Prevention.* Independence, MO: Herald House Press.
Johnson, V. (1980). *I'll Quit Tomorrow.* New York: Harper & Row.
Kasl-Davis, C. (1992). *Many Roads, One Journey.* New York: HarperCollins.
Larson, E. (1985). *Stage II Recovery: Life Beyond Addiction.* San Francisco: Harper & Row.
Nuckals, C. (1989). *Cocaine: From Dependence to Recovery.* Blue Ridge Summit, PA: TAB Books.
Wilson, B. (1967). *As Bill Sees It.* New York: A. A. World Service.

CHILDHOOD TRAUMAS

Black, C. (1980). *It Will Never Happen to Me.* Denver, CO: MAC Publishing.
Bradshaw, J. (1990). *Homecoming.* New York: Bantam Books.
Bradshaw, J. (1998). *Healing the Shame that Binds You.* Deerfield Beach, FL: Health Communications, Inc.
Copeland, M., and Harris, M. (2000) *Healing the Trauma of Abuse: A Woman's Workbook.* Oakland, CA: New Harbinger.
Gil, E. (1984). *Outgrowing the Pain: A Book for and About Adults Abused as Children.* New York: Dell Publishing.
Kushner, H. (1981). *When Bad Things Happen to Good People.* New York: Schocken Books.
Pittman, F. (1998). *Grow Up!* New York: Golden Books.
Powell, J. (1969). *Why I'm Afraid to Tell You Who I Am.* Allen, TX: Argus Communications.
Smedes, L. (1991). *Forgive and Forget: Healing the Hurts We Don't Deserve.* San Francisco: HarperCollins.
Whitfield, C. (1987). *Healing the Child Within.* Deerfield Beach, FL: Health Communications, Inc.
Whitfield, C. (1990). *A Gift to Myself.* Deerfield Beach, FL: Health Communications, Inc.

CHRONIC PAIN

Benson, H. (1975). *The Relaxation Response.* New York: William Morrow.
Benson, H. (1979). *The Mind/Body Effect.* New York: Simon & Schuster.
Bernstein, D. A., and Borkovec, T. D. (1973). *Progressive Relaxation Training.* Champaign, IL: Research Press.
Burns, D. (1980). *Feeling Good: The New Mood Therapy.* New York: Signet.
Burns, D. (1989). *The Feeling Good Handbook.* New York: Blume.
Burns, D. (1993). *Ten Days to Self-Esteem.* New York: William Morrow.
Catalano, E., and Hardin, K. (1996). *The Chronic Pain Control Workbook: A Step-by-Step Guide for Coping With and Overcoming Pain.* Oakland, CA: New Harbinger.

Caudill, M. (1995). *Managing Pain Before It Manages You.* New York: Guilford.
Duckro, P., Richardson, W., and Marshall, J. (1995). *Taking Control of Your Headaches.* New York: Guilford.
Fields, H. (1987). *Pain.* New York: McGraw-Hill.
Hunter, M. (1996). *Making Peace with Chronic Pain.* Levittown, PA: Brunner/Mazel.
LeShan, L. (1984). *How to Meditate.* New York: Bantam Books.
Morris, D. (1991). *The Culture of Pain.* Berkeley: University of California Press.
Siegel, B. (1989). *Peace, Love, & Healing.* New York: Harper & Row.

COGNITIVE DEFICITS

Ellis, A., and Harper, R. (1974). *A New Guide to Rational Living.* Hollywood, CA: Wilshire Books.

DEPENDENCY

Alberti, R., and Emmons, M. (1990). *Your Perfect Right: Assertiveness and Equality in Your Life and Relationships, Eighth Edition.* San Luis Obispo, CA: Impact.
Beattie, M. (1987). *Codependent No More: How to Stop Controlling Others and Start Caring for Yourself.* San Francisco: HarperCollins.
Evans, P. (1992). *The Verbally Abusive Relationship.* Holbrook, MA: Bob Adams, Inc.
Helmfelt, R., Minirth, F., and Meier, P. (1985). *Love Is a Choice.* Nashville, TN: Nelson.
Katherine, A. (1998). *Boundaries: Where You End and I Begin.* New York: MJF Books.
Norwood, R. (1985). *Women Who Love Too Much.* Los Angeles: Archer.
Pittman, F. (1998). *Grow Up!* New York: Golden Books.
Smith, M. (1985). *When I Say No, I Feel Guilty.* New York: Bantam Books.
Walker, L. (1979). *The Battered Woman.* New York: Harper & Row.
Whitfield, C. (1990). *A Gift to Myself.* Deerfield Beach, FL: Health Communications, Inc.

DEPRESSION

Burns, D. (1989). *The Feeling Good Handbook.* New York: Blume.
Burns, D. (1999). *Feeling Good: The New Mood Therapy*. New York: HarperCollins.
Butler, P. (1991). *Talking to Yourself: Learning the Language of Self-Affirmation.* New York: Stein and Day.
Downs, A. (2003). *The Half Empty Heart.* New York: St. Martin's.
Dyer, W. (1974). *Your Erroneous Zones.* New York: Funk & Wagnalls.
Geisel, T. (1990). *Oh, The Places You'll Go.* New York: Random House.
Gilson, M., and Freemen, A. (2000). *Overcoming Depression: A Cognitive Therapy Approach for Taming the Depression Beast: Client Workbook*. New York: Oxford University Press.

Hallinan, P. K. (1976). *One Day at a Time.* Minneapolis, MN: CompCare.
Hazelden Staff. (1991). *Each Day a New Beginning.* Center City, MN: Hazelden.
Helmstetter, S. (1986). *What to Say When You Talk to Yourself.* New York: Fine Communications.
Knauth, P. (1977). *A Season in Hell.* New York: Pocket Books.
Leith, L. (1998). *Exercising Your Way to Better Mental Health.* Morgantown, WV: Fitness Information Technology.
McKay, M., Davis, M., and Farming, P. (1998). *Thoughts and Feelings: Taking Control of Your Moods and Your Life.* Oakland, CA: New Harbinger.
Miklowitz, D. (2002) *Bipolar Disorder Survival Guide: What You and Your Family Need to Know*. New York: Guilford.
Strauss, C. (2004) *Talking to Depression*. New York: New American Library.
Weissman, M. (2005). *Mastering Depression Through Interpersonal Psychotherapy: Patient Workbook*. New York: Oxford University Press.
Yapko, M. (1999). *Hand Me Down Blues.* New York: Golden Books.
Zonnebelt-Smeenge, S., and DeVries, R. (1998). *Getting to the Other Side of Grief: Overcoming the Loss of a Spouse.* Grand Rapids, MI: Baker Books.

DISSOCIATION

Grateful Members of Emotional Health Anonymous. (1982). *The Twelve Steps for Everyone . . . Who Really Wants Them.* Minneapolis, MN: CompCare.

EATING DISORDER

Fairburn, C. (1995). *Overcoming Binge Eating.* New York: Guilford.
Hirschmann, J., and Munter, C. (1988). *Overcoming Overeating.* New York: Ballentine Books.
Hollis, J. (1985). *Fat Is a Family Affair.* New York: Harper & Row.
Rodin, J. (1993). *Body Traps.* New York: William Morrow.
Sacker, I., and Zimmer, M. (1987). *Dying to Be Thin.* New York: Warner Books.
Siegel, M., Brisman, J., and Weinshel, M. (1997). *Surviving an Eating Disorder.* San Francisco: HarperCollins.

EDUCATIONAL DEFICITS

de Boro, E. (1982). *de Boro's Thinking Course.* New York: Facts of Life Publishing.
Sandstrom, R. (1990). *The Ultimate Memory Book.* Granada, CA: Stepping Stones Books.

FAMILY CONFLICT

Black, C. (1980). *It Will Never Happen to Me.* Denver, CO: MAC Publishing.
Bloomfield, H., and Felder, L. (1983). *Making Peace with Your Parents.* New York: Random House.
Bradshaw, J. (1988). *On the Family.* Deerfield Beach, FL: Health Communications, Inc.

Cline, F., and Fay, J. (1990). *Parenting with Love and Logic.* Colorado Springs, CO: Navpress.
Faber, A., and Mazlish, E. (1987). *Siblings Without Rivalry.* New York: Norton.
Fassler, D., Lash, M., and Ivers, S. (1988). *Changing Families.* Burlington, VT: Waterfront Books.
Ginott, H. (1969). *Between Parent and Teenager.* New York: Scribner.
Ginott, H. (2003). *Between Parent and Child.* New York: Three Rivers Press.
Glenn, S., and Nelsen, J. (1989). *Raising Self-Reliant Children in a Self-Indulgent World.* Rocklin, CA: Prima.
Phelan, T. (1995). *1-2-3 Magic: Training Your Preschoolers and Preteens to Do What You Want.* Glen Ellyn, IL: Child Management, Inc.
Steinberg, L., and Levine, A. (1990). *You and Your Adolescent: A Parents' Guide for Ages 10–20.* New York: Harper Perennial.

FEMALE SEXUAL DYSFUNCTION

Barbach, L. (1982). *For Each Other: Sharing Sexual Intimacy.* New York: Doubleday.
Comfort, A. (1991). *The New Joy of Sex.* New York: Crown.
Heiman, J., and LoPiccolo, J. (1988). *Becoming Orgasmic: A Sexual Growth Program for Women.* New York: Prentice-Hall.
Kaplan, H. S. (1975). *The Illustrated Manual of Sex Therapy.* New York: Quadrangle, The New York Times Book Co.
Kaplan, H. S. (1988). *The Illustrated Manual of Sex Therapy*. Levittown, PA: Brunner/Mazel.
McCarthy, B., and McCarthy, E. (1984). *Sexual Awareness.* New York: Carroll & Graf.
Penner, C., and Penner, C. (1981). *The Gift of Sex.* Waco, TX: Word.
Schnarch, D., and Maddock, J. (2003). *Resurrecting Sex: Solving Sexual Problems and Revolutionizing Your Relationship*. New York: HarperCollins.
Valins, L. (1992). *When a Woman's Body Says No to Sex: Understanding and Overcoming Vaginismus.* New York: Penguin.
Wincze, J., and Barlow, D. H. (1997). *Enhancing Sexuality: A Problem-solving Approach—Client Workbook*. San Antonio, TX: The Psychological Corporation.
Zibergeld, B. (1992). *The New Male Sexuality.* New York: Bantam Books.

FINANCIAL STRESS

Abentrod, S. (1996). *10 Minute Guide to Beating Debt.* New York: Macmillan.
Burkett, L. (1989). *Debt Free Living.* Chicago: Moody Press.
Loungo, T. (1997). *10 Minute Guide to Household Budgeting.* New York: Macmillan.
Ramsey, D. (1997). *Financial Peace.* New York: Penguin.

GRIEF/LOSS UNRESOLVED

Albom, Mitch. (1997). *Tuesdays with Morrie.* New York: Doublesday.
Colgrove, M. (1991). *How to Survive the Loss of a Love.* Los Angeles: Prelude Press.

Kushner, H. (1981). *When Bad Things Happen to Good People.* New York: Schocken Books.
Lewis, C. S. (1961). *A Grief Observed.* New York: The Seabury Press.
Moore, Thomas. (2004). *Dark Nights of the Soul.* New York: Gotham.
Rando, T. (1991). *How to Go on Living When Someone You Love Dies.* New York: Bantam Books.
Schiff, N. (1977). *The Bereaved Parent.* New York: Crown Publications.
Smedes, L. (1982). *How Can It Be All Right When Everything Is All Wrong?* San Francisco: HarperCollins.
Smedes, L. (1991). *Forgive and Forget: Healing the Hurts We Don't Deserve.* San Francisco: HarperCollins.
Tatelbaum, Judy. (1980). *The Courage to Grieve.* New York: Harper & Row.
Westberg, G. (1962). *Good Grief.* Philadelphia: Augsburg Fortress Press.
Wolterstorff, N. (1987). *Lament for a Son.* Grand Rapids, MI: Eerdmans.
Zonnebelt-Smeenge, S., and DeVries, R. (2004). *Living Fully in the Shadow of Death.* Grand Rapids, MI: Baker.
Zonnebelt-Smeenge, S., and DeVries, R. (1998). *Getting to the Other Side of Grief: Overcoming the Loss of a Spouse.* Grand Rapids, MI: Baker Books.

IMPULSE CONTROL DISORDER

Helmstetter, S. (1986). *What to Say When You Talk to Yourself.* New York: Fine Communications.
Kelly, K., and Ramundo, P. (1994). *You Mean I'm Not Lazy, Stupid or Crazy?! A Self-Help Book for Adults with Attention Deficit Disorder.* Cincinnati, OH: Tyrell and Jerem Press.
Wander, P. (1987). *The Hyperactive Child, Adolescent, and Adult.* New York: Oxford University Press.

INTIMATE RELATIONSHIP CONFLICTS

Abrams-Spring, J. (1996). *After the Affair.* New York: HarperCollins.
Bach, G., and Wyden, P. (1976). *The Intimate Enemy: How to Fight Fair in Love and Marriage.* New York: Avon.
Christensen, A., and Jacobson, N. (2000). *Reconcilable Differences.* New York: Guilford.
Colgrove, M., Bloomfield, H., and McWillilams, P. (1991). *How to Survive the Loss of a Love.* Los Angeles: Prelude Press.
Fisher, B. (1981). *Rebuilding: When Your Relationship Ends.* San Luis Obispo, CA: Impact.
Fromm, E. (1956). *The Art of Loving.* New York: Harper & Row.
Gorski, T. (1993). *Getting Love Right: Learning the Choices of Healthy Intimacy.* New York: Simon & Schuster.
Gray, J. (1992). *Men Are From Mars, Women Are From Venus.* New York: HarperCollins.

Gray, J. (1993). *Men and Women and Relationships: Making Peace with the Opposite Sex.* Hillsboro, OR: Beyond Words.
Harley, W. (1994). *His Needs, Her Needs: Building an Affair-Proof Marriage.* Grand Rapids, MI: Revell.
Hendrix, H. (1988). *Getting the Love You Want: A Guide for Couples.* New York: HarperCollins.
Lerner, H. (1989). *The Dance of Intimacy: A Woman's Guide to Courageous Acts of Change in Key Relationships.* New York: Harper Perennial.
Lindbergh, A. (1955). *A Gift from the Sea.* New York: Pantheon.
Markman, H., Stanley S., and Blumberg, S. (1994). *Fighting for Your Marriage.* San Francisco: Jossey-Bass.
Oberlin, L. (2005). *Surviving Separation and Divorce: A Woman's Guide.* Avon, MA: Adams Media.
Schnarch, D. (1997). *Passionate Marriage.* New York: Norton.
Weiner-Davis, M. (1993). *Divorce Busting: A Step-by-step Approach to Making Your Marriage Loving Again.* New York: Simon & Schuster.

LEGAL CONFLICTS

Carnes, P. (1983). *Out of the Shadows: Understanding Sexual Addictions.* Minneapolis, MN: CompCare.
Williams, R., and Williams, V. (1993). *Anger Kills.* New York: Time Books.

LOW SELF-ESTEEM

Branden, N. (1994). *The Six Pillars of Self-Esteem.* New York: Bantam Books.
Burns, D. (1993). *Ten Days to Self-Esteem!* New York: William Morrow.
Helmstetter, S. (1986). *What to Say When You Talk to Yourself.* New York: Fine Communications.
McKay, M., and Fanning, P. (1987). *Self-Esteem.* Oakland, CA: New Harbinger.
Schialdi, G. (2001). *The Self Esteem Workbook.* Oakland, CA: New Harbinger.
Zimbardo, P. (1987). *Shyness: What It Is and What to Do About It.* Reading, MA: Addison-Wesley.

MALE SEXUAL DYSFUNCTION

Comfort, A. (1991). *The New Joy of Sex.* New York: Crown.
Kaplan, H. S. (1988). *The Illustrated Manual of Sex Therapy.* New York: Brunner/Mazel.
McCarthy, B., and McCarthy, E. (1981). *Sexual Awareness.* New York: Carroll & Graf.
Penner, C., and Penner, C. (1981). *The Gift of Sex.* Waco, TX: Word.
Schnarch, D., and Maddock, M. (2003) *Resurrecting Sex: Solving Sexual Problems and Revolutionizing Your Relationship.* New York: HarperCollins.
Wincze, J., and Barlow, D. (1997) *Enhancing Sexuality: A Problem-solving Approach (Client Workbook).* San Antonio, TX: The Psychological Corporation.
Zilbergeld, B. (1992). *The New Male Sexuality.* New York: Bantam Books.

MANIA OR HYPOMANIA

Copeland, M. (2000). *The Depression Workbook: A Guide for Living with Depression and Manic Depression.* Oakland, CA: New Harbinger.

Grateful Members of Emotional Health Anonymous. (1987). *The Twelve Steps for Everyone . . . Who Really Wants Them.* Minneapolis, MN: CompCare.

Miklowitz, D. (2002). *The Bipolar Disorder Survival Guide: What You and Your Family Need to Know.* New York: Guilford.

MEDICAL ISSUES

Friedman, M., and Ulmer, P. (1984). *Treating Type A Behavior and Your Heart.* New York: Knopf.

OBSESSIVE-COMPULSIVE DISORDER (OCD)

Baer, L. (2000). *Getting Control: Overcoming Your Obsessions and Compulsions, Revised Edition.* New York: Plume.

Bourne, E. (2005). *The Anxiety and Phobia Workbook.* Oakland, CA: New Harbinger.

Burns, D. (1993). *Ten Days to Self-Esteem!* New York: William Morrow.

Foa, E. B., and Wilson, R. (2001). *Stop Obsessing! How to Overcome Your Obsessions and Compulsions, Revised Edition.* New York: Bantam Books.

Hyman, B. M., and Pedrick, C. (1999). *The OCD Workbook: Your Guide to Breaking Free from Obsessive-Compulsive Disorder.* Oakland, CA: New Harbinger.

Kozak, M., and Foa, E. B. (1997). *Mastery of Obsessive-Compulsive Disorder: A Cognitive Behavioral Approach.* San Antonio, TX: The Psychological Corporation.

Levenkron, S. (1991). *Obsessive-Compulsive Disorders.* New York: Warner Books.

Penzel, F. (2000). *Obsessive-Compulsive Disorders: A Complete Guide to Getting Well and Staying Well.* New York: Oxford University Press.

Schwartz, J. (1996). *Brain Lock: Free Yourself from Obsessive-Compulsive Behavior.* New York: HarperCollins.

Steketee, G., and White, K. (1990). *When Once is Not Enough: Help for Obsessive Compulsives.* Oakland, CA: New Harbinger.

Steketee, G. (1999). *Overcoming Obsessive Compulsive Disorder—Client Manual.* Oakland, CA: New Harbinger.

PANIC/AGORAPHOBIA

Antony, M., and McCabe, R. (2004). *10 Simple Solutions to Panic: How to Overcome Panic Attacks, Calm Physical Symptoms, and Reclaim Your Life.* Oakland, CA: New Harbinger.

Barlow, D. H., and Craske, M. G. (2000). *Mastery of Your Anxiety and Panic (MAP-3).* San Antonio, TX: Graywind/The Psychological Corporation.

Bourne, E. (2005). *The Anxiety and Phobia Workbook,* Fourth Edition. Oakland, CA: New Harbinger.
Gold, M. (1988). *The Good News About Panic, Anxiety, and Phobias.* New York: Villard/Random House.
Marks, I. (2001). *Living With Fear, Second Edition.* London: McGraw-Hill.
McKay, M., Davis, M., and Farming, P. (1998) *Thoughts and Feelings: Taking Control of Your Moods and Your Life.* Oakland, CA: New Harbinger.
Swede, S., and Jaffe, S. (1987). *The Panic Attack Recovery Book.* New York: New American Library.
Wilson, R. (1996). *Don't Panic: Taking Control of Anxiety Attacks, Second Edition.* New York: Harper & Row.
Wilson, R. (1986). *Don't Panic: Taking Control of Anxiety Attacks.* New York: Harper & Row.

PARANOID IDEATION

Burns, D. (1989). *The Feeling Good Handbook.* New York: Plume.
Cudney, M., and Hard, R. (1991). *Self-Defeating Behaviors.* San Francisco: HarperCollins.
Ross, J. (1994). *Triumph Over Fear.* New York: Bantam Books.

PARENTING

Cline, F., and Fay, J. (1990). *Parenting with Love and Logic.* Colorado Springs, CO: Navpress.
Dobson, J. (2000). *Preparing for Adolescence: How to Survive the Coming Years of Change.* New York: Regal Press.
Edwards, C. (1999). *How to Handle a Hard-to-Handle Kid.* Minneapolis, MN: Free Spirit Publishing.
Faber, A., and Mazlish, E. (1982). *How to Talk So Kids Will Listen and Listen So Kids Will Talk.* New York: Avon.
Forehand, R., and Long, N. (1996) *Parenting the Strong-Willed Child.* Chicago: Contemporary Books.
Forgatch, M. (1994) *Parenting Through Change: A Training Manual.* Eugene, OR: Oregon Social Learning Center.
Ginott, H. (1969). *Between Parent and Teenager.* New York. Macmillan.
Gordon, T. (2000). *Parent Effectiveness Training.* New York: Three Rivers Press.
Greene, R. (1998). *The Explosive Child.* New York: HarperCollins.
Greenspan, S. (1995). *The Challenging Child.* Reading, MA: Perseus Books.
Ilg, F., Ames, L., and Baker, S. (1992). *Child Behavior: The Classic Childcare Manual from the Gesell Institute of Human Development.* New York: Harper Perennial.
Phelan, T. (1995). *1-2-3 Magic: Training Your Preschoolers and Preteens to Do What You Want.* Glen Ellyn, IL: Child Management, Inc.
Renshaw-Joslin, K. (1994). *Positive Parenting from A to Z.* New York: Fawcett Books.

Tracy, F. (1994). *Grounded for Life: Stop Blowing Your Fuse and Start Communicating.* Seattle, WA: Parenting Press.
Turecki, S., and Tonner, L. (1988). *The Difficult Child.* New York: Bantam Books.
Wolf, A. (1992). *Get Out of My Life, But First Could You Drive Me and Cheryl to the Mall?: A Parent's Guide to the New Teenager.* New York: Noonday Press.

PHASE OF LIFE PROBLEMS

Alberti, R., and Emmons, M. (2001). *Your Perfect Right: Assertiveness and Equality in Your Life and Relationships, Eighth Edition.* San Luis Obispo, CA: Impact.
Black, J., and Enns, G. (1998). *Better Boundaries: Owning and Treasuring Your Life.* Oakland, CA: New Harbinger.
Bower, S., and Bower, G. (1991). *Asserting Yourself: A Practical Guide for Positive Change.* Cambridge, MA: Perseus Publishing.
Hollis, J. (2005). *Finding Meaning in the Second Half of Life.* New York: Gotham.
Katherine, A. (1998). *Boundaries: Where You End and I Begin.* New York: MJF Books.
Moore, T. (2004). *Dark Nights of the Soul.* New York: Gotham.
Paterson, R. (2000). *The Assertiveness Workbook: How to Express Your Ideas and Stand Up for Yourself at Work and in Relationships.* Oakland, CA: New Harbinger.
Seuss, Dr. (1986). *You're Only Old Once.* New York: Random House.
Simon, S. (1993). *In Search of Values: 31 Strategies for Finding Out What Really Matters Most to You.* New York: Warner Books.
Simon, S., Howe, L., and Kirschenbaum, H. (1995). *Values Clarification.* New York: Warner Books.
Smith, M. (1975). *When I Say No, I Feel Guilty.* New York: Bantam Books.

PHOBIA

Antony, M. M., Craske, M. C., and Barlow, D. H. (1995). *Mastery of Your Specific Phobia—Client Manual.* San Antonio, TX: The Psychological Corporation.
Bourne, E. (2005). *The Anxiety and Phobia Workbook,* Fourth Edition. Oakland, CA: New Harbinger.
Gold, M. (1988). *The Good News About Panic, Anxiety, and Phobias.* New York: Villard/Random House.
Marks, I. (1980). *Living with Fear: Understanding and Coping with Anxiety.* New York: McGraw-Hill.
McKay, M., Davis, M., and Farming, P. (1998) *Thoughts and Feelings: Taking Control of Your Moods and Your Life.* Oakland, CA: New Harbinger.

POSTTRAUMATIC STRESS DISORDER (PTSD)

Allen, J. (1995). *Coping with Trauma: A Guide to Self-Understanding*. Washington, DC: American Psychiatric Press.

Bradshaw, J. (1988). *Healing the Shame That Binds You.* Deerfield Beach, FL: Health Communications, Inc.
Foa E., Davidson, J., and Frances, A. (1999). The Expert Consensus Guideline Series: Treatment of Posttraumatic Stress Disorder. *Journal of Clinical Psychiatry, 60–66*(16). Also available online at: http://www.psychguides.com/ptsdhe.pdf.
Frankel, V. (1959). *Man's Search for Meaning.* Boston: Beacon Press.
Jeffers, S. (1987). *Feel the Fear and Do It Anyway.* New York: Random House.
Leith, L. (1998). *Exercising Your Way to Better Mental Health.* Morgantown, WV: Fitness Information Technology.
Matsakis, A. (1996). *I Can't Get Over It: A Handbook for Trauma Survivors, Second Edition.* Oakland, CA: New Harbinger.
Rothbaum, B. O., and Foa, E. B. (2004). *Reclaiming Your Life After Rape: Cognitive-Behavioral Therapy for Posttraumatic Stress Disorder—Client Workbook.* New York: Oxford University Press.
Simon, S., and Simon, S. (1990). *Forgiving: How to Make Peace with Your Past and Get On with Your Life.* New York: Warner Books.
Williams, M., and Poijula, S. (2002). *The PTSD Workbook.* Oakland, CA: New Harbinger.
Zehr, H. (2001). *Transcending: Reflections of Crime Victims.* Intercourse, PA: Good Books.

PSYCHOTICISM

Torrey, M., and Fuller, E. (1988). *Surviving Schizophrenia: A Family Manual.* New York: Harper & Row.

SEXUAL ABUSE

Bass, E., and Davis, L. (1988). *The Courage to Heal: A Guide for Women Survivors of Child Sexual Abuse.* San Francisco: HarperCollins.
Bradshaw, J. (1988). *Healing the Shame That Binds You.* Deerfield Beach, FL: Health Communications, Inc.
Burns, D. (1993). *Ten Days to Self-Esteem!* New York: William Morrow.
Davis, L. (1990). *The Courage to Heal Workbook: For Men and Women Survivors of Child Sexual Abuse.* San Francisco: HarperCollins.
Forward, S., and Buck, C. (1978). *Betrayal of Innocence: Incest and Its Devastation.* New York: Penguin.
Fossum, M., and Mason, M. (1986). *Facing Shame: Families in Recovery.* New York: Norton.
Gil, E. (1984). *Outgrowing the Pain: A Book for and About Adults Abused as Children.* New York: Dell Publishing.
Simon, S., and Simon, S. (1990). *Forgiving: How to Make Peace with Your Past and Get On with Your Life.* New York: Warner Books.
Smedes, L. (1991). *Forgive and Forget: Healing the Hurts We Don't Deserve.* San Francisco: HarperCollins.

Copeland, M. E., and Harris, M. (2000). *Healing the Trauma of Abuse: A Women's Workbook.* Oakland, CA: New Harbinger.
Zehr, H. (2001). *Transcending: Reflections of Crime Victims.* Intercourse, PA: Good Books.

SEXUAL IDENTITY CONFUSION

Beam, J. (1986). *In the Life: A Black Gay Anthology.* Boston: Alyson Publications.
Eichberg, R. (1991). *Coming Out: An Act of Love.* New York: Penguin.
Katz, J. (1996). *The Invention of Heterosexuality.* New York: Plume.
Marcus, E. (1993). *Is It a Choice? Answers to 300 of the Most Frequently Asked Questions About Gays and Lesbians.* San Francisco: HarperCollins.
Signorile, M. (1996). *Outing Yourself: How to Come Out as Lesbian or Gay to Your Family, Friends, and Coworkers.* New York: Fireside Books.

SLEEP DISTURBANCE

Dotto, L. (1990). *Losing Sleep: How Your Sleeping Habits Affect Your Life.* New York: William Morrow.
Catalano, E., Morin, C., and Webb, W. (1990). *Getting to Sleep: Simple, Effective Methods for Falling and Staying Asleep, Getting the Rest You Need, and Awakening Refreshed and Renewed.* Oakland, CA: New Harbinger.
Hewish, J. (1985). *Relaxation.* Chicago: NTC Publishing Group.
Leith, L. (1998). *Exercising Your Way to Better Mental Health.* Morgantown, WV: Fitness Information Technology.

SOCIAL DISCOMFORT

Alberti, R., and Emmons, M. (2001). *Your Perfect Right: Assertiveness and Equality in Your Life and Relationships, Eighth Edition.* San Luis Obispo, CA: Impact.
Antony, M., and Swinson, R. (2000). *The Shyness and Social Anxiety Workbook: Proven, Step-by-step Techniques for Overcoming Your Fear.* Oakland, CA: New Harbinger.
Bradshaw, J. (1988). *Healing the Shame That Binds You.* Deerfield Beach, FL: Health Communications, Inc.
Burns, D. (1985). *Intimate Connections: The New Clinically Tested Program for Overcoming Loneliness.* New York: William Morrow.
Burns, D. (1989). *The Feeling Good Handbook.* New York: William Morrow.
Burns, D. (1993). *Ten Days to Self-Esteem!* New York: William Morrow.
Butler, G. (1999). *Overcoming Social Anxiety and Shyness: A Self-help Guide Using Cognitive Behavioral Techniques.* London: Robinson.
Desberg, P. (1996). *No More Butterflies: Overcoming Shyness, Stage Fright, Interview Anxiety, and Fear of Public Speaking.* Oakland, CA: New Harbinger.
Dyer, W. (1978). *Pulling Your Own Strings.* New York: T. Crowell.

Fossum, M., and Mason, M. (1986). *Facing Shame: Families in Recovery.* New York. Norton.
Garner, A. (1997). *Conversationally Speaking: Tested New Ways to Increase Your Personal and Social Effectiveness.* Los Angeles: Lowell House.
Harris, T. (1996). *I'm OK, You're OK.* New York: Avon.
James, M., and Jongeward, D. (1971). *Born to Win.* Reading, MA: Addison-Wesley.
Markway, B., Carmin, C., Pollard, C., and Flynn, T. (1992). *Dying of Embarrassment: Help for Social Anxiety and Phobia.* Oakland, CA: New Harbinger.
Nouwen, H. (1975). *Reaching Out.* New York: Doubleday.
Rapee, R.M. (1998). *Overcoming Shyness and Social Phobia: A Step-by-step Guide.* Northvale, NJ: Jason Aronson.
Schneier, F., and Welkowitz, L. (1996). *The Hidden Face of Shyness: Understanding and Overcoming Social Anxiety.* New York: Avon.
Soifer, S., Zgourides, G. D., Himle, J., and Pickering, N. L. (2001). *Shy Bladder Syndrome: Your Step-by-step Guide to Overcoming Paruresis.* Oakland, CA: New Harbinger.
Stein, M., and Walker, J. (2001). *Triumph Over Shyness: Conquering Shyness and Social Anxiety.* New York: McGraw-Hill.
Steiner, C. (1997). *Achieving Emotional Literacy: A Personal Program to Improve Your Emotional Intelligence.* New York: Avon.
Zimbardo, P. (1987). *Shyness: What It Is and What to Do About It.* Reading, MA: Addison-Wesley.

SOMATIZATION

Benson, H. (1980). *The Mind-Body Effect.* New York: Simon & Schuster.
Claiborn, J., and Pedrick, C. (2002). *The BDD Workbook: Overcome Body Dysmorphic Disorder and End Body Image Obsessions.* Oakland, CA: New Harbinger.
Grateful Members of Emotional Health Anonymous. (1987). *The Twelve Steps for Everyone . . . Who Really Wants Them.* Minneapolis, MN: CompCare.

SPIRITUAL CONFUSION

Armstrong, K. (1993). *A History of God.* New York: Knopf.
Augustine, St. (1949). *The Confessions of St. Augustine.* New York: Random House.
Chopra, D. (2000). *How to Know God.* New York: Three Rivers Press.
Cleaver, E. (1992). *The Soul on Fire.* Grand Rapids, MI: Zondervan.
Dyer, W. (2003). *There's a Spiritual Solution to Every Problem.* New York: Quill.
Foster, R. (1988). *Celebration of Discipline.* San Francisco: HarperCollins.
Helmfelt, R., and Fowler, R. (1990). *Serenity: A Companion for 12 Step Recovery.* Nashville, TN: Nelson.
Lewis, C. S. (1955). *Surprised by Joy.* New York: Harcourt Brace.
Merton, T. (1948). *The Seven Storey Mountain.* New York: Harcourt Brace.
Moore, T. (1992). *The Care of the Soul.* New York: HarperCollins.
Moore, T. (2004). *Dark Nights of the Soul.* New York: Gotham.

Norris, K. (1996). *The Cloister Walk.* New York: Riverhead Books.
Norris, K. (1998). *Amazing Grace.* New York: Riverhead.
Peck, M. S. (1978). *The Road Less Traveled.* New York: Simon & Schuster.
Peck, M. S. (1993). *Further Along the Road Less Traveled.* New York: Simon & Schuster.
Warren, R. (2002). *The Purpose-Driven Life.* Grand Rapids, MI: Zondervan.

SUICIDAL IDEATION

Butler, P. (1991). *Talking to Yourself: Learning the Language of Self-Affirmation.* New York: Stein and Day.
Hutschnecker, A. (1951). *The Will to Live.* New York: Cornerstone Library.
Seligman, M. (1990). *Learned Optimism: The Skill to Conquer Life's Obstacles, Large and Small.* New York: Pocket Books.

TYPE A BEHAVIOR

Charlesworth, E., and Nathan, R. (2004). *Stress Management: A Comprehensive Guide to Wellness.* New York: Ballentine Books.
Friedman, M., and Ulmer, P. (1984). *Treating Type A Behavior and Your Heart.* New York: Knopf.
Glasser, W. (1976). *Positive Addiction.* San Francisco: HarperCollins.
Lehrer, P., and Woolfolk, R. (1993). *Principles and Practice of Stress Management, Second Edition.* New York: Guilford.
Peck, M. S. (1978). *The Road Less Traveled.* New York: Simon & Schuster.
Peck, M. S. (1993). *Further Along the Road Less Traveled.* New York: Simon & Schuster.
Pirsig, R. (1974). *Zen and the Art of Motorcycle Maintenance.* New York: William Morrow.
Robinson, B. (1993). *Overdoing It.* Deerfield Beach, FL: Health Communications, Inc.

VOCATIONAL STRESS

Bolles, R. (1992). *What Color Is Your Parachute?* Berkeley, CA: Ten-Speed Press.
Charland, R. (1993). *Career Shifting: Starting Over in a Changing Economy.* Holbrook, MA: Bob Adams.
Jandt, F. (1985). *Win-Win Negotiating: Turning Conflict into Agreement.* New York: Wiley.
Weiss, R. (1990). *Staying the Course: The Emotional and Social Lives of Men Who Do Well at Work.* New York: Free Press.

부록 B

PROFESSIONAL REFERENCES FOR EVIDENCE-BASED CHAPTERS

GENERAL

Bruce, T. J., and Sanderson, W. C. (2005). Evidence-based psychosocial practices: Past, present, and future. In C. Stout and R. Hayes (Eds.), *The Handbook of Evidence-Based Practice in Behavioral Healthcare: Applications and New Directions* (pp. 220–243). New York: Wiley.

Chambless, D. L, Baker, M. J., Baucom, D., Beutler, L. E., Calhoun, K. S., Crits-Christoph, P., et al. (1998). Update on empirically validated therapies: II. *The Clinical Psychologist, 51*(1), 3–16.

Chambless, D. L., and Ollendick, T. H. (2001). Empirically supported psychological interventions: Controversies and evidence. *Annual Review of Psychology, 52,* 685–716.

Chambless, D. L., Sanderson, W. C., Shoham, V., Johnson, S. B., Pope, K. S., Crits-Christoph, P., et al. (1996). An update on empirically validated therapies. *The Clinical Psychologist, 49*(2), 5–18.

Nathan, P. E., and Gorman, J. M. (Eds.). (1998). *A Guide to Treatments That Work.* New York: Oxford University Press.

Nathan, P. E., and Gorman, J. M. (Eds.). (2002). *A Guide to Treatments That Work, Volume II.* New York: Oxford University Press.

ANGER MANAGEMENT

Deffenbacher, J., Dahlen, E., Lynch, R., Morris, C., and Gowensmith, W. (2000). An application of Beck's cognitive therapy to general anger reduction. *Cognitive Therapy and Research, 24,* 689–687.

Deffenbacher, J., Oetting, E., Huff, M., Cornell, G., and Dallagher, C. (1996). Evaluation of two cognitive-behavioral approaches to general anger reduction. *Cognitive Therapy and Research, 20,* 551–573.

Deffenbacher, J., Story, D., Brandon, A., Hogg, J., and Hazaleus, S. (1988). Cognitive

and cognitive relaxation treatment of anger. *Cognitive Therapy and Research, 12,* 167–184.
DiGiuseppe, R., and Tafrate, R. (2003). Anger treatment for adults: A meta-analytic review. *Clinical Psychology: Science & Practice, 10,* 70–84.
Feindler, E., and Ecton, R. (1986). *Adolescent Anger Control: Cognitive-Behavioral Techniques.* New York: Pergamon.
Meichenbaum, D. (1985). *Stress Inoculation Training.* New York: Pergamon.
Meichenbaum, D. (1993). Stress inoculation training: A twenty-year update. In R. L. Woolfolk and P. M. Lehrer (Eds.), *Principles and Practices of Stress Management* (pp. 373–406). New York: Guilford.
Meichenbaum, D. (2001). *Treatment of Individuals with Anger Control Problems and Aggressive Behaviors: A Clinical Handbook.* Clearwater, FL: Institute Press.
Novaco, R. (1975). *Anger Control: The Development and Evaluation of an Experimental Treatment.* Lexington, MA: Lexington Books.
Novaco, R. (1976). The functions and regulation of the arousal of anger. *American Journal of Psychiatry, 133,* 1124–1128.
Novaco, R. (1977). A stress inoculation approach to anger management in the training of law enforcement officers. *American Journal of Community Psychology, 5,* 327–346.

ANXIETY

Barlow, D. H., Raffa, S. D., and Cohen, E. M. (2002). Psychosocial treatments for panic disorders, phobias, and generalized anxiety disorder. In P. E. Nathan and J. M. Gorman (Eds.), *A Guide to Treatments that Work, Second Edition* (pp. 301–335). New York: Oxford University Press.
Beck, A., and Emory, G. (1990). *Anxiety Disorders and Phobias: A Cognitive Perspective.* New York: Basic.
Brown, T. A., O'Leary, T., and Barlow, D. H. (1994). Generalized anxiety disorder. In D. H. Barlow (Ed.), *Clinical Handbook of Psychological Disorders* (pp. 154–208). New York: Guilford.
Chambless, D., Baker, M., Baucom, D., Beutler, L., Calhoun, K., Crits-Christoph, P., et al. (1998). Update on empirically validated therapies: II. *The Clinical Psychologist, 51*(1), 3–16.
Chambless, D., and Ollendick, T. (2001). Empirically supported psychological interventions: Controversies and evidence. *Annual Review of Psychology, 52,* 685–716.
Craske, M. G., Barlow, D. H., and O'Leary, T. (1993). *Mastery of Your Anxiety and Worry—Therapist Guide.* San Antonio, TX: The Psychological Corporation.
DiNardo, P. A., Brown, T. A., and Barlow, D. H. (1994). *Anxiety Disorders Interview Schedule for DSM-IV: Lifetime Version.* San Antonio, TX: The Psychological Corporation.
Haley, J. (1984). *Ordeal Therapy.* San Francisco: Jossey-Bass.
Meyer, T., Miller, M., Metzger, R., and Borkovec, T. (1990). Development and validation of the Penn State Worry Questionnaire. *Behaviour Research and Therapy, 28,* 487–495.

Rygh, J., and Sanderson, W. C. (2004). *Treating GAD: Evidence-based Strategies, Tools, and Techniques.* New York: Guilford.

BORDERLINE PERSONALITY

Beck, A., Rush, A., Shaw, B., and Emery, G. (1979). *Cognitive Therapy of Depression.* New York: Guilford.

Linehan, M. (1993). *Cognitive Behavioral Treatment for Borderline Personality Disorder.* New York: Guilford.

Linehan, M. (1993). *Skills Training Manual for Treating Borderline Personality Disorder.* New York: Guilford.

Linehan, M., Armstrong, H., Suarez, A., Allmon, D., and Heard, H. (1991). Cognitive-behavioral treatment of chronically parasuicidal borderline patients. *Archives of General Psychiatry, 48,* 1060–1064.

Linehan, M., Cochran, B. N., and Kehrer, C. A. (2001). Dialectical behavior therapy for borderline personality disorder. In D. H. Barlow (Ed.), *Clinical Handbook of Psychological Disorders: A Step-by-Step Treatment Manual, Third Edition* (pp. 332–375). New York: Guilford.

Linehan, M., Heard, H., and Armstrong, H. (1993). Naturalistic follow-up of a behavioral treatment for chronically parasuicidal borderline patients. *Archives of General Psychiatry, 50,* 971–974.

Linehan, M., Schmidt, H., Dimeff, L., Craft, J., Kanter, J., and Comtois, K. (1999). Dialectical behavior therapy for patients with borderline personality disorder and drug-dependence. *American Journal on Addiction, 8*(4), 279–292.

Linehan, M., Tutek, D., Heard, H., and Armstrong, H. (1992). Interpersonal outcome of cognitive behavioral treatment for chronically suicidal borderline patients. *American Journal of Psychiatry, 151*(12), 1771–1775.

Resick, P., and Calhoun, K., (2001). Posttraumatic stress disorder. In D. H. Barlow (Ed.), *Clinical Handbook of Psychological Disorders: A Step-by-Step Treatment Manual, Third Edition* (pp. 60–113). New York: Guilford.

Safer, D., Telch, C., and Agras, W. (2001). Dialectical behavior therapy for bulimia nervosa. *American Journal of Psychiatry, 158*(4), 632–634.

CHEMICAL DEPENDENCE

Abbot, P., Weller, S., Delaney, H., and Moore, B. (1998). Community reinforcement approach in the treatment of opiate addicts. *American Journal of Drug and Alcohol Abuse, 24*(1), 17–30.

Epstein, E., and McGrady, B. (1998). Behavioral couples treatment of alcohol and drug use disorders: Current status and innovations. *Clinical Psychology Review, 18,* 689–711.

Finney, J., and Moos, R. (2002). Psychosocial treatments for alcohol use disorders. In P. E. Nathan and J. M. Gorman (Eds.), *A Guide to Treatments That Work, Volume II* (pp. 157–168). New York: Oxford University Press.

Marlatt, G., and Gordon, J. (1985). *Relapse Prevention: Maintenance Strategies in the Treatment of Addictive Behaviors.* New York: Guilford.

McCrady, B. (2001). Alcohol use disorders. In D. H. Barlow (Ed.), *Clinical Handbook of Psychological Disorders, Third Edition* (pp. 376–433). New York: Guilford.

Miller, W., Andrews, N., Wilbourne, P., and Bennett, M. (1998). A wealth of alternatives: Effective treatments for alcohol problems. In W. R. Miller and N. Heather (Eds.), *Treating Addictive Behaviors, Second Edition* (pp. 203–216). New York: Plenum.

O'Farrell, T., Choquette, K., and Cutter, H. (1998). Couples relapse prevention sessions after Behavioral Marital Therapy for male alcoholics: Outcomes during the three years after starting treatment. *Journal of Studies on Alcohol, 59,* 357–370.

O'Farrell, T., Choquette, K., Cutter H., Brown, E., and McCourt, W. (1993). Behavioral Marital Therapy with and without additional couples relapse prevention sessions for alcoholics and their wives. *Journal of Studies on Alcohol, 54,* 652–666.

Ouimette, P., Finney, J., and Moos, R. (1997). Twelve step and cognitive-behavioral treatment for substance abuse: A comparison of treatment effectiveness. *Journal of Consulting and Clinical Psychology, 65,* 230–240.

Project MATCH Research Group. (1997). Matching alcoholism treatments to client heterogeneity: Project MATCH posttreatment drinking outcomes. *Journal of Studies on Alcohol, 58,* 7–29.

Smith, J., Meyers, R., and Delaney, H. (1998). The community reinforcement approach with homeless alcohol-dependent individuals. *Journal of Consulting and Clinical Psychology, 66,* 541–548.

CHRONIC PAIN

Bradley, L. A., Young, L. D., Anderson, J. O., Turner, R. A., Agudelo, C. A., McDaniel, L. K., et al. (1987). Effects of psychological therapy on pain behavior of rheumatoid arthritis patients: Treatment outcome and six-month follow-up. *Arthritis & Rheumatism, 30,* 1105–1114.

Keefe, F. J., Beaupre, P. M., Gil, K. M., Rumble, M. E., and Aspnes, A. K. (2002). Group therapy for patients with chronic pain. In D. C. Turk and R. J. Gatchel (Eds.), *Psychological Approaches to Pain Management: A Practitioner's Handbook, Second Edition* (pp. 234–255). New York: Guilford.

Keefe, F. J., Caldwell, D. S., Williams, D. A., Gil, K. M., Mitchell, D., Robertson, D., et al. (1990). Pain coping skills training in the management of osteoarthritic knee pain: A comparative study. *Behavior Therapy, 21,* 49–62.

Keefe, F. J., and Gil, K. M. (1986). Behavioral concepts in the analysis of chronic pain syndromes. *Journal of Consulting and Clinical Psychology, 54,* 776–783.

Syrjala, K. L., Donaldson, G. W., Davis, M. W., Kippes, M. E., and Carr, J. E. (1995). Relaxation and imagery and cognitive-behavioral training reduce pain during cancer treatment: A controlled clinical trial. *Pain, 63,* 189–198.

Turk, D. C., Meichenbaum, D., and Genest, M. (1983). *Pain and Behavioral Medicine: A Cognitive-Behavioral Perspective.* New York: Guilford.

Turner, J. A., and Clancy, S. (1988). Comparison of operant-behavioral and cognitive-behavioral group treatment for chronic low back pain. *Journal of Consulting and Clinical Psychology, 58,* 573–579.

DEPRESSION

Beck, A. T., and Steer, R. A. (1988). *Beck Hopelessness Scale.* San Antonio, TX: The Psychological Corporation.

Beck, A. T., Steer, R. A., and Brown, G. K. (1996). *Beck Depression Inventory Manual, Second Edition.* San Antonio, TX: The Psychological Corporation.

Beck, A. T., Rush, A. J., Shaw, B. F., and Emery, G. (1979). *Cognitive Therapy of Depression.* New York: Guilford.

Beck, J. S. (1995). *Cognitive Therapy: Basics and Beyond.* New York: Guilford.

Klerman, G. L., Weissman, M. M., Rounasacille, B. J., and Chevron, E. S. (1984). *Interpersonal Psychotherapy of Depression.* New York: Basic.

Lewinson, P. M. (1974). A behavioural approach to depression. In R. J. Friedman and M. M. Katz (Eds.), *The Psychology of Depression* (pp. 157–186). New York: Wiley.

Lewinsohn, P. M., Antonuccio, D. O., Steinmetz, J. L., and Teri, L. (1984). *The Coping With Depression Course: A Psychoeducational Intervention for Unipolar Depression.* Eugene, OR: Castalia.

Nezu, A. M., Nezu, C. M., and Perri, M. G. (1989). *Problem-Solving Therapy for Depression: Theory, Research, and Clinical Guidelines.* New York: Wiley.

Weissman, M. M., Markowitz, J. C., and Klerman, G. L. (2000). *Comprehensive Guide to Interpersonal Psychotherapy.* New York: Basic.

Zimmerman, M., Coryell, W., Corenthal, C., and Wilson, S. (1986). A self-report scale to diagnose major depressive disorder. *Archives of General Psychiatry, 43,* 1076–1081.

EATING DISORDER

Agras, W., Walsh, B., Fairburn, C., Wilson, G., and Kraemer, H. (2000). A multicenter comparison of cognitive-behavioural therapy and interpersonal psychotherapy for bulimia nervosa. *Archives of General Psychiatry, 57,* 459–466.

Fairburn, C. G., Marcus, M. D., and Wilson, G. T. (1993). Cognitive-behavioral therapy for binge eating and bulimia nervosa. In C. G. Fairburn and G. T. Wilson (Eds.), *Binge Eating: Nature, Assessment, and Treatment* (pp. 361–404). New York: Guilford.

Fairburn, C. G., Jones, R., Peveler, R. C., Carr, S. J., Solomon, R. A., O'Conner, M. E., et al. (1991). Three psychological treatments for bulimia nervosa: A comparative trial. *Archives of General Psychiatry, 48,* 463–469.

Garner, D. M. (1991). *Eating Disorders Inventory–2.* Odessa, FL: Psychological Assessment Resources.

Wilson, G. T., and Pike, K. M. (2001). Eating disorders. In D. H. Barlow (Ed.), *Clinical Handbook of Psychological Disorders: A Step-by-Step Treatment Manual, Third Edition* (pp. 332–375). New York: Guilford.

Wilson, G. T., and Fairburn, C. G. (2001). Treatments for eating disorders. In P. E. Nathan and J. M. Gorman (Eds.), *A Guide to Treatments That Work, Second Edition* (pp. 559–592). New York: Oxford University Press.

Wilson, G. T., Fairburn, C. G., and Agras, W. S. (1997). Cognitive-behavioral therapy for bulimia nervosa. In D. M. Garner and P. Garfinkel (Eds.), *Handbook of Treatment for Eating Disorders* (pp. 67–93). New York: Guilford.

FEMALE SEXUAL DYSFUNCTION

Goldstein, I., Lue, T., Padma-Nathan, H., Rosen, R., Stern, W., and Wicker, P. (1998). Oral sildenafil in the treatment of erectile dysfunction. *New England Journal of Medicine, 338,* 1397–1404.

Heiman, J., and LoPiccolo, J. (1983). Clinical outcome of sex therapy. *Archives of General Psychiatry, 40,* 443–449.

Heiman, J., and Meston, M. (1997). Empirically validated treatment for sexual dysfunction. *Annual Review of Sex Research, 8,* 148–194.

Kaplan, H. (1988). *The Illustrated Manual of Sex Therapy.* Levittown, PA: Brunner/Mazel.

Masters, W., and Johnson, V. (1970). *Human Sexual Inadequacy.* Boston: Little, Brown, and Co.

Wincze, J., and Barlow, D. H. (1997). *Enhancing Sexuality: A Problem-solving Approach—Therapist Guide.* San Antonio, TX: The Psychological Corporation.

Wincze, J., and Carey, M. (1991). *Sexual Dysfunction: A Guide to Assessment and Treatment.* New York: Guilford.

Zimmer D. (1987). Does marital therapy enhance the effectiveness of treatment for sexual dysfunction? *Journal of Sex and Marital Therapy, 13,* 193–209.

INTIMATE RELATIONSHIP CONFLICTS

Baucom, D. H., Shoham, V. M., Kim, T., Daiuto, A. D., and Stickle, T. R. (1998). Empirically supported couple and family interventions for marital distress and adult mental health problems. *Journal of Consulting and Clinical Psychology, 66*(1), 53–88.

Christensen, A., and Heavey, C. (1999). Interventions for couples. *Annual Review of Psychology, 50,* 165–190.

Holtzworth-Munroe, A. S., and Jacobson, N. S. (1991). Behavioral marital therapy. In A. S. Gurman and D. P. Knickerson (Eds.), *Handbook of Family Therapy, Second Edition* (pp. 96–133). Levittown, PA: Brunner/Mazel.

Jacobson, N. S., and Addis, M. E. (1993). Research on couple therapy: What do we know? Where are we going? *Journal of Consulting and Clinical Psychology, 61,* 85–93.

Jacobson, N. S., and Christensen, A. (1996). *Integrative Couple Therapy: Promoting Acceptance and Change.* New York: Norton.

Jacobson, N. S., Christensen, A., Prince, S. E., Cordova, J., and Eldridge, K. (2000). Integrative behavioral couple therapy: An acceptance-based, promising new

treatment for couple discord. *Journal of Consulting and Clinical Psychology, 68*(2), 351–355.
Jacobson, N. S., and Gottman, J. (1998). *When Men Batter Women: New Insights into Ending Abusive Relationships.* New York: Simon & Schuster.
Jacobson, N. S., and Margolin, G. (1979). *Marital Therapy: Strategies Based on Social Learning and Behavior Exchange Principles.* Levittown, PA: Brunner/Mazel.
Jacobson, N. S., Schmaling, K. B., and Holtzworth-Munroe, A. (1987). Component analysis of behavioral marital therapy: Two-year follow-up and prediction of relapse. *Journal of Marital and Family Therapy, 13,* 187–195.
Snyder, D. K. (1997). *Marital Satisfaction Inventory—Revised.* Los Angeles: Western Psychological Services.
Spanier, G. B. (1976). Measuring dyadic adjustment: New scales for assessing the quality of marriage and similar dyads. *Journal of Marriage and the Family, 38,* 15–28.

MALE SEXUAL DYSFUNCTION

Goldstein, I., Lue, T., Padma-Nathan, H., Rosen, R., Stern, W., and Wicker, P. (1998). Oral sildenafil in the treatment of erectile dysfunction. *New England Journal of Medicine, 338,* 1397–1404.
Heiman, J., and LoPiccolo, J. (1983). Clinical outcome of sex therapy. *Archives of General Psychiatry, 40,* 443–449.
Heiman, J., and Meston, M. (1997). Empirically validated treatment for sexual dysfunction. *Annual Review of Sex Research, 8,* 148–194.
Kaplan, H. S. (1988). *The Illustrated Manual of Sex Therapy.* Levittown, PA: Brunner/Mazel.
Masters, W., and Johnson, V. (1970). *Human Sexual Inadequacy.* Boston: Little, Brown, and Co.
Wincze, J., and Barlow, D. H. (1997). *Enhancing Sexuality: A Problem-solving Approach—Therapist Guide.* San Antonio, TX: The Psychological Corporation.
Wincze, J. P., and Carey, M. P. (1991). *Sexual Dysfunction: A Guide to Assessment and Treatment.* New York: Guilford.
Zimmer, D. (1987). Does marital therapy enhance the effectiveness of treatment for sexual dysfunction? *Journal of Sex and Marital Therapy, 13,* 193–209.

MANIA OR HYPOMANIA

Falloon, I., Boyd, J., and McGill, C. (1984). *Family Care of Schizophrenia: A Problem-solving Approach to the Treatment of Mental Illness.* New York: Guilford.
Miklowitz, D., George, E., Richards, J., Simoneau, T., and Suddath, R. (2003). A randomized study of family-focused psychoeducation and pharmacotherapy in the outpatient management of bipolar disorder. *Archives of General Psychiatry, 60,* 904–912.

Miklowitz, D., and Goldstein, M. (1997). *Bipolar Disorder: A Family-focused Treatment Approach.* New York: Guilford.

Miklowitz, D., and Hooley, J. (1998). Developing family psychoeducational treatments for patients with bipolar and other severe psychiatric disorders. *Journal of Marital and Family Therapy, 24*(4), 419–435.

Miklowitz, D., Simoneau, T., George, E., Richards, J., Kalbag, A., Sachs-Ericsson, N., and Suddath, R. (2000). Family-focused treatment of bipolar disorder: One-year effects of a psychoeducational program in conjunction with pharmacotherapy. *Biological Psychiatry, 48,* 582–592.

Miklowitz, D. (2001). Bipolar Disorder. In D. H. Barlow (Ed.), *Clinical Handbook of Psychological Disorders: A Step-by-Step Treatment Manual, Third Edition*. New York: Guilford.

Otto, M., and Reilly-Harrington, N. (2002). Cognitive behavioral therapy for the management of bipolar disorder. In S. Hofmann and M. Tompson (Eds), *Treating Chronic and Severe Mental Disorders: A Handbook of Empirically Supported Interventions.* New York: Guilford.

Rea, M., Tompson, M., Miklowitz, D., Goldstein, M., Hwang, S., and Mintz, J. (2003). Family focused treatment vs. individual treatment for bipolar disorder: Results of a randomized clinical trial. *Journal of Consulting and Clinical Psychology, 71,* 482–492.

Simoneau, T., Miklowitz, D., Richards, J., Saleem, R., and George, E. (1999). Bipolar disorder and family communication: Effects of a psychoeducational treatment program. *Journal of Abnormal Psychology, 108,* 588–597.

Wendel, J., Miklowitz, D., Richards, J., and George, E. (2000). Expressed emotion and attributions in the relatives of bipolar patients: An analysis of problem-solving interactions. *Journal of Abnormal Psychology, 109,* 792–796.

OBSESSIVE-COMPULSIVE DISORDER (OCD)

DiNardo, P. A., Brown, T. A., and Barlow, D. H. (1994). *Anxiety Disorders Interview Schedule for DSM-IV: Lifetime Version.* San Antonio, TX: The Psychological Corporation.

Foa, E. B., and Franklin, M. E. (2001). Obsessive-compulsive disorder. In D. H. Barlow (Ed.), *Clinical Handbook of Psychological Disorders: A Step-by-Step Treatment Manual, Third Edition* (pp. 209–263). New York: Guilford.

Franklin, R., March, J., and Foa, E. B. (2002). Obsessive-compulsive disorder. In M. Hersen (Ed.), *Clinical Behavior Therapy: Adults and Children* (pp. 276–303). New York: Wiley.

Goodman, W., Price, L., Rasmussen, S., Mazure, C., Delgado, P., Heninger, G., and Charney, D. (1989). The Yale-Brown Obsessive-Compulsive Scale II. Validity. *Archives of General Psychiatry, 46,* 1012–1016.

Goodman, W., Price, L., Rasmussen, S., Mazure, C., Fleishmann, R., Hill, C., et al. (1989). The Yale-Brown Obsessive-Compulsive Scale I: Development, use, and reliability. *Archives of General Psychiatry, 46,* 1006–1011.

Hiss, H., Foa, E. B., and Kozak, M. J. (1994). A relapse prevention program for treatment of obsessive compulsive disorder. *Journal of Consulting and Clinical Psychology, 62,* 801–808.

McGinn, L., and Sanderson, W. C. (1999). *Treatment of Obsessive-Compulsive Disorder.* Northvale, NJ: Jason Aronson.

Riggs, D. S., and Foa, E. B. (1993). Obsessive-compulsive disorder. In D. H. Barlow (Ed.), *Clinical Handbook of Psychological Disorders, Second Edition* (pp. 189–239). New York: Guilford.

Salkovskis, P. M., and Kirk, J. (1997). Obsessive-compulsive disorder. In D. M. Clark and C. G. Fairburn (Eds.), *Science and Practice of Cognitive Behaviour Therapy* (pp. 179–208). Oxford, UK: Oxford University Press.

Steketee, G. (1993). *Treatment of Obsessive Compulsive Disorder.* New York: Guilford.

Turner, S. M., and Beidel, D. C. (1988). *Treating Obsessive-Compulsive Disorder.* New York: Pergamon.

PANIC/AGORAPHOBIA

Barlow, D. H., Craske, M. G., Cerny, J. A., and Klosko, J. (1986). Behavioral treatment of panic disorder. *Behavior Therapy, 20,* 261–282.

Chambless, D. L, Baker, M. J., Baucom, D., Beutler, L. E., Calhoun, K. S., Crits-Christoph, P., et al. (1998). Update on empirically validated therapies: II. *The Clinical Psychologist, 51*(1), 3–16.

Chambless, D. L., Caputo, G. C., Jasin, S. E., Gracel, E. J., and Williams, C. (1985). The mobility inventory for agoraphobia. *Behaviour Research and Therapy, 23,* 35–44.

Chambless, D. L., and Ollendick, T. H. (2001). Empirically supported psychological interventions: Controversies and evidence. *Annual Review of Psychology, 52,* 685–716.

Clark, D., Salkovskis, P., Hackman, A., Middleton, H., Anastasiades, P., and Gelder, M. (1994). A comparison of cognitive therapy, applied relaxation, and imipramine in the treatment of panic disorder. *British Journal of Psychiatry, 164,* 759–769.

Craske, M. G., Barlow, D. H., and Meadows, E. (2000). *Mastery of Your Anxiety and Panic: Therapist's Guide for Anxiety, Panic, and Agoraphobia (MAP-3).* San Antonio, TX: Graywind/The Psychological Corporation.

Craske, M. G., and Barlow, D. H. (2000). *Mastery of Your Anxiety and Panic (MAP-3): Agoraphobia Supplement.* San Antonio, TX: Graywind/The Psychological Corporation.

DiNardo, P. A., Brown, T. A., and Barlow, D. H. (1994). *Anxiety Disorders Interview Schedule for DSM-IV: Lifetime Version.* San Antonio, TX: The Psychological Corporation.

Nathan, P. E., and Gorman, J. M. (Eds.). (2002). *A Guide to Treatments That Work, Volume II.* New York: Oxford University Press.

Reiss, S., Peterson, R. A., Gursky, D. M., and McNally, R. J. (1986). Anxiety sensitivity, anxiety frequency, and the prediction of fearfulness. *Behaviour Research and Therapy, 24,* 1–8.

PARENTING

Brestan, E., and Eyberg, S. (1998). Effective psychosocial treatments of conduct-disordered children and adolescents: 29 years, 82 studies, and 5,272 kids. *Journal of Clinical Child Psychology, 27,* 180–189.

Forgatch, M., and DeGarmo, D. (1999). Parenting through change: An effective prevention program for single mothers. *Journal of Consulting and Clinical Psychology, 67,* 711–724.

Graziano, A., and Diament, D. (1992). Parent behavioral training: An examination of the paradigm. *Behavior Modification, 16,* 3–38.

Kazdin, A. (1997). Parent management training: Evidence, outcomes, and issues. *Journal of the American Academy of Child and Adolescent Psychiatry, 36,* 1349–1356.

Long, P., Forehand, R., Wierson, M., and Morgan, A. (1994). Does parent training with young noncompliant children have long-term effects? *Behaviour Research and Therapy, 32,* 101–107.

Patterson, G., Dishion, T., and Chamberlain, P. (1993). Outcomes and methodological issues relating to treatment of antisocial children. In T. R. Giles (Ed.), *Handbook of Effective Psychotherapy* (pp. 43–87). New York: Plenum.

Sanders, M., and Dadds, M. (1993). *Behavioral Family Intervention.* Needham Heights, MA: Allyn & Bacon.

Serketich, W., and Dumas, J. (1996). The effectiveness of behavioral parent training to modify antisocial behavior in children: A meta-analysis. *Behavior Therapy, 27,* 171–186.

Webster-Stratton, C. (1994). Advancing videotape parent training: A comparison study. *Journal of Consulting and Clinical Psychology, 62,* 583–593.

PHOBIA

Antony, M. M. (2001). Measures for specific phobia. In M. M. Antony, S. M. Orsillo, and I. Roemer (Eds.), *Practitioner's Guide to Empirically-Based Measures of Anxiety* (pp. 133–158). New York: Kluwer Academic/Plenum.

Bruce, T. J., and Sanderson, W. C. (1998). *Specific Phobias: Clinical Applications of Evidence-Based Psychotherapy.* Northvale, NJ: Jason Aronson.

Craske, M. G., Antony, M. M., and Barlow, D. H. (1997). *Mastery of Your Specific Phobia—Therapist Guide.* San Antonio, TX: The Psychological Corporation.

DiNardo, P. A., Brown, T. A., and Barlow, D. H. (1994). *Anxiety Disorders Interview Schedule for DSM-IV: Lifetime Version.* San Antonio, TX: The Psychological Corporation.

Marks, I. (1978). *Living With Fear.* New York: McGraw Hill.

Ost, L. G., Fellenius, J., Sterner, U. (1991). Applied tension, exposure in vivo, and tension-only in the treatment of blood phobia. *Behaviour Research and Therapy, 29*(6), 561–574.

POSTTRAUMATIC STRESS DISORDER (PTSD)

Bryant, R. A., and Harvey, A. G. (2000). *Acute Stress Disorder: A Handbook of Theory, Assessment, and Treatment.* Washington, DC: American Psychological Association.

Dunmore, E., Clark, D. M., and Ehlers, A. (2001). A prospective investigation of the role of cognitive factors in persistent posttraumatic stress disorder (PTSD) after physical or sexual assault. *Behaviour Research and Therapy, 39,* 1063–1084.

Ehlers, A., and Clark, D. M. (2000). A cognitive model of posttraumatic stress disorder. *Behaviour Research and Therapy, 38,* 319–345.

Falsetti, S. A., and Resnick, H. S. (2001). Posttraumatic stress disorder. In W. J. Lyddon and J. V. Jones, Jr. (Eds.), *Empirically Supported Cognitive Therapies: Current and Future Applications.* (pp. 182–199). New York: Springer.

Foa, E. B., Dancu, C. V., Hembree, E. A., Jaycox, L. H., Meadows, E. A., and Street, G. (1999). A comparison of exposure therapy, stress inoculation training and their combination for reducing posttraumatic stress disorder in female assault victims. *Journal of Consulting and Clinical Psychology, 67,* 194–200.

Foa, E. B., Keane, T. M., and Friedman, M. J. (2004). *Effective Treatments for PTSD: Practice Guidelines from the International Society for Traumatic Stress Studies.* New York: Guilford.

Foa, E. B., and Rothbaum, B. O. (1998). *Treating the Trauma of Rape: Cognitive-Behavioral Therapy for PTSD.* New York: Guilford.

Foy, D. W. (Ed.). (1992). *Treating PTSD: Cognitive Behavioral Strategies.* New York: Guilford.

Marks, I., Lovell, K., Noshirvani, H., Livanou, M., and Thrasher, S. (1998). Treatment of posttraumatic stress disorder by exposure and/or cognitive restructuring: A controlled study. *Archives of General Psychiatry, 55,* 317–325.

McNally, R. J. (2003). *Remembering Trauma.* Cambridge, MA: Harvard University Press.

Meichenbaum, D. A. (1995). *A Clinical Handbook/Practical Therapist Manual for Assessing and Treating Adults with Post-Traumatic Stress Disorder (PTSD).* Ontario, Canada: Institute Press.

Najavits, L. M. (2002). *Seeking Safety: A Treatment Manual for PTSD and Substance Abuse.* New York: Guilford.

Padesky, C., Candido, D., Cohen, A., Gluhoski, V., McGinn, L., Sisti, M., and Westover, S. (2002). Academy of Cognitive Therapy's Trauma Task Force Report. [on-line]. Available: http://academyofct.org./Info/Zoom.asp?InfoID=150 &szparent=127

Resick, P. A., and Calhoun, K. S. (2001). Posttraumatic stress disorder. In D. H. Barlow (Ed.), *Clinical Handbook of Psychological Disorders: A Step-by-Step Treatment Manual, Third Edition* (pp. 60–113). New York: Guilford.

Resick, P. A., and Schnicke, M. K. (1996). *Cognitive Processing Therapy for Rape Victims: A Treatment Manual.* Newbury Park, CA: Sage Publications.

Wilson, J. P., Friedman, M. J., and Lindy, J. D. (Eds.). (2001). *Treating Psychological Trauma and PTSD.* New York: Guilford.

Wilson, J. P., and Keane, T. M. (Eds.). (1997). *Assessing Psychological Trauma and PTSD.* New York: Guilford.

Yule, W. (Ed.). (1999). *Post-Traumatic Stress Disorders: Concepts and Therapy.* New York: Wiley.

SLEEP DISTURBANCE

Bootzin, R. (1972). A stimulus control treatment for insomnia. *American Psychological Association Proceedings,* 395–396.

Bootzin, R., and Nicassio, P. (1978). Behavioral treatments for insomnia. In M. Hersen, R. Eisler, and P. Miller (Eds.), *Progress in Behavior Modification, Volume 6* (pp. 1–45). New York: Academic Press.

Morin, C. (1996). *Insomnia: Psychological Assessment and Management.* New York: Guilford.

Morin, C., Hauri, P., Espie, C., Spielman, A., Buysse, D., and Bootzin, R. (1999). Nonpharmacologic treatment of chronic insomnia: An American Academy of Sleep Medicine review. *Sleep, 22*(8), 1134–1156.

Murtagh, D. R., and Greenwood, K. M. (1995). Identifying effective psychological treatments for insomnia: A meta-analysis. *Journal of Consulting and Clinical Psychology, 63,* 79–89.

Sloan, E., Hauri, P., Bootzin, R., Morin, C., Stevenson, M., and Shapiro, C. (1993). The nuts and bolts of behavioral therapy for insomnia. *Journal of Psychosomatic Research, 37*(Suppl.1), 19–37.

SOCIAL DISCOMFORT

Antony, M. M., and Swinson, R. P. (2000). *Phobic Disorders and Panic in Adults: A Guide to Assessment and Treatment.* Washington, DC: American Psychological Association.

Beidel, D. C., and Turner, S. M. (1998). *Shy Children, Phobic Adults: Nature and Treatment of Social Phobia.* Washington, DC: American Psychological Association.

Bruce, T. J., and Saeed, S. A. (1999). Social anxiety disorder: A common, underrecognized mental disorder. *American Family Physician, 60*(8), 2311–2320.

Chambless, D. L, Baker, M. J., Baucom, D., Beutler, L. E., Calhoun, K. S., Crits-Christoph, P., et al. (1998). Update on empirically validated therapies: II. *The Clinical Psychologist, 51*(1), 3–16.

Chambless, D. L., and Ollendick, T. H. (2001). Empirically supported psychological interventions: Controversies and evidence. *Annual Review of Psychology, 52,* 685–716.

Clark, D. M., and Wells, A. (1995). A cognitive model of social phobia. In R. G. Heimberg, M. R. Liebowitz, et al. (Eds.), *Social Phobia: Diagnosis, Assessment, and Treatment* (pp. 69–93). New York: Guilford.

Cognitive Behavioral Group Therapy for Social Phobia. (Cost = $20.00. Contact: Social Phobia Program, Department of Psychology, Temple University, Weiss

Hall, 1701 N. 13th Street, Philadelphia, PA 19122-6085. Telephone: (215) 204-1575, Fax: (215) 204-2155, e-mail: rheimber@nimbus.ocis.temple.edu)

Crozier, W. R., and Alden, L. E. (2001). *International Handbook of Social Anxiety: Concepts, Research and Interventions Relating to the Self and Shyness.* New York: Wiley.

DiNardo, P. A., Brown, T. A., and Barlow, D. H. (1994). *Anxiety Disorders Interview Schedule for DSM-IV: Lifetime Version.* San Antonio, TX: The Psychological Corporation.

Heimberg, R. G., and Becker, R. E. (2002). *Cognitive-Behavioral Group Therapy for Social Phobia: Basic Mechanisms and Clinical Strategies.* New York: Guilford.

Heimberg, R. G., Liebowitz, M. R., Hope, D. A., and Schneier, F. R. (Eds.). (1995). *Social Phobia: Diagnosis, Assessment, and Treatment.* New York: Guilford.

Hofmann, S. G., and DiBartolo, P. M. (2001). *From Social Anxiety to Social Phobia: Multiple Perspectives.* Needham Heights, MA: Allyn & Bacon.

Hope, D. A., Heimberg, R. G., Juster, H. R., and Turk, C. L. (2000). *Managing Social Anxiety.* Boulder, CO: Graywind Publications.

Mattick, R. P., and Clarke, J. C. (1998). Development and validation of measures of social phobia scrutiny fear and social interaction anxiety. *Behaviour Research and Therapy, 36,* 455–470.

Nathan, P. E., and Gorman, J. M. (Eds.). (2002). *A Guide to Treatments That Work, Volume II.* New York: Oxford University Press.

Paleg, K., and Jongsma, A. E. (2005). *The Group Therapy Treatment Planner, Second Edition.* New York: Wiley.

Rapee, R. M., and Sanderson, W. C. (1998). *Social Phobia: Clinical Application of Evidence-based Psychotherapy.* Northvale, NJ: Jason Aronson.

Schmidt, L. A., and Schulkin, J. (Eds.). (1999). *Extreme Fear, Shyness and Social Phobia: Origins, Biological Mechanisms, and Clinical Outcomes.* New York: Oxford University Press.

Scholing, A., Emmelcamp, P., and Van Oppen, P.(1996). Cognitive behavioral treatment of social phobia. In V. B. Van Hasselt and M. Hersen (Eds.), *Sourcebook of Psychological Treatment Manuals for Adult Disorders* (pp. 123–178). New York: Plenum.

Stein, M. B. (Ed.). (1995). *Social Phobia: Clinical and Research Perspectives.* Washington, DC: American Psychiatric Press.

Turk, C., Heimberg, R. G., and Hope, D. A. (2001). Social anxiety disorder. In D. H. Barlow (Ed.), *Clinical Handbook of Psychological Disorders, Third Edition* (pp. 114–153). New York: Guilford.

Turner, S. M., Beidel, D. C., and Cooley, M. (1997). *Social Effectiveness Therapy: A Program for Overcoming Social Anxiety and Phobia.* Toronto, Canada: Multi-Health Systems.

SOMATIZATION

Hollander, E., Allen, A, Kwon, J., Aronowitz, B., Schmeidler, J., Wong, C., and Simeon, D. (1999). Clomipramine vs. desipramine crossover trial in body dysmorphic disorder: Selective efficacy of a serotonin reuptake inhibitor in imagined ugliness. *Archives of General Psychiatry, 56,* 1033–1099.

Hollander, E., Cohen, L., Simeon, D., Rosen, J., DeCaria, C., and Stein, D. J. (1994). Fluvoxamine treatment of body dysmorphic disorder. *Journal of Clinical Psychopharmacology, 14,* 75–77.

Hollander, E., Liebowitz, M., Winchel, R., Klumker, A., and Klein D. F. (1989). Treatment of body dysmorphic disorder with serotonin reuptake inhibitors. *American Journal of Psychiatry, 146,* 768–770.

McKay, D. (1999). Two-year follow-up of behavioral treatment and maintenance for body dysmorphic disorder. *Behavior Modification, 23,* 620–629.

Newell, R., and Shrubb, S. (1994). Attitude change and behavior therapy in body dysmorphic disorder: Two case reports. *Behavioral and Cognitive Psychotherapy, 22,* 163–169.

Neziroglu, F., and Yaryura, T. (1993). Exposure, response prevention, and cognitive therapy in the treatment of body dysmorphic disorder. *Behavior Therapy, 24,* 431–438.

Perugi, G., Giannotti, D., DiVaio, S., Frare, F., Saettoni, M., and Cassano, G. B. (1996). Fluvoxamine in the treatment of body dysmorphic disorder (dysmorphophobia). *International Journal of Clinical Psychopharmacology, 11,* 247–254.

Phillips, K., Dwight, M., and McElroy, S. (1998). Efficacy and safety of fluvoxamine in body dysmorphic disorder. *Journal of Clinical Psychiatry, 59,* 165–171.

Rosen, J., Reiter, P., and Orosan, P. (1995). Cognitive-behavioral body image therapy for body dysmorphic disorder. *Journal of Consulting and Clinical Psychology, 63,* 263–269.

Schmidt, N., and Harrington, P. (1995). Cognitive-behavioral treatment of body dysmorphic disorder: A case report. *Journal of Behavior Therapy and Experimental Psychiatry, 26,* 161–167.

Veale, D., Gournay, K., Dryden, W., Boocock, A., Shah, F., Willson, R., and Walburn, J. (1996). Body dysmorphic disorder. A cognitive-behavioural model and pilot randomized trial. *Behaviour Research and Therapy, 34,* 717–729.

Wilhelm, S., Otto, M., Lohr, B., and Deckersbach, T. (1999). Cognitive behavior group therapy for body dysmorphic disorder: A case series. *Behaviour Research and Therapy, 37,* 71–75.

TYPE A BEHAVIOR

Deffenbacher, J., McNamara, K., Stark, R., and Sabadell, P. (1990). A combination of cognitive, relaxation, and behavioral coping skills in the reduction of general anger. *Journal of College Student Development, 31,* 351–358.

Deffenbacher, J., and Stark, R. (1992). Relaxation and cognitive relaxation treatments of general anger. *Journal of Counseling Psychology, 39,* 158–167.

Hart, K. (1984). Anxiety management training and anger control for type A individuals. *Journal of Behavior Therapy and Experimental Psychiatry, 15,* 133–139.

Jenkins, C., Zyzanski, S., and Rosenman, R. (1979). *Jenkins Activity Survey.* New York: The Psychological Corporation.

Meichenbaum, D. (1993). Stress inoculation training: A 20-year update. In P. M. Lehrer and R. L. Woolfolk (Eds.), *Principles and Practice of Stress Management,* Second Edition (pp. 373–406). New York: Guilford.
Meichenbaum, D. (1996). Stress inoculation training for coping with stressors. *The Clinical Psychologist, 49*(4), 4–7.
Roskies, E. (1983). Stress management for type A individuals. In D. Meichenbaum and M. Jaremko (Eds.), *Stress Prevention and Reduction* (pp. 39–60). New York: Plenum.
Roskies, E. (1987). *Stress Management for the Healthy Type A: A Skills-training Program.* New York: Guilford.
Suinn, R. (1990). *Anxiety Management Training: A Behavior Therapy.* New York: Plenum.

부록 C

제시문제와 관련된 DSM-IV-TR 코드의 찾아보기

학습문제 V62.3
학습결핍

급성 스트레스 장애 308.3
외상 후 스트레스 장애(PTSD)

불안을 동반한 적응장애 309.24
불안
친밀한 관계에서의 갈등
의료적 문제
인간발달 주기적인 문제
성 정체감 혼란－성인
업무 스트레스

우울증을 동반한 적응장애 309.0
우울증
재정적 스트레스
해결되지 않은 애도와 상실
친밀한 관계에서의 갈등
의료적 문제
인간발달 주기적인 문제
성 정체감

행동장애를 동반한 적응장애 309.3
반사회적 행동
해결되지 않은 애도와 상실
법적 갈등
의료적 문제
자녀양육

불안과 우울증이 복합된 적응장애 309.28
의료적 문제
인간발달 주기적인 문제
성 정체감 혼란－성인

정서와 행동의 복합적 장애를 동반한 적응장애 309.4
의료적 문제
자녀양육

성인 반사회적 행동 V71.01
약물의존
법적 갈등

혼란－성인
업무 스트레스

알코올 남용 305.00
주의력 결핍장애(ADD)－성인
약물의존
약물의존－재발
외상 후 스트레스 장애(PTSD)

알코올 의존 303.90
반사회적 행동
주의력 결핍장애(ADD)－성인
약물의존
약물의존－재발
인지적 결핍
해리
가족 갈등
법적 갈등
외상 후 스트레스 장애(PTSD)
성적 학대
업무 스트레스

알코올 유발 지속적 기억상실장애 291.1
약물의존
약물의존－재발
인지적 결핍

알코올 유발 지속적 치매 291.2
약물의존
인지적 결핍

패닉 장애가 동반되지 않은 광장 공포증 300.22
패닉/광장 공포증

반사회적 성격장애 301.7
분노조절
반사회적 행동
약물의존
약물의존－재발
아동기의 외상
가족 갈등
재정적 스트레스
충동조절장애
법적 갈등
자녀양육
업무 스트레스

미분류 불안 장애 300.00
불안
가족 갈등
친밀한 관계에서의 갈등
의료적 문제
강박충동장애(OCD)
성 정체감 혼란－성인
영적 혼란

주의력 결핍 과잉행동 장애, 혼합형 314.01
자녀양육

축 3의 장애로 인한 기억상실장애 294.0
인지적 결핍

미분류 기억상실장애 294.8
인지적 결핍

거식증 307.1
섭식장애

회피성 성격장애 301.82
의존
강박충동장애(OCD)
성적 학대
성 정체성 혼란－성인
사회성 장애

사별 V62.82
우울증
해결되지 않은 애도와 상실

미분류 양극성 장애 296.80
조증 또는 경조증

제1 양극성 장애 296.xx
분노조절
주의력 결핍장애(ADD)－성인
우울증
낮은 자존감
조증 또는 경조증
정신증
자살생각

미분류 주의력 결핍 과잉행동 장애 314.9
주의력 결핍장애(ADD)－성인

주의력 결핍 과잉행동 장애, 과잉행동 충동형 우세 314.01
주의력 결핍장애(ADD)－성인

주의력 결핍 과잉행동 장애, 부주의형 우세 314.00
주의력 결핍장애(ADD)－성인

경계선 지적기능 V62.89
학습결핍

경계선 성격장애 301.83
분노조절
경계선 성격
의존
가족 갈등
재정적 스트레스
충동조절장애
외상 후 스트레스 장애(PTSD)
성 정체성 혼란－성인
자살생각

단기 정신증적 장애 298.8
정신증

폭식증 307.51
섭식장애

제1 양극성 장애, 가장 최근 조증 에피소드 296.4x
재정적 스트레스

제2 경계선 장애 296.89
분노조절
우울증
재정적 스트레스
낮은 자존감
조증 또는 경조증
정신증
자살생각
A유형 행동

신체변형 장애 300.7
사회성 장애
신체화 장애

코카인 의존 304.20
반사회적 행동
약물의존
약물의존-재발
가족 갈등
법률적 갈등
외상 후 스트레스 장애(PTSD)
업무 스트레스

미분류 인지장애 294.9
인지결핍

마리화나 남용 305.20
주의력 결핍장애(ADD)-성인

마리화나 의존 304.30
주의력 결핍장애(ADD)-성인
약물의존
약물의존-재발
의지결핍
법률적 갈등
외상 후 스트레스 장애(PTSD)

일과성 주기 수면장애 307.45
수면장애

코카인 남용 305.60
약물의존

의존성 성격장애 301.6
어린 시절의 외상
의존
섭식장애
가족 갈등
자녀양육
성적 학대

이인화 장애 300.6
해리
외상 후 스트레스 장애(PTSD)

행동장애 312.8
분노조절
반사회적 행동

행동장애/청소년기 발병 312.8
자녀양육

전환장애 300.11
만성 통증
신체화 장애

순환성 장애 301.13
주의력 결핍장애(ADD)－성인
우울증
조증 또는 경조증

망상장애 297.1
편집증
정신증

축 3의 장애로 인한 치매 294.1
인지결핍

미분류 치매 294.8
인지결핍

성교통(의료적 원인이 아닌 경우) 302.76
여성의 성적 역기능
남성의 성적 역기능

미분류 우울 장애 311
친밀한 관계에서의 갈등
의료적 문제
영적 혼란

쓰기 장애 315.2
학습결핍

미분류 파괴적 행동장애 312.9
자녀양육

해리적 기억상실증 300.12
해리

미분류 해리장애 300.15
해리
외상 후 스트레스 장애(PTSD)
성적 학대

해리적 정체감 장애 300.14
아동기의 외상
해리
외상 후 스트레스 장애(PTSD)
성적 학대

청소년 또는 성인기의 성 정체감 장애 302.85
성 정체감 혼란－성인

기분부전 장애 300.4
경계선 성격장애
약물의존
약물의존－재발
아동기의 외상
의존
우울증
가족 갈등
해결되지 않은 애도와 상실
친밀한 관계에서의 갈등
낮은 자존감
성적 학대
성 정체감 혼란－성인
수면장애
사회성 장애
신체화 장애
영적 혼란
자살생각
업무 스트레스

미분류 섭식장애 307.50
섭식장애

축 3의 장애로 인한 여성의 성교통 625.0
여성의 성적 역기능

축 3의 장애로 인한 여성의 성욕감퇴장애 625.8
여성의 성적 역기능

범불안 장애 300.02
불안
아동기의 외상
의료적 문제
성적 학대
성 정체감 혼란－성인
A유형 행동

성욕감퇴장애 302.71
여성의 성적 역기능
남성의 성적 역기능

건강염려증 300.7
신체화 장애

미분류 충동조절장애 312.30
주의력 결핍장애(ADD)－성인
충동조절장애

정체감 문제 313.82
인간발달 주기적인 문제
성 정체감 혼란－성인

간헐적 폭발성 장애 312.34
분노조절
반사회적 행동
약물의존
가족 갈등
충동조절장애
친밀한 관계에서의 갈등

여성의 절정감장애	302.73
여성의 성적 역기능	
여성 성적 흥분장애	302.72
여성의 성적 역기능	
주요 우울 장애	296.xx
아동기의 외상	
재정적 스트레스	
낮은 자존감	
의료적 문제	
강박충동장애(OCD)	
외상 후 스트레스 장애(PTSD)	
정신증	
성적 학대	
수면장애	
사회성 장애	
영적 혼란	
업무 스트레스	
주요 우울 장애, 재발성	296.3x
경계선 성격	
만성 통증	
우울증	
해결되지 않은 애도와 상실	
성 정체감 혼란−성인	
자살생각	
주요 우울 장애, 단일 에피소드	296.2x
우울증	
해결되지 않은 애도와 상실	
도벽	312.32
충동조절장애	
법률적 갈등	
축 3의 장애로 인한 남성의 성욕감퇴장애	608.89
남성의 성적 역기능	
남성의 절정감장애	302.74
남성의 성적 역기능	
가벼운 정신지체	317
학습결핍	
미분류 기분장애	296.90
주의력 결핍장애(ADD)−성인	
자기애적 성격장애	301.81
분노조절	
반사회적 행동	
친밀한 관계에서의 갈등	
자녀양육	
성 정체감 혼란−성인	
업무 스트레스	
아동방임	V61.21
자녀양육	
아동방임(임상적 관심의 초점이 피해자에게 있는 경우)	995.52
아동기의 외상	

성 정체감 혼란–성인
자살생각

축 3의 장애로 인한 남성의 성교통 608.89
남성의 성적 역기능

남성 발기장애 302.72
남성의 성적 역기능

축 3의 장애로 인한 남성 발기장애 607.84
남성의 성적 역기능

강박충동성 성격장애 301.4
아동기의 외상
강박충동장애(OCD)
A유형 행동

직업문제 V62.2
학습결핍
업무 스트레스

아편 의존 304.00
외상 후 스트레스 장애(PTSD)

적대적 반항장애 313.81
자녀양육

악몽장애 307.47
수면장애

강박충동성 장애 300.3
아동기의 외상
만성 통증
강박충동장애(OCD)
A유형 행동

부모 자녀관계 문제 V61.20
자녀양육
인간발달 주기적 문제

파트너 관계 문제 V61.1
자녀양육
인간발달 주기적 문제

병적 도박 312.31
충동조절장애

축 3의 장애로 인한 성격의 변화 310.1
분노조절
인지결핍
우울증
충동조절장애
조증 또는 경조증
편집증
정신증

심리적 요소와 일반 의료적 문제 모두 관련 있는 통증장애 307.89
만성 통증
신체화 장애

심리적 요소와 관련 있는 통증장애 307.80
만성 통증
신체화 장애

광장 공포증을 동반한 패닉장애 300.21
패닉/광장 공포증

광장 공포증을 동반하지 않는 패닉장애 300.01
패닉/광장 공포증

편집형 성격장애 301.0
분노조절
편집증
사회성 장애
업무 스트레스

성인의 신체적 학대(임상적 관심이 피해자에게 있는 경우) 995.81
의존
외상 후 스트레스 장애(PTSD)

아동의 신체적 학대 V61.21
자녀양육

미분류 성격장애 301.9
분노조절
경계선 성격
의존
가족 갈등
친밀한 관계에서의 갈등
외상 후 스트레스 장애(PTSD)
업무 스트레스

인간발달 주기적 문제 V62.89
인간발달 주기적 문제

성인의 신체적 학대 (파트너에 의한) V61.12
분노조절

성인의 신체적 학대 (파트너 이외의 사람에 의한) V61.83
분노조절

일차성 불면증 307.42
수면장애

(축 3의 장애에) 영향을 미치는 심리증상 316
의료적 문제

방화벽 312.33
충동조절장애

아동의 신체적 학대(임상적 관심이 피해자에게 있는 경우) 995.54
아동기의 외상
외상 후 스트레스 장애(PTSD)

복합물질 의존 304.80
반사회적 행동
약물의존
약물의존-재발
만성 통증
가족 갈등
법률적 갈등
외상 후 스트레스 장애(PTSD)
성적 학대
업무 스트레스

외상 후 스트레스 장애 309.81
분노조절
약물의존
약물의존-재발
아동기의 외상
친밀한 관계에서의 갈등
외상 후 스트레스 장애(PTSD)
수면장애

조루증 302.75
남성의 성적 역기능

일차성 수면과다증 307.44
수면장애

독서장애 315.00
학습결핍

분열정동형 장애 295.70
우울증
조증 또는 경조증
정신증

분열성 성격장애 301.20
친밀한 관계에서의 갈등

정신분열 295.xx
정신증

정신분열, 편집형 295.30
편집증
정신증

정신분열병형 장애 296.40
정신증

분열형 성격장애 310.22
편집증
사회성 장애

진정제, 최면제, 항불안제 의존 304.10
약물의존
만성 통증

몽류병 307.46
수면장애

성인의 성적 학대(임상적 관심이 피해자에게 있는 경우) 995.83
외상 후 스트레스 장애(PTSD)
성적 학대

아동의 성적 학대 V61.21
자녀양육

아동의 성적 학대(임상적 관심이 피해자에게 있는 경우) 995.53
아동기의 외상
여성 성적 역기능
남성 성적 역기능
외상 후 스트레스 장애(PTSD)
성적 학대

성혐오장애 302.79
여성 성적 역기능
남성 성적 역기능

미분류 성적 장애 302.9
성 정체감 혼란-성인

미분류 성적 역기능 302.70
만성 통증
여성 성적 역기능
남성 성적 역기능

야경증 307.46
수면장애

사회공포증 300.23
낮은 자존감
편집증
사회성 장애

신체화 장애 300.81
만성 통증
신체화 장애

특정 공포증 300.29
공포증

발모벽 312.39
충동조절장애

미분화된 신체형장애 300.81
신체형장애

질 경련증(의료적 문제로 인한 것이 아닌 경우) 306.51
여성 성적 역기능

The Complete Adult Psychotherapy-treatment planner
사회복지실천기술론 정가 17,000원

인 쇄 2009년 9월 1일 초판 1쇄
발 행 2009년 9월 10일 초판 1쇄
저 자 Arthur E. Jongsma, Jr., L. Mark Peterson
역 자 최송식 · 하정미
발행인 전귀연
발행처 **신광문화사**
경기도 파주시 교하읍 문발리 파주출판도시 500-13
Tel (031)955-4211~6 donghwae@kornet.net
Fax (031)955-4217 www.donghwapub.co.kr
(등록) 1991년 6월 26일/6-130호

ISBN 978-89-7432-294-6

공급처 도서출판 **동화기술**